河^하圖^도

南

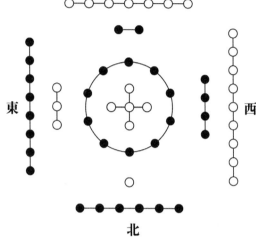

東　　　　　　　　　　西

北

洛^낙書^서

南

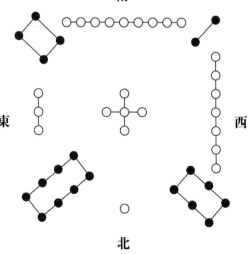

東　　　　　　　　　　西

北

伏羲先天八卦方位之圖

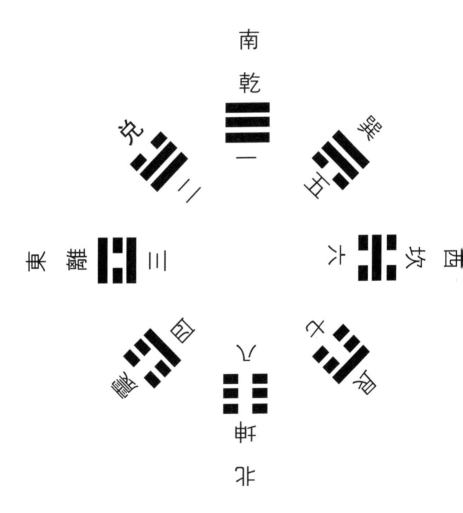

南　乾

兌

巽

震

離

坎

東

西

艮

坎

巽

北　坤

文王後天八卦方位之圖

南

離

巽

坤

東

震

兌

西

艮

坎

乾

北

伏羲六十四卦方位之圖

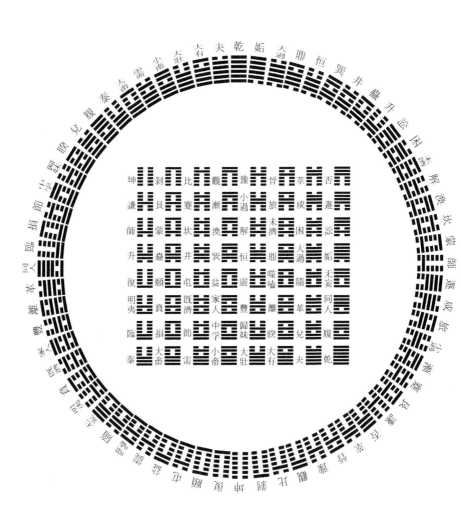

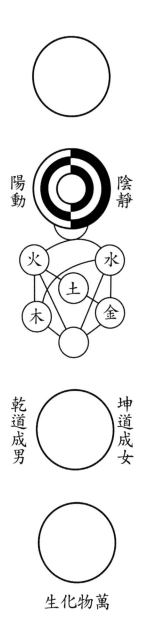

太^태極^극圖^도

陽動 ... 陰靜

火 水
土
木 金

乾道成男 ... 坤道成女

生化物萬

주역내전

6

이 번역은 중국 장사(長沙)의 악록서사(嶽麓書社)에서 1992년에 발행한 선산전서(船山全書) 가운데 『주역내전(周易內傳)』과 『주역내전발례(周易內傳發例)』를 저본으로 하였습니다.

이 책은 (재)한국연구재단의 지원으로 학고방출판사에서 출간, 유통합니다.

한국연구재단 학술명저번역총서
동양편 *613*

(설괘전說卦傳·서괘전序卦傳 / **주역내전6**
·잡괘전雜卦傳·附 발례) *Zhou Yi Nei Zhuan*

왕부지(王夫之) 지음 | 김진근(金珍根) 옮김

學古房

역자서문

올해가 30년째다. 왕부지가 홀연히 내게 철학의 심오함을 일깨워주는 이로 다가온 뒤 어언 이만큼의 세월이 흘렀다. 그동안 나는 왕부지를 통해 동양철학의 정수(精髓)를 섭렵할 수 있었고, 학인(學人)으로서의 자세가 어떠해야 한지를 어렴풋이나마 엿볼 수 있었다. 그래서 대학원 학업 과정에서 왕부지의 역학(易學)을 연구하여 석사・박사학위를 얻었으며, 『왕부지의 주역철학』이라는 저서도 냈다. 뿐만 아니라 왕부지의 역학을 주제로 하여 10편이 넘는 논문을 써서 국내 학계는 물론 중국 학계에서 발표하기도 했다. 그리고 강단에 자리를 잡고 후학들에게 강의도 할 수 있게 되었다. 이러한 점에서 볼 때, 왕부지는 나의 사숙(私淑) 스승이요 학문적 은인이라 할 수 있다. 그리고 나의 평생 공부는 이 왕부지의 역학 속에 있다.

이 세월 동안 왕부지의 『주역내전』을 읽은 것을 바탕으로 이제 이 번역을 내놓는다. 한국연구재단의 2011년도 명저번역사업 분야에서 이 『주역내전』 번역으로 연구비를 지원받아 4년 동안 매진한 결과가 이 번역 속에 녹아 있다. 이 세월 동안 힘들었던 만큼 이제 뿌듯함으로 다가온다. 그리고 두렵다. 동양철학사 3천 년에서 걸작 중의 걸작인 이 작품을 우리말로 옮기면서 내가 얼마나 많이 훼손했을까를 생각하니! 완전 번역을 지향하면서 매달렸지만, 진행하면 할수록 그것은 이상일

v

뿐이라는 느낌을 번역자로서 처연하게 받았기 때문이다. 왕부지의『주역』은 그만큼 어렵고 무거운 것이었다. 그래도, 완전 번역을 이루지는 못하더라도, 그만큼 내 손에 의해 훼손된 것이 많다손 치더라도, 우리말로 된 것이 있는 것이 없는 것보다는 낫다는 전제에서 용기를 내서 진행하였다. 독자 제현께서 혜량해주시기를 바란다.

이『주역내전』은 왕부지가 67세 때 완성한 것이다. 그가 37세 때 쓴『주역외전』과는 달리, 이『주역내전』은『주역』의 경(經)·전문(傳文)을 축자적으로 충실하게 풀이하고 있다. 이『주역내전』은 원래 왕부지가 제자들에게『주역』을 강의하는 데서 교재로 활용하기 위해 저술한 것이다. 이에 비해『주역외전』은 경·전문이 없이 단지『주역』의 틀만을 준수하며 왕부지가 자신의『주역』철학을 체계적으로 서술한 것이다. 따라서 우리는, 그가 '내(內)'·'외(外)'라는 말을 사용하여 이들을 구별 짓고 있는 점을 대강 짐작할 수 있다. 즉『주역내전』은『주역』속에 들어가서 속속들이 그 풀이를 시도한 것이고,『주역외전』은『주역』밖에서 그것을 전체적으로 조망하며 쓴 풀이글이라는 것이다. 이들 『주역내전』과『주역외전』은 쌍벽을 이루며 왕부지 철학의 정수(精髓)를 보여주고 있다. 이들은 중국철학사에서 '인식 체계의 대전환(paradigm shift)'이라 부르기에 충분한 철학적 독창성과 혜안을 여실히 보여주고 있다. 이들 외에도 왕부지는『주역대상해(周易大象解)』,『주역고이(周易考異)』,『주역패소(周易稗疏)』등을 저술하여『주역』에 대한 그의 입체적인 이해와 포괄적인 설명을 내보이고 있다.

그런데 왕부지의『주역』은 독자에게 무거움을 요구한다. 그 이유는 이러하다. 첫째, "『주역』은 군자가 일을 도모하는 데 활용하기 위해 만든 것이지 소인이 무슨 일을 도모하는 데 활용하도록 만들어진 것이 아니다."(『正蒙』, 「大易」: 『易』爲君子謀, 不爲小人謀)라는 장재(張載)의 말을 그가 금과옥조(金科玉條)로 운용하기 때문이다. 이는 왕부지가 『주역』을 읽는 이에게 선결 요건으로 군자가 되라고 요구함을 의미한다. 그렇지 않으면, 즉 군자의 요건을 갖추지 못한 채 자신의 이익 따위나 도모하기 위해 시초점을 치면, 정작 거기에서 나온 괘·효사의 의미가 점친 이에게 해당되지 않는다고 하기 때문이다. 왕부지는 『춘추좌씨전』에 나오는 목강(穆姜)의 예를 들어 이를 강조하고 있다. 따라서 자신이 군자가 아니고 또 시초점에게 묻는 일이 의로움[義]이 아니라 이로움[利]에 관련된 것이라면, 아예 『주역』은 손에 잡아서도 안 된다고 하는 의미가 된다. 왕부지는 이러한 관점에서 『주역』이 "의로움을 점치는 것이지 이로움을 점치는 것이 아니다(占義不占利)."고 하였고, "군자에게 권하여 경계하도록 하는 것이지 자신을 모독해가면서까지 소인에게 고해주지 않는다(勸戒君子, 不瀆告小人)."고 하였다. 이처럼 왕부지의 역학은 의리역학의 정수(精髓)를 보여주고 있는 것이다. 이는 공자가 항상된 덕이 없으면 점을 치지 말라고 하였던(『論語』, 「子路」: 子曰, "南人有言曰, '人而無恆, 不可以作巫醫.' 善夫!" "不恆其德, 或承之羞." 子曰, "不占而已矣.") 가르침을 그대로 이어받은 것이라 할 수 있다. 그래서 무겁지 않을 수가 없다.

둘째, 왕부지의 한평생이 『주역』 속에 녹아 있기 때문이다. 그는 오늘날 우리 한국인의 관점에서 보면 지나치다 싶을 정도로 한족(漢族)과 다른 민족들을 구별하였다. 이른바 '이하지변(夷夏之辨)'에서 그는 주변의 다른 민족들을 동등한 인간으로 보려 하지 않는 점이 너무나 두드러지는 것이다. 이러한 관점을 가진 그가 만주족에게 중원이 지배당한 수모 속에 지식인으로서 한평생을 살았으니, 그 열패감이 어떠했으리라는 것은 짐작키에 어렵지 않다. 그런데 그는 자신의 '이하지변'을 정당화하는 차원에서 한족의 문화적 우월성을 든다. 짐승과 구별되는 사람 세상을 운용할 수 있도록 하는 체제인 예(禮)를 가졌다는 측면에서 그렇다는 것이며, 그 장구한 역사 속에서 성현(聖賢)들의 가르침을 많이 축적하고 있다는 점에서 그렇다는 것이다. 이러한 점들을 그대로 온축하고 있는 것이 이『주역』이다. 그는 이제 한족에 의한 중원 회복 가능성이 완전히 사라져버렸다고 여긴 상황에서 이렇게 이민족에게 지배를 당함이 하늘의 뜻이라 보고는, 자신의 서실에 "육경이 나를 다그치며 새로운 면모를 열라 하니, 이 한 몸 하늘의 뜻을 좇으며 산 채로 묻어 달라 애걸하네!(六經責我開生面, 七尺從天乞活埋)"라는 대련(對聯)을 붙이고 경전 연구에 자신의 남은 평생을 걸었다. 이렇게 하여 탄생한 것이 이『주역내전』이다. 그만큼 그의『주역』은 독자들에게 숙연함을 요하고 있다.

　셋째,『주역내전』에는 중국 고전에 대한 왕부지의 해박함이 그대로 녹아 있기 때문이다. 이『주역내전』을 읽다 보면, 문(文)·사(史)·철(哲) 모두에 달통한 그의 지식이 총망라되어 있다는 것을 금방 알아차릴 수 있다.『주역』풀이에서 이들 고전의 관련 구절을 인용하며 풀이하는 곳이 너무나 많기 때문이다. 13경은 물론이요, 24사(史)로 통칭할 수 있는 중국의 역사적 사건들이 그 풀이에 끊임없이 동원되고 있는 것이다. 따라서 독자로서도 이러한 배경 지식이 없으면, 오리무중(五里霧中)을 헤매는 답답함에 애가 닳기 십상이고, 읽고 또 읽어도 격화소양(隔靴搔

癰)의 미진함이 남기 마련이다. 그만큼 왕부지의 『주역』은 독자들에게 무거움으로 다가온다고 할 수 있다.

넷째, 왕부지의 글이 너무나 압축이 심하고, 어휘가 풍부하기 때문이다. 그가 중국의 그 방대한 고전을 꿰고서 그것들을 『주역』 풀이에 적절하게 활용한다는 데서 이미 들어난 사실이기도 하지만, 왕부지의 천재성이 이 『주역내전』에는 남김없이 발휘되어 있다. 따라서 그에 못 미치는 수준의 사람으로서는 이 『주역내전』을 읽는 것이 여간 힘든 일이 아니다. 그가 60대에 들어서는 잔병치레 하느라 끊임없이 시달렸고 지병이었던 천식 때문에 몸을 가누기조차 어려운 상황인지라, 제자들에게 말로 『주역』을 설명하기가 어려워 글로 풀이를 제시하기 위해 이 『주역내전』을 썼다는데, 그의 천재성이 녹아 있는 압축과 풍부한 어휘가 그만 범연한 사람으로서는 따라 읽는 것을 너무나 어렵도록 하는 것이다. 도대체 풀이가, 풀이가 아닌 것이다. 이 풀이를 이해하기 위해서 우리는 다시 공부하지 않으면 안 되고, 그가 하고자 하는 말이 무슨 의미를 지닌 것인지 몇 날이고 곱씹어보지 않으면 안 된다. 그래서 왕부지의 『주역』이 독자들에게 무거움으로 다가온다고 하지 않을 수가 없다.

역자로서 나는 내가 읽으면서 느낀 이 무거움을 가능하면 독자들은 겪지 않도록 하겠다는 차원에서 최선을 다해 번역에 임하였다. 그래서 왕부지가 『주역』 풀이에서 동원하고 있는 관련 고전의 구절과 역사적 사실들을 일일이 전거를 찾아서 각주의 형식을 빌려 설명하였다. 아울러 압축이 심한 구절의 의미를 재삼재사 곱씹으며 나름대로 풀이하여 제시하였다. 그러다 보니, 각주의 수가 엄청나게 불어났고, 각주 하나하나의 양도 한없이 늘어나기만 했다. 그런데 관점에 따라서는 필요하지 않는 각주들이 있다고 여길 수도 있고, 각주가 너무 장황하다고 여길 수도 있을 것이다. 그러나 역자로서는 독자들에게 하나라도 더 배경 지식을 전해준다는 차원에서 시도해본 것이니, 역자의 각주가 필요 없는 수준의 독자들로서는 이 점을 양해하길 바란다.

　이 『주역내전』의 독창적인 면 몇 가지를 약술하고자 한다. 첫째, 왕부지의 태극관(太極觀)이다. 왕부지는 태극을 '음・양이 나뉘지 않은 채 뒤섞여 있는 것(陰陽之渾合者)'이라 한다. 즉 음・양이라는 본체가 인(絪)・온(縕) 운동을 하면서 서로 함께 어울려 합동으로 지어내고(合同而化) 하늘과 땅 둘 사이를 가득 채우고 있는 것을 태극이라 한다. 다시 말해서 '음・양 둘이 합하여 함께 이루어내는 합동의 조화(合同之之和)'를 태극이라 한다. 이렇게 보면, 왕부지에게서 태극은 음・양이라는 두 본체의 기(氣)가 인(絪)・온(縕) 운동을 통해 만물을 지어내면서 이루고 있는 전체적인 조화의 양태를 의미한다. 그러므로 이 태극은 따로 독립된 장(場)을 갖거나 자기 정체성(identity)을 갖는 또 하나의 존재가 아니다. 이렇듯이 왕부지는 이 태극을 우주 만물의 총 근원・근거로서의 본체라 하지 않는다. 왕부지에게서 이러한 본체는 어디까지나 음・양의 기(氣)다. 그는 이것을 '인・온 운동을 하는 속에 거대하게 조화를 이루고 있는 기[太和絪縕之氣]'라고 명명하였다. 이러한 왕부지의 태극관은 주희(朱熹)의 태극관과 명확하게 비교된다. 주희는 태극을 형이상자(形而上者)로서의 도(道), 음・양을 형이하자(形而下者)로서의 기(器)라 하면서, 양태로 보면 휑하고 아득하여 아무런 조짐이 없는[沖漠無朕] 태극 속에 음・양의 리(理)가 다 갖추어져 있다고 하였다.(朱熹, 『太極圖說解』 참조) 따라서 주희에게서는 우주 만물의 총 근원・근거로

X

서의 본체가 이 태극이다. 그리고 주희는 이 태극을 리(理), 음·양을 기(氣)라 하면서, 이 둘 사이에는 본래 선후가 없는 것이지만 논리적·개념적으로 소종래(所從來), 즉 어디로부터 왔는가를 추론해보면 태극인 리(理)가 먼저 있고 그것으로부터 기(氣)가 왔다고 해야 한다고 하였다. 그러나 왕부지에게서 이러한 태극은 없다. 태극이 결코 음·양의 본체나 근거가 될 수 없는 것이다. 태극이 자기 정체성을 지닌 독립된 존재가 아니기 때문이다. 이것이 이『주역내전』의 태극에 대한 설명에서 분명하게 제시되어 있다.

둘째, 왕부지는 이 세계의 본체인 음·양을『주역』에서 표상하고 있는 것이 건괘☰·곤괘☷ 두 괘요, 음(陰)·양기(陽氣)가 천지 만물을 낳는 것처럼 이들 두 괘가 나머지 62괘를 낳는다고 하고 있다. 왕부지는 이를 '건괘·곤괘 두 괘가 아울러 다른 괘들을 세움[乾坤竝建]'이라 명명하고 있다. 따라서 왕부지의 역학(易學)에서는 태극이 본체가 되지도 않고, 건괘☰만이 홀로 본체가 되지도 않는다. 어디까지나 이들 건괘·곤괘 두 괘가 아울러서『주역』64괘의 본체가 된다고 하고 있다. 이를 논증하기 위해 왕부지는 한 괘의 여섯 효 낱낱의 뒤쪽[背]에는 앞쪽[嚮]과 상반되는 효가 자리 잡고 있다고 하였다. 즉 앞쪽에 양효(—)가 있으면 뒤쪽에는 음효(--)가 있고, 앞쪽에 음효(--)가 있으면 그 뒤쪽에는 양효(—)가 자리 잡고 있다는 것이다. 따라서 왕부지에게서 한 괘는 6위(位)가 아니라 12위(位)가 된다. 이 12위(位)를 고려하면『주역』의 64괘는 모두 건괘·곤괘 두 괘로 환원된다. 다시 말해서 64괘가 모두 건괘·곤괘 두 괘로 이루어져 있다고 함을 확인할 수 있는 것이다. 이 '건곤병건'설은 그의 기철학(氣哲學)을 역학에서 정합적으로 운용한 것이라 할 수 있다.

셋째, '사성동규(四聖同揆)', 또는 '사성일규(四聖一揆)'론이다. 이는, 오늘날 우리가 접하는 『주역』을 복희씨(伏羲氏), 문왕(文王), 주공(周公), 공자라는 네 성인이 각기 시대를 달리하면서도 동일한 원리를 좇아서 만들었다고 하는 주장이다. 복희씨는 팔괘를 그렸고, 문왕은 이를 육십사괘로 연역하고는 각각의 괘에 괘사(卦辭)를 붙였으며, 그 아들 주공은 육십사괘 각각의 여섯 효들에 효사를 붙였다는 것이다. 효사는 모두 386개. 그리고 공자는 『주역』의 원리 및 괘·효사들에 담긴 의미를 풀이해주는 전(傳)으로서의 '십익(十翼)'을 지었다는 것이다. 다만 왕부지는 전통 주역관에서 말하는 것과는 달리 역전(易傳) 가운데 「서괘전(序卦傳)」만은 공자의 저작이 아니라고 단언하며 이 『주역내전』에서 그 원문만을 덩그러니 그대로 둔 채 아예 풀이조차 하지 않고 있다. 그리고는 '십익'에서 이 「서괘전」을 빼낸 자리에, 이제 「상전(象傳)」에서 「대상전」을 분리하여 추가함으로써 '십익'의 숫자 '10'을 채우고 있다. 왕부지는 그의 천재성으로 말미암아 「서괘전」의 조악함을 벌써 눈치챈 것이다. 사실 냉엄하게 보면, 이 「서괘전」만큼은 그 횡설수설 및 논의의 일관성 결여 때문에 십익 가운데서도 너무나 격이 떨어진다. 그래서 이것을 『역전』 속에 포함시키는 것이 민망스러울 정도다. 그런데 왕부지는 그 학문적 엄밀성과 객관성에 입각하여, 전통적으로 경전의 의심스러운 점들에 대해 자신의 관점에서 함부로 재단하지 않고 그대로 두는 '존이불론(存而不論)'의 태도를 지양하면서, 이렇게 과감하게 자신의 입장을 개진하고 있는 것이다. 그리고 왕부지는 '사성동규'론에 입각하여 팔괘, 육십사괘, 괘·효사, 『역경』과 『역전』 사이 등에 정합성과 일관성이 자리 잡고 있다고 본다. 즉 이들 사이에 어떤 모순도 존재하지 않는다고 보는 것이다. 따라서 괘·효사들 사이에 더러 상충되어 보이는 것들에 대해서 그는 어떻게든 그 정합성과 일관성을 역설하며 풀이를 시도하고 있다. 이것을 왕부지 자신은 '단효일치(彖爻一致)'라는 말로 부르고 있다.

넷째, 『역학계몽』의 『주역』 풀이 관점과 도설(圖說)들을 철저하게 배격하는 점이다. 주지하다시피 『역학계몽』은 채원정(蔡元定)과 주희(朱熹)가 함께 지은 것으로서, 주자학이 동아시아에서 관학으로 자리 잡은 뒤에는 주희의 권위에 실려 『주역』 풀이에서 거의 교조(敎條)처럼 자리매김 되어 있었다. 이 『역학계몽』의 핵심을 이루는 것은 소옹(邵雍)의 『주역』 관련 저작들과 한대(漢代)부터 거의 정설처럼 내려오는 괘변설이다. 그런데 왕부지는 소옹이 그린 도(圖)들을 거의 모두 부정하고, 가일배법(加一倍法)도 신랄하게 비판한다. 우주 변화의 법칙은 이처럼 정연하게 점진적으로, 또 도식적으로 변화하지 않는다는 이유에서다. 즉 우주는 인간의 입장에서까지 예측 가능할 정도로 이와 같은 필연의 과정을 밟으며 변화하지 않는다고 보는 것이다. 물론 왕부지 자신이 "수의 밖에는 상이 없고, 괘·효상의 밖에는 괘·효사가 없다.(無數外之象, 無象外之辭)"라고 하며 『주역』을 풀이하는 데서 괘·효상과 수를 고려함이 필수불가결함을 역설하고는 있다. 그리고 그는 이를 논거로 하여 왕필의 유명한 "뜻을 얻었거들랑 말은 잊어버리고, 말을 얻었거들랑 상은 잊어버려라!(得意忘言, 得言忘象)"라는 설을 비판하고도 있다. 왕부지 자신도 상(象)과 수(數)를 『주역』의 핵심 요소로 보고 있는 것이다. 그럼에도 불구하고 왕부지는 『역학계몽』에서 내세우는 도(圖)나 상(象)·수(數) 및 관련 이론들에 대해 철저하게 부정하는 입장을 취하며 자신의 관점에서 정치(精緻)한 대안들을 제시하고 있다. 『역학계몽』의 관점과 해석틀이 당시 동아시아에서 절대적 권위를 확보하고 있었다는 배경을 감안할 때, 이러한 면은 왕부지 역학의 대단히 두드러진 특징이라 하지 않을 수 없다. 그리고 우리는 여기서 왕부지의 학문적 순수성과 객관성을 충분히 짐작할 수 있다.

왕부지는 이『주역내전』에 대해서 장문의 '일러두기'에 해당하는『주역내전발례(周易內傳發例)』를 붙이고 있다. 그런데 이『주역내전발례』에는『주역내전』에 대한 단순한 일러두기를 넘어 왕부지의 주역관이 소상하게 개진되어 있다. 따라서 어떤 측면에서는 이것이『주역내전』의 길잡이 역할을 한다고도 할 수 있다. 이러한 이유에서 역자인 나는 독자들이 본격적으로『주역내전』을 읽기에 앞서 이『주역내전발례』를 먼저 읽을 것을 권하고 싶다.

이제 이 성과를 책으로 내면서 역자로서 나는 한국연구재단에 감사하지 않을 수 없다. 피상적으로만 보면 전혀 돈이 될 리가 없는 이『주역내전』의 번역과 출판을, 이 재단에서 명저번역사업의 일환으로 전격 지원해주었기 때문이다. 이 지원이 없으면 거의 빛을 보기 어려웠을 이 작업성과가 이렇게 하여 세상에 드러날 수 있었다. 따라서 번역자의 입장에서 한국연구재단에 아무리 감사해도 지나치지 않다고 본다.

또 있다. 우리 한국교원대학교의 대학원 석·박사 과정에서 나에게 지도를 받고 있고 또 받았던 김경주·김명희 선생께 나는 감사해야 한다. 이들은 나에게 이『주역내전』을 디지털로 옮겨 줌으로써 내가 그만큼 편하게 번역을 진행할 수 있도록 해주었다. 그리고 이들은 일부의 교정에도 흔쾌히 시간을 내주었다. 이제 이 성과를 출간하면서 이들의 노고를 기리며 마음속 깊이 고마움을 느낀다. 아울러 이 번역의 출간에

흔쾌히 응해준 학고방 출판사의 하운근 사장과 직원들에게 깊이 감사한다. 특히 나의 다양한 요구들을 말없이 수행해 준 박은주 차장에게 감사하다는 말씀을 올린다.

독자 제현들의 눈에 이 번역물이 한두 곳에만 문제가 있는 것이 아닐 것이다. 이에 대해 독자 여러분들의 따뜻하면서도 준엄한 질정(質正)을 바란다. 그리고 이러함이 모여 우리나라에 왕부지의 역학이 더욱 정확하게 알려지고 그에 대한 수준 높은 연구가 지속될 수 있기를 바란다.

2014년 11월 24일
문수·보현봉이 바라보이는 작은 서실에서
김진근 쓰다

목 차

①

주역내전 (건괘乾卦☰~비괘否卦☷)

②

주역내전 (동인괘同人卦☰~이괘離卦☲)

❸

주역내전 (함괘咸卦☷ ~ 곤괘困卦☷)

주역내전 (정괘^{井卦}☵ ~ 미제괘^{未濟卦}☵)

5

주역내전 (계사전繫辭傳)

주역내전 (설괘전^{設卦傳}·서괘전^{序卦傳}·잡괘전^{雜卦傳}·附 발례)

일러두기

- 이 번역은 중국 장사(長沙)의 악록서사(嶽麓書社)에서 1992년에 발행한 선산전서(船山全書) 가운데 『주역내전(周易內傳)』과 『주역내전발례(周易內傳發例)』를 저본으로 하였다.

- 『주역』 본문의 끊어 읽기와 풀이는 저자의 것을 기준으로 하였다. 따라서 우리나라의 전통 끊어 읽기와 다른 곳이 있을 수 있고, 우리나라의 전통 풀이와 다른 곳이 있을 수 있다. 괘 이름에서도 저자의 풀이를 근거로 하였다. 예컨대 우리나라에서는 遯卦▤를 '돈괘'라고 읽지만, 왕부지가 철저하게 '은둔'의 의미로 풀고 있음을 존중하여 이 번역에서는 '둔괘'로 읽었다.

- 가능하면 순수한 우리말로 풀자는 관점에서 우리말로 표기한 것들이 있다. 예컨대 '剛·柔'를 '굳셈[剛]·부드러움[柔]'으로, '動·靜'을 '움직임(動)·고요함(靜)'으로 표기한 것들이 그것이다. 이 외에도 가능하면 순수한 우리말로 풀자는 시도를 의식적으로 하였다. 따라서 이것들이 일반 서술어들과 혼동을 줄 수 있는 여지가 있지만 독자 제현의 양해를 바란다.

주역내전

설괘전(說卦傳) · 서괘전(序卦傳) · 잡괘전(雜卦) · 附 발례

설괘전說卦傳

「繫傳」發明文王・周公象爻之辭, 微言大義之所自著, 而「說卦」專言
伏羲畫卦之理, 故別爲傳, 緣此而後世有伏羲・文王次序方位不同之
說. 乃文王之象, 原本於伏羲之卦, 特繫之辭以明吉凶得失之故耳, 非有
異也. 伏羲以八卦生六十四卦, 而文王統之於‘乾’・‘坤’之竝建, 則尤以
發先聖之藏. 然「說卦傳」言“參天兩地”・“觀變於陰陽”, 則亦乾・坤
統全『易』之旨. 但伏羲有卦而無辭, 故其統宗不著; 文王既爲之辭, 又爲
之序, 以申其固有之理, 終不可謂伏羲之別有序位, 爲先天之『易』也.

「계사전」은 문왕과 주공이 지은 괘사와 효사의 의미를 밝게 드러낸
것으로서, 말은 간결하지만 의미는 거대함이 저절로 드러나 있다. 그런데
이 「설괘전」은 오로지 복희가 괘를 그린 이치만을 말하고 있다. 그러므로
따로 전(傳)을 만든 것이다. 이로 말미암아 후세에 복희와 문왕의 ‘차서(次
序)’・‘방위(方位)’가 같지 않다는 말이 있게 되었다.[1252] 그러나 문왕이

1252) 이를 맨 처음 제기한 사람은 송대의 소옹(邵雍; 1011~1077)이었다. 소옹은
복희의 팔괘에 대해서는 자신의 가일배법(加一倍法) 원리에 맞추어 ‘선천도
(先天圖)’를 그렸다. 그는 이를 팔괘의 생성 순서에 입각한 것이라 하였다.
그리고 문왕의 팔괘에 대해서는 「후천도(後天圖)」를 그렸는데, 이는 「설괘전」

지은 괘사는 원래 복희가 그린 팔괘를 근본으로 하되, 다만 그것들에 사(辭)를 매달아 길·흉과 득·실의 까닭을 밝혔을 따름이니, 서로 다른 것이 아니다.

복희는 팔괘를 바탕으로 하여 육십사괘를 만들었다. 그런데 문왕은 이것들을 건괘·곤괘 두 괘를 아울러 세움의 체계 속으로 통괄하였으니, 앞 성인이 담아놓은 의미를 더욱더 분명하게 펼쳐낸 것이다. 그러나 「설괘전」에서도 "하늘을 셋으로 하고 땅을 둘로 한다.", "음·양에서 변함을 살핀다."라 하고 있으니, 역시 건괘·곤괘 두 괘가 전체 『역』을 통괄한다는 뜻을 담고 있다. 다만 복희가 그린 것에는 괘만 있고 사(辭)가 없었기 때문에 그 통괄하는 종지(宗旨)를 드러내지 않았을 따름이고, 문왕은 사(辭)를 붙였을 뿐만 아니라 순서도 매겨 놓음으로써 그 고유한 이치를 분명하게 밝히고 있어서 비교가 될 뿐이다. 그렇다고 하여 마침내 "복희의 『역』에는 또 다른 차서와 방위가 있어서 '선천(先天)'의 『역』이 된다."고 말할 수는 없다.

에서 말하는 순서에 따른 것이다. 그는 이를 운용 원리에 입각한 것이라 하였다. 그래서 이들은 차서(次序)와 방위가 다르다. 그런데 뒤에 주희와 채원정이 함께 지은 『역학계몽』에서는 이를 대단히 의미 있는 것으로 받아들이며 저술의 기조로 삼았다. 그래서 이후의 주역사에서는 이것이 교조적인 지위를 차지하였다. 자세한 것은 『역학계몽』과 『주역본의』의 앞에 실린 도(圖)들을 참고하기 바란다.

●●●

第一章
제1장

此章統贊作『易』之全體大用, 而以數爲本. 數者, 聖人成能之利用, 人謀之本術也.

이 장에서는 『주역』을 지은 전체(全體)와 대용(大用)을 통괄하여 밝히고 있는데, 수(數)를 근본으로 삼고 있다. 수란 성인들께서 능란함을 이루면서 이롭게 사용하는 것이며, 인모의 근본 수단이다.

昔者聖人之作『易』也, 幽贊於神明而生蓍,

옛날에 성인들께서 『역』을 만듦에서는 그윽이 천지신명(天地神明)을 도와 시초점을 만들어냈는데,

'贊', 助也; 神明欲下詔於人而無從, 聖人以筮助其靈, 使昭著也. '生', 始作之也. '蓍', 蒿屬叢生者. 艸木因天地自然所生而無心, 無心故聽神明之用, 其靈則在分而爲兩之妙. 必用此艸者, 取其條直輕韌也. 舊說謂王道得而蓍生滿百莖, 說出史遷好異所傳. 此繫聖人作『易』之下, 則非天地生之可知.

'贊(찬)'은 돕는다는 뜻이다. 천지신명이 아래로 사람들에게 알려주고자 하여도 어찌할 방법이 없었는데, 성인이 시초점으로써 그 신령함을

도와서 환히 드러나게 하였다는 의미다. '生(생)'은 처음으로 만들었다는 의미다. '시초'는 쑥[蒿]과에 속하는 뭉쳐나기[叢生] 식물이다. 풀·나무는 하늘과 땅이 저절로 생겨나게 한 것으로서 의식작용이 없는데[無心], 이렇게 의식작용이 없기 때문에 천지신명이 사용함에 부응한다. 그리고 그 신령함은 시초 무더기를 둘로 나누는 오묘함에서 작용한다.[1253] 그런데 꼭 이 시초를 사용하는 까닭은, 이 시초의 가지가 곧고 가벼우며 질기기 때문이다.

이전의 설에서는 왕도가 이루어지면 시초의 줄기가 100개를 꽉 채운다고 하였는데, 이 설은 기이한 것을 전하기 좋아하던 사마천에게서 나온 말이다.[1254] 이를 성인들께서 『주역』을 만들었다는 사실에다 연계시켜

[1253] 괘의 효들을 결정하는 것은 49개의 시초를 둘로 나누는 데서 결정된다. 그 이후에는 이 두 무더기를 정해진 절차에 따라 기계적으로 진행하여 구별해 내면 된다. 그런데 둘로 나누는 데서는 철저하게 무심(無心)해야 한다. 아무런 사심이 없이 둘로 나누어야 하는 것이다. 여기에 천지신명의 신령함이 작용한다는 것이다. 왕부지는 「계사전」에서 말하는 '귀모(鬼謀)'를 여기에 적용하여 설명하였다. 우리에게 천지신명이 괘·효를 주는 것이 바로 이 순간이라는 것이다.

[1254] 구체적으로 『사기』의 「귀책열전(龜策列傳)」에 나온다. 여기서는, 줄기가 100개를 꽉 채운 시초에는 그 아래에 반드시 신령스러운 거북이가 지키고 있고 그 위에는 늘 푸른 구름이 뒤덮고 있다고 한다. 그리고 "천하가 화목하고 태평하여 왕도가 이루어진 경우에는 시초 줄기의 길이가 1장(丈; 사람 한 길만큼 되는 길이)이 되고 뭉쳐나는 줄기의 수도 100개를 꽉 채운다."라는 전언(傳言)을 싣고 있다. 아울러 당시에는 줄기의 길이가 1장이 되는 것은 얻을 수가 없고, 개수 80개 이상, 길이 8척이 되는 것도 얻기 어렵다고 하고 있다. 일반 사람들이 쓰는 것은 그저 개수 60개 이상, 길이 6척의 것이면 된다고 하고 있다.(司馬遷, 『史記』, 「列傳·龜策列傳」: 聞蓍生滿百莖者, 其下必有神龜守之, 其上常有青雲覆之. 傳曰, "天下和平, 王道得, 而蓍莖

보면 하늘과 땅이 낳은 것이 아님을 알 수가 있다.

參天兩地而倚數,

하늘은 셋, 땅은 둘로 하여 수에 의거하고,

六合之全體, 皆天也, 所謂大圓也. 故以數數之, 則徑一圍三, 而一函三. 地有形有氣, 在天之中, 與相淪洽, 而有所不至, 則缺其一而爲二. 奇畫中實, 偶畫中虛, 其象也. '倚', 任也. 天地之理氣, 不可以象象, 故任數以爲之象. '參兩'云者, 聖人參之兩之也. 天地渾淪之體, 合言之則一, 分言之則二. 聖人以其盈虛而擬天之數以三·地之數以二; 卦畫之奇陽偶陰, 旣明著其象, 而揲著之法, 用九用六, 四其九而三十六, 四其六而二十四, 陽十二其三, 陰十二其二, 一以參兩之法行之, 數可任而象可立, 道因以著. 蓋人事之得失吉凶, 唯所用之盈虛有當有否, 故數可倚之以見道.

육합(六合)[1255] 전체가 모두 하늘이며, 이른바 '커다란 원[大圓]'이다.

___

長丈, 其叢生滿百莖." 方今世取著者, 不能中古法度, 不能得滿百莖長丈者, 取八十莖已上, 著長八尺, 卽難得也. 人民好用卦者, 取滿六十莖已上, 長滿六尺者, 旣可用矣.)

1255) 위·아래와 동·서·남·북을 총칭하는 말이다. 이는 공간 차원에서 우리가 살아가는 세계 전체를 의미한다. 그리고 이것은 유한 공간이다. 공간을 여섯 가지 차원에서 한정하고 있기 때문이다. 동아시아에서는 우리가 살아가

그러므로 수로써 그것을 헤아리면 지름1·둘레3으로서 1이 3을 포함하고 있다. 이에 비해 땅에는 형(形)도 있고 기(氣)도 있는데, 이 땅이 하늘의 가운데서 하늘과 서로 사무쳐 들어가지만 다 이르지는 못함이 있다. 그래서 땅은 그 중 하나가 결하여 2가 된다. 홀수 획의 상(—)은 가운데가 채워져 있고 짝수 획의 상(--)은 가운데가 비어 있음은 바로 이를 상징한다.

'倚(의)'는 맡긴대[任]는 의미다. 천지의 이치와 기(氣)는 상(象)으로써도 드러낼 수 없기 때문에 수에 맡겨 드러낸다는 의미다. '셋(參)'·'둘(兩)'이라는 것은 성인께서 셋으로 하고 둘로 하였다는 의미다. 하늘과 땅이 구분되지 않은 채 뒤섞여 몸을 이루고 있으니, 합해서 말하면 '하나'지만 나누어서 말하면 '둘'이라는 것이다. 성인께서는 채워져 있느냐 비어 있느냐를 가지고 하늘의 수를 '셋'으로 하고 땅의 수를 '둘'로 하였다. 그런데 괘의 획에서는 홀수는 양으로 하고 짝수는 음으로 하여 이미 그 상(象)을 드러내고 있다. 그런데 시초를 헤아려 괘·효를 뽑아내는 데서는 '9'를 쓰고 '6'을 쓴다. 그래서 그 '9'가 넷이어서 36이 되고, 그 '6'이 넷이어서 24가 되는데[1256], 이는 또한 양은 12가 '셋'이고 음은 12가 '둘'이라는 의미이기도 하다. 그래서 한결같이 이 '셋[參]·둘[兩]'의 원리로 행하면 수(數)에 맡길 수 있고 상(象)이 세워질 수 있다. 그리고 도(道)는 이로 말미암아 드러날 수가 있다. 그 까닭은 아마 사람 일의 득·실과 길·흉이 오직 사용한 참[鑿]과 빔[虛]에 마땅함이 있느냐 그렇

는 공간을 무한 개방하여 규정하지 않고, 이처럼 이 '육합(六合)' 안으로 한정하여[六合之內] 규정한 것이다.

1256) 이는 양효(—)와 음효(--)의 과설지책(過揲之策)의 수를 의미한다.

지 않느냐에 의해 결정되기 때문으로 보인다.[1257] 그러므로 수에 의거하여 도(道)를 드러낼 수 있는 것이다.

觀變於陰陽而立卦, 發揮於剛柔而生爻,

음·양에서 변함을 살펴 괘를 세웠으며, 굳셈[剛]·부드러움[柔]에서 발휘하여 효(爻)를 만들었다.

天地自然之變, 發見於物理人情者, 六十四象亦略備矣. 其變一盈一虛, 陰陽互用也. 故以十八變而成一卦, 因著其象, 立其名, 顯其性情功效之殊焉. '發揮'者, 因所動之剛柔, 而即動以著其效, 則爻之吉凶悔吝因之以生. '生'謂發其義也. 陰陽剛柔互言之, 在體曰陰陽, 在用曰剛柔. 讀『易』之法, 隨在而求其指, 大率如此. 若下章以陰陽屬天, 剛柔屬地, 又象·爻之辭言剛柔而不言陰陽, 剛柔即陰陽, 其指又別. 古人言簡而包括宏深. 若必執一以爲例, 則泥矣.

하늘과 땅이 저절로 이루는 변함이 물(物)들의 이치와 사람의 실정에 드러나는데, 64괘의 상(象)에도 이러함이 대략 갖추어져 있다는 것이다.

1257) 여기서 '참[叄]'은 '셋[參]'을 의미하는 것으로서 하늘의 수(數)를 가리키고, '빔[貳]'은 '둘[兩]'을 의미하는 것으로서 땅의 수를 가리킨다. 그래서 이들 '셋[參]'과 '둘[兩]'이 상징하고 있는 것으로서의 수를 운용하여 뽑아낸 괘가 마땅하느냐[當] 그렇지 않느냐[否]에 따라 점친 일의 길·흉이 결정된다는 의미다.

그 변함이란 한 번은 찼다 한 번은 비었다 함이다. 그리고 음·양이 이를 서로 사용한다. 그러므로 18변으로써 하나의 괘가 이루어지고, 이로 말미암아 상(象)이 모습을 드러내며 그 이름이 세워진다. 이렇게 하여 육십사괘 각각의 성정(性情)과 공효(功效)가 각기 다름이 현저해지는 것이다. '발휘'라는 말은 괘의 효에서 움직임을 드러내는 굳셈[剛]·부드러움[柔]으로 말미암으니, 다름 아니라 움직임에 의해 그 의미를 드러낸다는 것이다. 그래서 효(爻)의 길·흉과 후회함[悔]·아쉬워함[吝]이 이에 의해 생겨난다는 의미다. 여기서 '生(생)'은 그 의미를 발현한다는 뜻이다. 음·양과 굳셈[剛]·부드러움[柔]은 바꾸어 말할 수 있다. 체(體)일 경우에는 '음·양'이라 하고 용(用)일 경우에는 '굳셈·부드러움'이라 한다. 『주역』을 읽으면서는 있는 곳에 따라 가리키는 의미를 다르게 구해야 하는데, 대체로 이와 같은 것들이 그 예다. 아래 장(章)에서 음·양을 하늘에 소속시키고 굳셈·부드러움을 땅에 소속시킨 것이라든지, 또 괘·효사에서는 굳셈·부드러움을 말하지 음·양을 말하지 않는다는 것 등을 보면, 굳셈·부드러움이 곧 음·양이기는 해도 그 가리키는 것이 또한 서로 구별되기도 함을 알 수 있다. 옛사람들의 말을 보면, 말은 간략하지만 포괄하고 있는 의미는 넓고도 깊다. 그런데도 꼭 하나만을 집착하며 모든 것에 통용되는 예로 삼는다면, 수렁에 빠져 허우적대는 꼴이 되고 말 것이다.

和順於道德而理於義, 窮理盡性以至於命.

도(道)와 덕(德)에 조화하고 순응하며 조리에 맞추어 의로움을 다하게 한다. 그리고 이치를 궁구하고 성(性)을 다함으로써 명(命)에 이르게 한다.

'道卽立天·立地·立人之道. '德'者, 道之功能也. '義'者, 隨事之宜也.
道德之實, 陰陽健順之本體也. 以數立卦而生爻, 極其變動發揮而不
相悖害. 道本渾淪, 因而順之, 健順交相濟而和矣. 及其因動起事, 因事
成象, 卦各有宜, 爻各有當, 以別得失, 以推吉凶, 則因時制宜, 而分析
條理以盡義, 無不各順其則也. 故推其精義合德之蘊, 窮天下之理, 盡
人物之性, 而天之繼善以流行萬化者, 皆其所造極. 聖人之作『易』一
倚數, 而功化之盛, 夫豈可以術測而褻用之乎!

여기서 말하는 '도(道)'는 하늘을 세우고, 땅을 세우며, 사람을 세우는
도(道)다. 그리고 '덕(德)'은 도가 이렇게 할 수 있는 능력이다. 또 '의로움
[義]'은 일에 따른 알맞음이다. 이들 도와 덕의 실다움이 음·양과 씩씩함
[健]·순종함[順]의 본체다. 수에 의해 괘를 뽑아내고 효를 정하는데,
이 과정에서는 음·양이 변하고 움직이며 발휘함을 극진히 한다. 그런데
도 서로 어기거나 해를 입히지 않는다. 도는 본래 이것저것으로 나뉘지
않은 전체를 이루고 있는데, 이 도를 근간으로 하여 따르면서 씩씩함과
순종함이 사귀며 서로 이루어주고 화합한다.1258)
그리고는 괘와 효에서 드러내고 있는 움직임을 근거로 하여 일을 벌이고,
이 일들을 근간으로 하여 상(象)을 이루는데, 괘에는 각각 알맞음이
있고 효에도 각기 마땅함이 있다. 그래서 이에 비추어 득·실을 구별하고
길·흉을 미루어 판단한다. 그래서 때에 맞게 알맞음을 만들어내고
조리를 잘 따져 의로움을 다하리니, 각기 그 법칙에 순종하지 않음이
없는 것이다.

1258) 『주역』의 괘들을 뽑아내는 과정에 대해 하는 말이다.

그러므로 『주역』을 통해서는 그 정세한 의미와 덕에 합치하는 깊은 속내를 헤아리고, 천하의 이치를 궁구하며, 사람과 물(物)들의 성(性)을 다 실현해낸다. 그래서 하늘이 도의 선함을 이어받아서 온갖 지어냄[造化]으로 두루 행한 것들이 모두 가장 아름다운 상태에 도달하게 된다. 그러니 성인들께서 『주역』을 지으시면서 한결같이 수(數)에 의존하였으니, 그 공덕과 교화가 융성한 것들을 어찌 한갓 술수 따위로 엿보면서 외람되게 사용할 수 있겠는가!

●●●

第二章
제2장

此章專說卦爻六位之旨. 先言陰柔, 後言陽剛, 以叶韻耳, 非有意也. 舊說拘文率義, 謂陰柔先立體, 而後陽剛施化; 又分仁屬陰, 分義屬陽. 辨析徒繁, 今皆不取.

이 장에서는 오로지 괘·효의 여섯 위(位)의 의미만을 말하고 있다. 그런데 먼저 음의 부드러움[柔]에 대해서 말하고 나중에 양의 굳셈[剛]에 대해 말하는 까닭은, 단지 협운 때문이지 그밖에 어떤 의도가 있는 것은 아니다. 그러나 이전의 설들에서는 글자에 얽매인 나머지 억지로 의미를 부여하여 "음의 부드러움이 먼저 체(體)를 세우고 난 뒤에 양의 굳셈이 조화함을 베푼다."라고 풀이하였다. 또 어짊을 음에 분속시키고 의로움을 양에 분속시키기도 하였다. 그러나 이러한 변별과 분석은 한갓 번잡하기만 할 뿐이어서 나는 지금 다 취하지 않았다.

昔者聖人之作『易』也, 將以順性命之理. 是以立天之道, 曰陰與陽; 立地之道, 曰柔與剛; 立人之道, 曰仁與義. 兼三才而兩之, 故『易』六畫而成卦; 分陰分陽, 迭用柔剛, 故『易』六位而成章.

옛날에 성인들께서 『주역』을 지은 것은 장차 사람됨으로서의 성(性)과 자신에게 주어진 명(命)의 이치에 순종하기 위해서였다. 그래서 하늘의 도(道)를 세우는 것을 '음 · 양'이라 하고, 땅의 도를 세우는 것을 '굳셈[剛] · 부드러움[柔]'이라 하며, 사람의 도를 세우는 것은 '어짊[仁] · 의로움[義]'이라 한다. 이렇듯 삼재(三才)를 아우르며 둘로 하고 있기 때문에 『주역』은 여섯 획으로서 하나의 괘를 이룬다. 그리고 음으로 나뉘고 양으로 나뉘어서 번갈아 가며 부드러움 · 굳셈을 쓰기 때문에 『주역』은 여섯 위(位)로서 하나의 온전한 체제를 이룬다.

在人曰'性', 在天地曰'命'. '立天之道'者, 氣之化也. '立地之道'者, 形之用也. '立人之道'者, 性之德也. 此以陰陽竝屬之天者, 自其命之或溫或肅 · 一生一殺言也. 以柔剛竝屬之地者, 自其或翕或闢, 以育以載者言也. 天無二氣, 地無二形, 人無二性, 合以成體, 故三畫而八卦成. 而其命之降, 性之發, 各因乎動幾, 而隨時相應以起, 則道有殊施, 心有殊感, 陰陽 · 柔剛 · 仁義各成其理而不紊, 故必重三爲六, 道乃備焉. '成卦', 自畫卦之旨及筮者積變爲卦而言. '成章', 自統爻於象, 共成一義而言也. 卦以順性命而利人之用, 一事一物皆有全理, 而動以其時, 故必兼之, 而後天道人事皆著於中矣. 三才六位, 既各有定, 而初 · 三 · 五爲陽爲剛, 二 · 四 · 上爲陰爲柔, 於六位之中又有分焉. 則天之有柔以和煦百物, 地之有陽以榮發化光, 又無判然不相通之理. 擬之以人,

則男陽而固有陰, 女陰而固有陽, 血氣榮衛表裏之互相爲陰陽剛柔,
莫不皆然. 六位迭用, 乃以文質相宣而成章. 不復言人道者, 仁之嚴以
閑邪者剛也, 陰也; 慈以惠物者柔也, 陽也; 義之有斷而儉者陰也, 剛
也; 隨時而宜者陽也, 柔也; 則以行乎六位而迭用者也. 學『易』者於仁
義體之, 而天地之道存焉, 則盡性而即以至於命. 占者以仁義之存去審
得失, 而吉凶在其中矣. 故曰'易不爲小人謀, 以其拂性而不能受命也.

사람에게 있는 것을 '성(性)'이라 하고, 하늘과 땅에 있는 것을 '명(命)'이라
한다. '하늘의 도를 세우는' 것은 기(氣; 陽)의 지어냄[造化]이다. '땅의
도를 세우는' 것은 형(形; 陰)의 작용함이다. '사람의 도를 세우는' 것은
사람의 성(性) 속에 있는 덕이다. 이는 음・양이 아울러 소속된 하늘이
명을 내림에서, 혹은 따스하기도 하고 혹은 싸늘하기도 하며, 한 번은
살리고 한 번은 죽이는 관점에서 말한 것이다. 그리고 부드러움・군셈이
아울러 소속된 땅이 혹은 닫아걸기도 하고 혹은 열어젖히기도 하며,
길러내고 실어줌의 관점에서 말한 것이다.
하늘에는 두 기(氣)가 없고, 땅에는 두 형(形)이 없으며, 사람에게는
두 성(性)이 없다. 이들이 합하여 체(體)를 이루니, 3획으로 팔괘가 이루어
진다. 하늘과 땅의 명(命)이 강림하고 사람의 성(性)이 발현하여서는,
각기 움직이는 기미[幾]에 따라 때에 맞게 서로 응하여 일어난다. 그래서
그 도(道)마다 특수하게 베풂이 있고 각기의 마음에도 특수하게 느끼는
것이 있는데[1259], 음・양, 군셈・부드러움, 어짊・의로움이 각기 그

1259) 여기서 말하는 도는 하늘의 도, 땅의 도, 사람의 도를 가리킨다. 그리고
마음도 하늘의 마음, 땅의 마음, 사람의 마음을 가리킨다. 이들이 다 다르다는

이치를 이루어 문란하지 않다. 그러므로 반드시 3획을 중첩하여 6획이
되어야 도가 갖추어진다.

'괘를 이룬다'는 것은 괘를 뽑아냄의 의미 및 시초점을 치는 과정에서의
변(變)들을 누적하여 괘를 이룸에 대해 말하는 것이다. '장을 이룬다'는
것은 여섯 효들이 괘로 통괄되어 함께 하나의 유기적 연관으로서의
의미를 이룬다는 것을 말하는 것이다. 하나의 사(事)·하나의 물(物)에도
모두 온전한 이치가 있으며, 이들은 각기 때에 따라서 움직이기 때문에
반드시 겸해야 하고, 그러한 뒤에라야 하늘의 도와 사람의 일이 모두
그 속에서 환히 드러난다는 것이다.

삼재(三才)의 여섯 위(位)에는 이미 각각 정해진 것이 있다. 그래서
초·3·5효는 양(陽)이 되고 굳셈[剛]이 되며, 2·4·상효는 음(陰)이
되고 부드러움[柔]이 된다. 이렇게 여섯 위(位) 속에는 또한 구분됨이
있다. 하늘에 있는 부드러움[柔]은 만물을 조화롭게 하고 따뜻하게 감싸주
며, 땅에 있는 양(陽)은 초목들이 무성하게 피어나게 하고 지어냄[造化]이
활짝 펴지게 한다. 그래서 하늘과 땅 사이에는 완전히 쪼개져 서로
통하지 않는 이치란 없다. 이를 사람에게 비유해 보면, 남자는 양이지만
본디 음이 있고, 여자는 음이지만 본디 양이 있는 것과 같다. 그리고
혈(血)과 기(氣), 영(榮)과 위(衛),[1260] 겉[表]과 속[裏]이 서로 음·양과

것을 지적하고 있다.

1260) 혈(血)·기(氣)에서 '혈'은 음, '기'는 양이다. 그리고 영(榮)·위(衛)에서 '영'은
　　　혈의 순환을 가리키고, '위'는 기가 두루 흘러 다님을 말한다. 구체적으로
　　　말하자면, '영'은 기가 맥 속으로 다니는 것으로서 음에 속하고, '위'는 기가
　　　맥의 밖으로 다니는 것으로서 양에 속한다. 이렇듯 '영'과 '위'는 우리 몸
　　　전체에 퍼져서 안팎으로 서로 연관되어 있으며 쉬지 않고 운행한다. 그래서

군셈·부드러움이 되지만, 어느 것인들 모두 그렇지 않은 것이 없다. 그래서 여섯 위(位)에서 번갈아 작용하면서 문(文)과 질(質)로써 서로 펼쳐 내며 하나의 온전한 체제를 이룬다.

그런데 이 구절의 뒷부분에서는 하늘과 땅에 대한 것과는 달리 사람의 도(道)에 대해서는 되풀이하여 말하지 않고 있다. 이를 잠깐 부연해 보면 다음과 같다. 즉 어짊[仁]에서도 엄함으로써 사악함을 막는 것은 군셈인데, 이는 음이다. 그리고 자애로움으로써 타인들에게 시혜를 베풂은 부드러움인데, 이는 양이다. 또 의로움[義]에서도 결단성 있게 검소함을 유지하는 것은 음인데, 이는 군셈이다. 그리고 때에 맞추어 알맞게 행하는 것은 양인데, 이는 부드러움이다. 그래서 이렇게 사람의 도(道)도 여섯 위(位)를 운행하면서 번갈아가며 작용하는 것이다.

『주역』을 공부하는 이들이 어짊·의로움에 대해 체득하고 그러한 가운데 하늘과 땅의 도(道)를 보존하면, 제 성(性)을 다하며 곧 자신의 명(命)에 이르게 된다. 그리고 점을 치는 이들로서는 어짊·의로움을 보존하였느냐 버렸느냐를 가지고 득·실을 살펴야 한다. 이렇게 하면 길·흉은 이러한 가운데 존재한다. 그러므로 『주역』은 소인들의 도모함을 위한 것이 아니다."라고 하는 것이다. 소인들은 제 본성을 떨쳐버려서 명(命)을 받을 수 없기 때문이다.

우리들 몸에 영양분을 공급하고 몸을 보위하는 작용을 한다.

●●●

第三章
제3장

天地定位, 山澤通氣, 雷風相薄, 水火不相射, 八卦相錯.

하늘과 땅이 위치를 정하고, 산과 연못이 기(氣)를 통하며, 우레와 바람은 서로 바싹 덤벼들어 몰아붙이고, 물과 불은 서로 침범하지 않는다. 팔괘가 이렇게 서로 엇갈리며 뒤섞인다.

此章序伏羲則「河圖」畫八卦之理, 而言其相錯以成章也, 說詳「繫辭上傳」第九章. '乾'·'坤', '坎'·'離', 對待而相錯也. '震'·'巽', '艮'·'兌', 交營而相錯也. 天高地下, 水左行而火右行, 雷風動於外, 山澤成於中, 自然之體也. '定位'者, 陽居上, 淸剛而利於施; 陰居下, 柔濁而利於受; 唯其位定, 是以交也. '通氣'者, 山象天之高, 而地氣行焉; 澤體地之下, 而天氣行焉. '薄'如『春秋傳』'寧我薄人'之薄. 雷者陽之動, 風者陰之動, 交相馳逐也. '不相射'者, 各止其所而不相侵, 相侵則相息也. 唯其錯, 是以互成相因之用也; 緣八卦而六十四卦之錯可知已. 此言天地定位, 雖據「河圖」之七·五·一, 六·十·二上下之位而言, 實則一·三·五·七·九皆天之數, 二·四·八·六·十皆地之數, 則以交相參而相錯成乎八卦, 而五位之一奇一偶相配而不亂. 蓋乾'·'坤'之化行於六子者莫不有定位, 故文王竝建乾'·'坤', 而卦由之以生, 相錯者不離乎五十有五之中. 讀者當善通之.

이 장은 복희가 「하도(河圖)」를 본떠 팔괘를 그린 이치를 순서대로 설명한 뒤, 이것들이 서로 교접하며 뒤썩임을 말함으로써 장(章)을 이루고 있다. 이는 「계사상전」 제9장의 의미를 상세히 설명한 것이다. 건괘☰·곤괘☷와 감괘☵·이괘☲는 대대(對待)하면서 서로 뒤섞이고 있고, 진괘☳·손괘☴와 간괘☶·태괘☱는 교접하여 작동하면서 서로 뒤섞이고 있다. 하늘은 높고 땅은 낮다. 물은 왼쪽으로 운행하고 불은 오른쪽으로 운행한다. 우레와 바람은 밖에서 움직이고 산과 연못은 가운데서 이루어진다. 이러한 것들은 저절로 그러함[自然]의 체(體)다.

'위치를 정함'이란 양은 위에 자리 잡아서 맑고 굳세니 베풂에 이롭고, 음은 아래에 자리 잡아서 부드럽고 흐리니 받아들임에 이롭다는 말이다. 오직 이렇게 위치가 정해지기 때문에 교접하는 것이다. '기를 통함'이란, 산이 하늘의 높음을 형상으로 드러냄에 땅의 기(氣)가 거기에서 운행하고 있고, 연못이 땅의 아래에 있음을 체현함에 하늘의 기(氣)가 거기에 운행한다는 의미다. '薄(박)'은 『춘추좌씨전』에서 "차라리 내가 바싹 다가가서 몰아붙일지언정"[1261)]이라 한 '薄(박)'과 같은 의미다. 우레는 양의 움직임이고 바람은 음의 움직임인데, 이들이 교접하여 서로 달려들어 각축한다는 의미다. '서로 침범하지 않음'이란 각자 자신의 거소에 머물며 서로 침범하지 않는 것인데, 만약에 서로 침범한다면 서로 꺼져버리고 만다. 이처럼 이들 여덟가지는 오직 교접하며 서로 뒤섞이기 때문에 서로 이루어주고 서로 말미암으며 작용하는 것이다. 이들 팔괘로 말미암아 육십사괘의 교접하여 뒤섞임도 알 수가 있을 따름이다.

여기에서 말하는 '하늘과 땅이 위치를 정함'은 비록 「하도」의 7·5·1과

1261) 『춘추좌씨전』, 「선공(宣公)」 편, 12년 조에 나오는 말이다.

6·10·2라는 위·아래의 위(位)에 의거하여 말한 것이기는 하지만, 사실은 1·3·5·7·9는 모두 하늘의 수(數)이고 2·4·6·8·10은 모두 땅의 수이니, 이들이 교접하여 서로 끼어들고 서로 교착하여 팔괘를 이루는 것이다. 그래서 다섯 위(位)에서 하나는 홀수·하나는 짝수로 서로 배필이 되어 어지럽지 않은 것이다.[1262]

건괘·곤괘의 지어냄造化이 육자괘에서 행해지니 어느 것 하나 위치가 정해지지 않는 것이 없다. 그러므로 문왕은 건괘·곤괘를 아울러 세웠으며, 괘들은 이로 말미암아 생기고, 이들이 서로 뒤섞임도 '55'가 되는 수들의 범위를 벗어나지 않는다. 『주역』을 읽는 이들은 마땅히 이에 대해 잘 이해해야 할 것이다.

1262) 「하도」에서는 1·6이 북쪽에 자리 잡고 있고, 2·7이 남쪽에 자리 잡고 있다. 3·8은 동쪽에 자리 잡고 있고, 4·9는 서쪽에 자리 잡다. 그리고 5·10은 중앙에 자리 잡고 있다. 그래서 도상으로는 2·7이 위에, 5·9는 중앙에, 1·6은 아래에 자리 잡고 있는 것으로 되어 있다. 5위(位) 모두가 하나는 홀수·하나는 짝수의 조합으로 되어 있다. 그런데 왕부지는 이를 기반으로 하여, 여기서 '하늘과 땅이 위치를 잡고 있음'을 7·5·1(위에서 아래로)의 조합과 6·10·2(아래에서 위로)의 조합으로 말하고 있는 것이다.

●●●

第四章
제4장

此章『本義』與上章合爲一章, 以徇邵子先天之說. 先天者, 學儒者之邪說也.
未有天之先, 何象何數而可言者邪!『易』曰, "先天而天不違", 言大人之創制
顯庸, 撥亂反治, 氣機將動, 而大人迎之於未見之前, 若導之者, 其字讀爲去
聲, 非天之前有此時位, 與後天判然而異候也. 若其云繇'乾'而'兌', 而'離'而
'震', 繇'巽'而'坎', 而'艮'而'坤', 兩相逆以相遇, 唯弄卦畫以餖飣成巧, 而於
理不窮, 於性不盡. 於得失吉凶無所當, 特學儒者順之則生人生物 · 逆之則
成佛成仙之淫辭; 而陽往陰來, 相遇於'震' · '巽'之交, 抑陰陽交搆, 彼家之妖
術. 聖人作『易』以順道理義, 致用崇德, 亦安用彼爲哉! 徒虛立一伏犧之名,
於世遠言湮之後, 以欺壓文王而上之, 爲聖人之徒者所不敢徇也. 此與上章
意義各別, 故分爲二章, 如先儒之舊.

이 장을 『주역본의』에서는 앞 장과 합해 하나의 장으로 하여, 소자(邵子; 邵雍)의
'선천(先天)'이라는 학설에 갖다 맞추고 있다. 그런데 '선천'이란 신선술을 배우는
이들이 사용하는 잘못된 말이다. 도대체 하늘이 있기 전에 어떻게 '상'이니 '수'니
하는 것들을 말할 수 있다는 것인가!『주역』에서 "하늘에 앞서더라도 하늘이 어기지
않는다."[1263]라고 말한 것은, 위대한 인물의 새 나라 건설이 환히 드러나며[1264]
어지러운 국면을 수습하여 안정으로 돌림에 대해 말한 것이다. 이는 하늘의 운행
체제가 장차 작동하려 할 즈음, 그러나 아직 분명하게 드러나기 전에, 이러한 인물이
이러한 상황을 맞이하여 선도(先導)함과 같다는 의미다. 그래서 이 글자 '先(선)'은
거성(去聲)으로 읽어야 한다. 그래서 『주역』의 이 말은 결코 하늘에 앞서 이러한

시(時)와 위(位)가 있어서 후천과는 판이하며 또 절후가 다르다는 의미가 아니다. 만약에 그들이 말하는 것처럼 건괘(乾卦)☰로부터 태괘(兌卦)☱, 이괘(離卦)☲, 진괘(震卦)☳가 되고, 또 손괘(巽卦)☴로부터 감괘(坎卦)☵, 간괘(艮卦)☶, 곤괘(坤卦)☷로 된다면, 두 쪽이 서로 거스름으로써 서로 만나게 된다. 이를 보면, 오직 괘의 획을 가지고 놀면서 제사 음식을 진설하듯 죽 벌여 놓은 듯한 교묘함은 이루고 있다. 그러나 이것은 어떤 이치에 대해 궁구한 것도 아니고 사람의 성(性)을 다하게 하는 것도 아니다. 그리고 득·실과 길·흉에 대해서 마땅한 바도 없다. 다만 신선술을 공부하는 이들이, 위에서부터 아래로 따라 내려오면 사람을 낳고 물(物)을 낳으며, 아래로부터 위로 거슬러 올라가면 부처가 되고 신선이 된다고 하는 해괴한 말일 따름이다. 그리고 양은 가고 음은 옴이 진괘(震卦)☳와 손괘(巽卦)☴의 교접함에서 서로 만난다고 하는 것이나, 음·양이 교접하며 정(精)을 통한다고 함은 저들의 요망한 술수다. 그러나 성인들께서 『주역』을 지으신 것은 도(道)에 순종하고 의로움에 맞추어 다스리고자 함이며, 일상생활에서 잘 활용하고 덕을 높이자는 것이니, 어찌 저들이 하는 것과 같이 하였겠는가! 저들이 한갓 헛되이 '복희(伏羲)'라는 이름을 세워 이미 세대가 아득히 멀어지고 말조차 통하지 않게 된 후세에 속임수로 문왕을 누르려고 그 위에 올려놓는데, 이는 성인의 가르침을 따르는 무리로서는 감히 좇을 바가 못 된다. 이처럼 이 장과 앞 장은 의의가 각기 다르다. 그러므로 나누어 두 개의 장으로 하였다. 소자(邵子) 이전의 선유들도 이렇게 보았다.

1263) 「文言傳」, '乾卦: 先天而天不違.
1264) 이 말은 "이전 왕조를 교체하여 정삭(正朔)을 개정하고 복색을 바꿈으로써 새로운 나라를 건설하면 저절로 환히 빛나게 될 것이다.(『國語』, 「周語 中」: 更姓改物, 以創制天下, 自顯庸也.)"라는 말을 간접적으로 인용한 말이다.

數往者順, 知來者逆, 是故『易』, 逆數也.

지나간 것을 헤아림은 순종함이고 다가올 것을 아는 것은 거스름이다. 그러므로 『역(易)』 수를 거스름이다.

從上而下謂之'順', 從下而上謂之'逆'. 象之順逆, 數亦因之. 數者, 數其象也; 象之已成而數定矣, 則先記其總而後記其別. 如「河圖」因五十有五之全數, 而後推一六・二七・三八・四九・五十之分, 自多而寡, 順數之也. 若由未有而有, 以漸積而成象, 則有一而後有二, 以至於多, 逆知其將有, 而姑從少者以起也, 逆數之也. 多以統少, 自上而下, 順也. 少以生多, 自下積上, 逆也. 故數往者必順, 而知來者必逆. 『易』以占未來之得失吉凶, 故其畫自初而二, 以至於上, 積之而卦成; '乾'初得九, 增而十八, 以至於五十四, 迄乎上而象乃成. 下者事之始, 上者事之成, 本末功效之序, 自然之理也. 先儒皆謂已往而易見爲順, 未來而前知爲逆, 蓋此義也. 邵子始爲異說以亂之, 非是.

위로부터 아래로 내려가는 것을 '순종함'이라 하고, 아래로부터 위로 올라가는 것을 '거스름'이라 한다. 이러한 상(象)의 순종함과 거스름을 수에서도 그대로 따른다. 수는 그 상을 헤아린 것인데, 상이 이미 이루어져 있어서 수가 정해진 것이다. 그래서 먼저 그 총수를 기록하고 나중에 그 구별된 수들을 기록한다. 예컨대 「하도」에서는 '55'라는 전체의 수를 바탕으로 한 뒤에 1・6, 2・7, 3・8, 4・9, 5・10의 나뉨으로 미루어가니, 이는 많음으로부터 적음으로 간 것으로서 순종하며 헤아린 것이다. 이에 비해 있지 않음으로 말미암아 있게 되는 것들은 점점 누적해 나아가 상(象)을 이루게 되니, 1이 있고 뒤에 2가 있는 방식으로 점점 나아가 많음에 이르게 된다. 이는 장차 있을 것임을 거슬러서 안 것으로서, 잠깐 적은 것으로부터 일어난 것이며, 거슬러서 헤아린 것이다.

이렇게 볼 적에, 많은 것으로서 적은 것들을 통괄하고 위로부터 아래로
내려감은 순종함이고, 적은 것으로서 많은 것들을 낳고 아래로부터
위로 누적해 감은 거스름이다. 그러므로 이미 지나간 것을 헤아림은
반드시 순종함이어야 하고, 다가올 것을 아는 것은 반드시 거스름이여야
한다. 『주역』은 미래의 득과 실, 길과 흉을 점치는 것이다. 그러므로
그 획이 초효에서 2효로, 나아가 상효에 이르니, 누적하여 괘가 이루어진
다. 건괘(乾卦)를 예로 든다면 초효에서 '9'를 얻고, 증가하여 18이 되며,
54까지에 이른다.[1265] 그리고 상효에 이르서는 상(象)이 완성된다. 아래
에 있는 것은 일을 시작함이고 위에 있는 것은 일을 완성함이다. 이렇듯
본(本)과 말(末)을 이루는 공효(功效)의 순서가 정연함은 저절로 그러함
의 이치다. 이에 선유(先儒)들께서도 모두 "이미 지나가서 쉽게 알 수
있는 것은 순종함이고, 아직 오지 않았는데 앞서서 아는 것은 거스름이
다."[1266]라고 하였으니, 바로 이러한 의미일 것이다. 그런데 소자(邵子;
邵雍)가 처음으로 이와는 다른 설을 제기하여 이를 어지럽혔던 것이다.
이는 옳지 않다.

1265) 건괘는 6개의 굳셈[剛]의 효로 이루어져 있다. 이 굳셈의 효를 지칭하는
숫자는 '9'다. 그리고 부드러움[柔]의 효를 지칭하는 숫자는 '6'이다. 그래서
건괘는 초효는 '9'며, 2효는 2×9=18이 된다. 3효는 3×9로서 27이다. 상효까지
이르면, 6×9로서 54가 된다.

1266) 이는 원대(元代) 호병문(胡炳文)의 『주역본의통석(周易本義通釋)』에 나오
는 말을 왕부지가 재인용한 말이다. 그런데 주희역학의 충실한 전달자 역할을
자임했던 호병문은, 「설괘전」의 이 구절을 놓고 소옹의 선천역학(先天易學)
을 끌어다 풀이한 주희의 공(功)이 오히려 지대하다고 평가하고 있다.(胡炳文,
『周易本義通釋』, 「說卦傳」: 諸儒訓釋, 此皆謂'已往而易見為順, 未來而前知為
逆.' 『易』主於前民用, 故曰, '『易』, 逆數也.' 惟『本義』依邵子, 以數往者順一段
為指圓圖而言卦氣之所以行, '易逆數一段'為指橫圖而言卦畫之所以生, 非『本
義』發邵子之蘊, 則學者孰知此所謂先天之學哉! 此『本義』之功所以為大也.)

●●●

第五章
제5장

第三章以卦之定體, 言其相錯之象, 故以天地統始, 而六子之序, 因其微著. 山 · 澤, 體之最著者也. 雷 · 風, 用之最著者也. 水 · 火之體用皆微也. 言相錯之 象, 則先著而後微, 象以著爲大也. 此章以卦之大用, 言其相益之序, 故自'震' '巽'而'坎' '離'而'艮' '兌', 以歸本於'乾' '坤', 皆因其自然之序, 非以方位言也.

앞의 제3장에서는 괘의 정해진 몸[體]을 가지고서 괘들이 서로 교접하며 뒤섞임의 상(象)을 말하고 있다. 그러므로 하늘과 땅으로써 비롯함을 통괄하였으며, 육자괘의 순서는 그로 말미암아 은미하게 드러났다. 산과 연못은 몸이 가장 현저한 것이다. 우레와 바람은 작용함[用]이 가장 현저한 것이다. 물과 불은 몸과 작용이 모두 미미한 것이다. 서로 교접하며 뒤섞임의 상(象)을 말하자면, 현저한 것이 앞서고 은미한 것이 뒤서는데, 이는 상이 현저함을 크게 치기 때문이다. 그런데 이 제5장에서는 괘의 거대한 작용[大用]을 가지고서 이들이 서로 이익을 주는 순서를 말하고 있다. 그러므로 진괘(震卦)☳ · 손괘(巽卦)☴로부터 시작하여 감괘(坎卦)☵ · 이괘(離卦)☲를 거쳐 간괘(艮卦)☶ · 태괘(兌卦)☱로 이어졌으며, 그 근본을 건괘☰ · 곤괘☷로 돌리고 있다. 그런데 이는 모두 그 자체적으로 작동하는 저절로 그러함의 순서로 말미암은 것이지, 결코 이들의 방위를 가지고 말한 것이 아니다.

雷以動之, 風以散之, 雨以潤之, 日以烜之, 艮以止之, 兌以說之, 乾以君之, 坤以藏之.

우레가 움직이게 하고, 바람이 흩어지게 하며, 비가 적셔주고, 해가 말려주며,

간괘(艮卦)☶는 멈추게 하고, 태괘(兌卦)☱는 기뻐하게 한다. 건괘(乾卦)☰는 임금이 되어 이들을 통괄하고 곤괘(坤卦)☷는 저장해준다.

此言六子之大用, 所以摩盪陰陽, 互相節宣, 而歸其本於'乾'・'坤'也. '動'者, 陽起而動陰之凝. '散'者, 陰入而散陽之亢. '潤'者, 陽資於陰以濡其燥. '晅'者, 陰麗於陽而得其和. '止'以遏陰之競進. '說'以解陽之銳往. 陰陽交相爲益, 而無過不及之憂矣. 而宰制陰陽, 使因時而效六子之績者, 健行之氣'君'之也. 其能受陽之施, 含藏之以成六子之體者, 順承之德藏之也. 故能相摩相盪, 而六子之用行, 兩間之化浹也. 伏羲平列八卦, 而'乾'君'坤'藏之象已著; 文王竝建'乾'・'坤'以統『易』, 亦善承伏羲之意而著明之耳.

이 구절은 육자괘의 거대한 작용에 대해 말하고 있는데, 이들이 음・양을 서로 비비대며 자극하면서 서로 조절하고 선양(宣揚)하지만, 그 근본은 건괘・곤괘로 돌리고 있다. '움직이게 함'이란 양이 떨쳐 일어나 음들의 응취해 있음을 움직이게 한다[1267]는 의미다. '흩어지게 함'이란 음이 헤집고 들어와 양들의 뻣뻣하게 맞섬을 흩트린다[1268]는 것이다. '적셔줌'이란 양이 음들에게 도움을 받아 그 건조함을 적셔줌이고[1269], '말려줌'이

1267) 움직임을 상징하는 진괘☳는 하나의 양이 두 음들 밑에서 떨쳐 일어나며 흔들어대는 상으로 되어 있다.
1268) 들어감을 상징하는 손괘☴는 하나의 음이 두 양들의 밑으로 헤집고 들어와서 뻣뻣하게 목에 힘을 주고 맞서는 양들을 흩트리는 상으로 되어 있다.
1269) 적셔 줌을 상징하는 감괘☵는 하나의 양이 두 음들 가운데 있으면서 이들에게 도움을 받는 상으로 되어 있다.

란 음이 양들 사이에 끼어 있으면서 그 어울림[和]을 얻는[1270] 것이다. '멈추게 함'이란 음들이 앞다투어 나아감을 막는[1271] 것이고, '기뻐하게 함'이란 양들이 거침없이 나아감을 풀어헤쳐버린다[1272]는 의미다. 이렇듯 음(--)과 양(—)이 사귀면서 서로에게 이로움을 주니, 지나치거나 모자람에서 오는 근심거리가 없다. 그러나 음과 양을 때에 맞게 통제하여 여섯 자식의 업적을 드러나게 하는 것은 씩씩하게 행하는 기(氣)가 이들을 '통괄함'이다. 그리고 양의 베풂을 능히 받아들여 그것을 머금고 저장하여 여섯 자식들의 체(體)를 이루어주는 것은 순종하고 받드는 덕이 '저장함'이다. 그러므로 서로 비비대고 격탕할 수 있으며, 여섯 자식들의 작용이 행해지고, 하늘과 땅 사이의 지어냄[造化]이 온 누리에 속속들이 사무친다. 복희씨가 팔괘를 평행으로 벌려 놓음에서는 벌써 건괘(乾卦)가 통괄하고 곤괘(坤卦)가 저장하는 상(象)이 드러나 있다. 그리고 문왕께서 건괘·곤괘 두 괘를 아울러 세워서 전체 『주역』을 하나의 체계로 통괄한 것 역시 복희씨의 의미를 잘 이어받아 환히 밝힌 것일 따름이다.

1270) 말려 줌을 상징하는 이괘☲는 하나의 음이 두 양들 사이에 끼어 있으면서 함께 어울리는 상으로 되어 있다.

1271) 멈추게 함을 상징하는 간괘☶는 하나의 양이 밑에서부터 앞다투며 내달려 오는 음들을 저지하는 상으로 되어 있다.

1272) 기뻐함을 상징하는 태괘☱는 하나의 음이 거침없이 가는 양들을 위에서 풀어헤쳐버리는 상으로 되어 있다.

●●●

第六章
제6장

自此以下六章, 蓋古筮氏有此, 以占事應, 夫子取其近正者錄之於篇, 以待占者, 非夫子之贊論也.

이 장을 포함한 이하의 여섯 장(章)은 아마 옛날에 시초점을 관장하던 이들이 간직하였던 자료로 보이는데, 그들은 이것으로써 점치던 일에 응용하였던 것으로 보인다. 그런데 공자께서는 이 가운데서 어느 정도 합리적인 것들을 취하여 이 편에 수록함으로써, 점치는 사람들의 필요에 부응하게 한 것으로 보인다. 이 여섯 장은 결코 공자께서 직접 짓거나 논한 것이 아니다.

帝出乎震, 齊乎巽, 相見乎離, 致役乎坤, 說言乎兌, 戰乎乾, 勞乎坎, 成言乎艮. 萬物出乎震; 震, 東方也. 齊乎巽: 巽, 東南也; 齊也者, 言萬物之絜齊也. 離也者, 明也, 萬物皆相見, 南方之卦也; 聖人南面而聽天下, 嚮明而治, 蓋取諸此也. 坤也者, 地也, 萬物皆致養焉, 故曰致役乎坤. 兌, 正秋也, 萬物之所說也, 故曰說言乎兌. 戰乎乾: 乾, 西北之卦也, 言陰陽相薄也. 坎者水也, 正北方之卦也, 勞卦也, 萬物之所歸也, 故曰勞乎坎. 艮, 東北之卦也, 萬物之所成終而所成始也, 故曰成言乎艮.

천제(天帝)가 진괘(震卦)☳에서 나오고[1273], 손괘(巽卦)☴에서는 가지런히 하고, 이괘(離卦)☲에서는 서로 드러나 보이고, 곤괘(坤卦)☷에서는 역할을 이루고, 태괘(兌卦)☱에서는 기뻐하고, 건괘(乾卦)☰에서는 싸움을 벌이고, 감괘(坎卦)☵에서는 노고를 다하고, 간괘(艮卦)☶에서는 완성한다.

만물이 진괘☳에서 나옴은 진괘가 동쪽에 자리 잡고 있기 때문이다. 손괘☴에서 가지런히 함은 손괘가 동남쪽에 자리 잡고 있기 때문이다. 그리고 가지런히 함이란 만물이 정결하게 하며 몸가짐을 바로잡는다는 의미다. '離(리)'의 의미는 밝다는 것이니, 만물이 모두 서로 드러나 보이는 것이다. 그래서 이괘☲는 남쪽의 괘다. 성인들이 남면하여 세상 사람들의 말에 귀 기울이고 밝음으로 나아가며 다스리는 것은, 이 괘에서 취한 것이다. '坤(곤)'☷이라는 것은 땅을 의미한다. 만물이 모두 여기서 길러짐을 이루기 때문에, "곤괘에서는 역할을 이룬다."고 한 것이다. 태괘☱는 한가을에 해당한다. 그래서 만물이 기뻐하는 바이기 때문에, "태괘에서는 기뻐한다."라고 한 것이다. 건괘☰에서 싸움을 벌이는 까닭은, 건괘가 서북쪽의 괘로서 음과 양이 서로 육박하여 몰아붙이기 때문이다. 감괘☵는 물을 상징하며, 정북방의 괘로서, 수고로움을 드러내는 괘다. 그래서 만물이 귀결하기 때문에, "감괘에서는 노고를 다한다."고 한 것이다. 간괘☶는 동북쪽의 괘로서, 만물이 여기서 끝을 맺고 또 새로운 것들이 시작한다. 그러므로 "간괘(艮卦)에서는 완성한다."고 한 것이다.

1273) 이 '천제(天帝)'는 이 세상의 주재자를 의미한다. '하느님'이라고도 번역할 수 있다. 그런데 이 '천제'에 대해 오늘날 학자들 가운데는 대자연의 생명력을 주재하는 원기(元氣)로 해석하는 사람들이 있다. 그래서 이 구절을 "대자연의 생명력을 주재하는 원기가 만물을 진괘(震卦; 동쪽과 춘분을 상징함)에서 생겨나오게 한다.(主编: 黃壽祺, 張善文, 『周易譯註』, 上海, 上海古籍出版社: 主宰大自然生機的元氣使萬物出生於(象徵東方和春分的)震"로 번역한다.

前舉其目, 而後釋之. 或古有此言, 而夫子釋其義. 乃"萬物出乎'震'"以下, 文類公・穀及漢「律歷志」, 則或前爲夫子所錄之本文, 而後儒加之訓詁也. 『本義』云, "所推卦位之說多未詳"者, 良是. 而邵子以爲文王之卦位, 亦不知其何據. 大抵『易』之爲道, 變動不居, 以意求之皆得, 則此亦未見爲文王一定之位也. 前言'帝', 後言'萬物'者, 帝者萬物之君主, 運物而終始之者也. 萬物無體, 以帝之用爲其體; 帝無用, 以萬物之體爲其用; 帝其顯仁, 而物其藏用, 所謂"體物而不可遺"也. 其以八方四時合言而互見者, 蓋與曆家'地有四游'之說略同. '出乎震', 春中也. 成終始乎'艮', 孟春也. 動物之自少至老, 植物之自榮至枯, 皆有出'震'而成言乎'艮'之條理焉, 則此所言亦序也, 非一定不移之位也. 其循環相生之序, 不以卦畫之升降消長爲次第, 蓋以卦德之用言, 而非因其體. 天地絪縕之化, 變動而不可爲典要, 在天者卽爲理, 不可以人爲之漸次測度之也. '齊乎巽', 風以動物而使疏秀整齊之謂. '相見'者, 物與物相見, 資於明也. '致'猶致師之致, 引之而待其自至也. '役', 用也, 用以養也. '說言', 喜於自得之謂. 陰陽相薄而戰, 物旣堅剛, 爭之所自起也. '坎'爲'勞卦'者, 効用於天地之間, 其象爲水流而不得息. '艮'則其勞止, 而將以紹來者之生, 故成終而卽以成始. 以意義擬之, 大略如此. 其詳, 則朱子之所謂'未詳'也.

이 구절은 앞에서는 조목들을 열거하고 뒤에서는 이것들을 풀이하는 형식으로 되어 있다. 어쩌면 옛날에 이러한 말이 있었고, 공자가 그 의미를 풀이한 것인지도 모른다. 그런데 '만물이 진괘에서 나옴' 이후의 부분은 또한 문장의 형식이 『춘추공양전(春秋公羊傳)』이나 『춘추곡량전(春秋穀梁傳)』 및 『한서(漢書)』, 「율력지(律歷志)」 편과 비슷하다.[1274] 어쩌면 앞 구절은 공자가 기록한 본문이고, 이 구절은 뒤에 유자(儒者)들이 앞 구절에 대해 훈고를 덧붙인 것인지도 모르겠다.

『주역본의』에서는 "괘의 방위를 미루어서 말한 것들을 대부분 이해하지 못하겠다."라 하고 있으니, 나로서도 참으로 그러하다. 그런데 소자(邵子)는 이를 문왕의 팔괘 방위라 하는데, 역시 무엇을 근거로 한 것인지 모르겠다. 대저 『주역』의 원리는 한 자리만 차지하고 있는 것이 아니라 변하고 움직인다는 것이다. 그래서 의미를 가지고서 구하면 모두 가능하기 때문에, 이것 또한 문왕이 한 가지로 정한 방위로는 보이지 않는다. 앞에서는 '천제(天帝)'를 말하고 뒤에서는 '만물'을 말한 까닭은, 천제가 만물의 군주이고 물(物)들을 운행케 하며 시작과 끝을 이루는 존재이기 때문이다. 만물들에게는 체(體; 本體)가 없고 천제의 용(用; 現象)을 그 체로 삼는다. 그리고 천제에게는 용(用)이 없고 만물의 체를 그 용으로 삼는다.[1275] 그래서 천제는 어짊[仁]을 환히 드러내고 물(物)들은 각기 그 천제의 용을 저장하고 있다. 이른바 "만물의 본체가 되어 있어서 이를 빠트릴 수가 없다."[1276]고 함이다.

1274) 이는 일문일답의 문장 형식을 말한다. 이러한 문장 형식을, 『춘추공양전』과 『춘추곡량전』을 특칭하여 '공곡체(公穀體)'라고도 한다.

1275) 여기서 체(體)는 보편(universal)으로서의 본체를 의미하고, 용(用)은 특수(particular)로서의 현상을 의미한다. 그리고 천제(天帝)는 보편의 존재이고 만물은 특수의 존재다. 그래서 천제(天帝)에게는 용(用)이 없고 만물에게는 체(體)가 없다고 하는 것이다. 왜냐하면, 천제는 자신만의 특수함을 발휘하지 않고, 만물은 보편의 존재가 될 수 없으며 모두 특수의 차원에 머물고 있기 때문이다. 그래서 천제가 보편의 본체를 근본으로 하여 무수히 많이 현상을 일으키는데, 만물은 그 현상[用] 하나하나를 자신의 본체로 삼아서 또한 자신의 무수한 현상을 일으킨다는 의미다. 따라서 무수히 많은 만물의 본체의 총합이 천제의 용(用)이 된다는 논리다.

여덟 방위와 사계절을 합해서 말하면서 서로 참조하고 있는 것은, 역법(曆法)을 하는 사람들이 "땅에는 사유(四游)가 있다."고 하는 설과 대략 같다.1277) '진괘☳에서 나옴'은 봄철의 한가운데에 해당한다. 그리고 사계절의 시작과 끝을 이루는 것은 간괘☶인데, 이는 계절로는 초봄에 해당한다. 동물들이 젊음에서 늙음으로 가는 것과 식물들이 활짝 피었다가 시드는 것에는 모두 진괘에서 나와서 간괘에서 이루어짐의 조리가 있다. 그래서 여기서 말하는 것도 순서이기는 한데, 그렇다고 하여 꼭 이대로만 정해져진 채 결코 바뀌지 않는 방위는 아니다.

이 구절에서의 순환 상생의 순서를 보면, 괘의 획들이 올라갔다[升]·내려갔다[降] 함이나 사라졌다[消]·자라났다[長] 함을 가지고 차례를 삼고 있지는 않다.1278) 아마 괘들의 덕이 지닌 작용의 측면[用]으로써 말하지, 괘들의 몸을 이루고 있는 측면[體]으로 말미암지는 않는 것으로 보인다. 하늘과 땅이 인(絪)·온(縕) 운동을 하며 지어냄[造化]은 변하고 움직이니, 일정불변한 틀을 만들어 모든 것들에 개괄적으로 적용할 수가 없다. 그리고 하늘에 있는 것이 바로 이치가 되니, 이것을 결코 사람들이 행하는 점진적인 틀로써는 헤아릴 수가 없는 것이다.

'손괘☴에서 가지런히 함'은 바람이 물(物)들을 움직여서 시원하게 하고 가지런히 바로잡도록 한다는 말이다. '서로 드러나 보인다'는 말은 물(物)과 물(物)이 서로 드러나는데, 이것이 밝음으로부터 힘입는다는1279)

1276) 『중용』에서 귀신(鬼神)의 덕을 칭송하며 하는 말이다.
1277) 사유(四游)는 고대 천문학에서 대지와 성신(星辰)이 함께 1년의 사계절 속에서 각기 동쪽, 남쪽, 서쪽, 북쪽의 4극(極)으로 이동하는 것을 지칭하던 말이다.
1278) 즉 괘의 획들에 따라서 순서를 잡지는 않았다는 의미다.
1279) 이괘(離卦)☲의 덕은 '밝음[明]'이다.

의미다. '致(치)'는 '군사적으로 도발함'의 '致(치)'와 비슷하다. 그래서 유인하고서는 저절로 이르기를 기다린다는 의미다. '役(역)'은 작용함[用]을 의미한다. 그래서 '致役(치역)'은 작용하여 길러낸다는 뜻이 된다. '열언(說言)'은 제 뜻대로 다 이루어져서 기뻐한다는 말이다. 건괘(乾卦)☰에서 음과 양이 서로 육박하여 싸움을 벌임은 물(物)들이 이미 야무지고 단단해짐으로 말미암아 다툼이 저절로 일어난 것이다. 감괘(坎卦)☵가 '노고를 다하는 괘'가 됨은 하늘과 땅 사이에서 그 작용을 드러내고 있다. 즉 그 상(象)은 물이 흘러가며 쉴 수가 없음을 드러내고 있는 것이다. 간괘(艮卦)☶는 그 노고가 멈추고 장차 올 존재의 탄생으로 이어진다. 그러므로 끝맺음을 이루자마자 곧 시작함을 이룬다. 이 구절을 의의를 살펴 헤아려보건대, 대략 이와 같다. 그 자세한 것은 주자(朱子)께서도 말하다시피, "잘 이해하지 못하겠다."라는 것이다.

●●●

第七章
제7장

神也者, 妙萬物而爲言者也. 動萬物者莫疾乎雷, 橈萬物者莫疾乎風, 燥萬物者莫熯乎火, 說萬物者莫說乎澤, 潤萬物者莫潤乎水, 終萬物始萬物者莫盛乎艮. 故水火相逮, 雷風不相悖, 山澤通氣, 然後能變化, 旣成萬物也.

신(神)이란 만물을 신묘하게 화육함을 말한다. 만물을 움직이게 하는 것 중에 우레보다 빠른 것이 없고, 만물을 휘어지게 하는 것 중에 바람보다 빠른 것이 없다. 만물을 말리는 것 중에 불보다 더 잘 말리는 것이 없고, 만물을 기쁘게 하는 것 중에 연못보다 더 기쁘게 하는 것이 없다. 만물을 적셔주는 것 가운데 물보다 더 잘 적셔주는 것이 없고, 만물을 끝내고 만물을 새로 시작하게 하는 것 가운데 막아서 그치게 하는 간괘☶보다 더 왕성한 것이 없다. 그러므로 물과 불은 서로 미치고, 우레와 바람은 서로 어기지 않으며, 산과 연못은 기(氣)를 통한다. 이러한 뒤에라야 변하고 화할 수 있으며, 만물을 벌써 이루어낸다.

'神'者, '乾'·'坤'合德, 健以率順, 順以承健, 絪縕無間之妙用, 竝行於萬物之中者也. 故但言六子, 不言'乾'·'坤', '乾'·'坤'其神也, 張子曰, "一故神, 兩在故不測". 故方動而啓之, 旋撓而散之; 方燥之, 旋潤之·方說以解其剛悍之氣而使和, 旋艮以結爲成實之體而使止; 兩在不測, 而'乾'·'坤'之合用以妙變化者, 不以性情功效之殊而相背, 無非健順合一之神爲之也. "水火相逮"者, 燥溼寒熱之異, 而火入水中, 水入火中. 其象則「河圖」八·三在左, 九·四在右, 而五·十交函於中. 以物理推之, 則煮水成湯, 火逮乎水; 以油起燄, 水逮乎火也. "雷風不相悖", 可竝作也. "山澤通氣", 氣不以山高澤下而阻也. 六子之情才功用大殊, 而自小至大, 無物不體, 自生至死, 無時可斁, 合一之妙, '乾'·坤固有之知能於斯顯矣. 唯聖人體之以爲德, 則勸威合於一致, 動靜合於一幾, 進退合於一中, 大德之敦化者成乎小德之川流, 健以無所屈者卽順以無所拂, 則人不可知而謂之神矣, 『易』之所以體天地聖人之妙用也.

'신(神)'이란 건괘·곤괘의 덕을 합해서 말한 것이다. 즉 씩씩함으로서는 순종함을 통솔하고 순종함으로서는 씩씩함을 받드니, 둘 사이에 전혀 틈이 없이 함께 인(絪)·온(縕)의 신묘한 작용을 펼치면서 만물 속에서 아울러 행함이다. 그러므로 이 구절에서는 단지 육자괘만을 말하고 건괘·곤괘 두 괘에 대해서는 말하고 있지 않지만, 건괘·곤괘는 이들에게서 신(神)이다. 그래서 장자(張子; 張載)는 "하나이기 때문에 신묘하며, 둘 다에 존재하기 때문에 가늠할 수 없다."라 하고 있다. 바야흐로 움직여 존재의 지평을 열어주었다가는 돌이켜 휘어져 사라지게 하고, 바야흐로 말렸다가는 곧 적셔준다. 그리고 바야흐로 기뻐하며 그 뻣뻣하고 사나운 기세를 누그러뜨려 화합하게 하는가 하면, 곧 막아서서 실질을 지닌 몸으로 응결하여 멈추도록 한다. 이렇듯 둘 다에 존재하여 가늠할 수 없을 만큼 건괘·곤괘 두 괘가 합동으로 작용하며 변화를 신묘하게 하니, 육자괘들이 성정과 공효가 다르다고 하여 서로 배치하는 것이 아니며, 어느 것이든 씩씩함과 순종함이 합일한 신(神)이 하지 않는 것이 없다.

'물과 불이 서로 미침'은, 이들이 말림과 적심, 추움과 더움으로 서로 다르기는 하지만, 불은 물속으로 들어가고 물은 불속으로 들어간다는 의미다. 그 상(象)을 보면, 「하도」에서 8·3이 왼쪽에, 9·4가 오른쪽에, 그리고 5·10이 중앙에서 이들과 교접하며 함유하고 있음이다. 이를 또 물(物)들의 이치로써 추구해보면, 물을 끓여 탕을 만듦은 불이 물에게 미침이고, 기름으로 불꽃을 일으킴은 물이 불에게 미침이다. '우레와 바람이 서로 위배하지 않음'은 아울러 일어날 수 있다는 의미다. '산과 연못이 기를 통함'은 산이 높고 연못이 낮다 하더라도 기(氣)가 막히지 않는다는 의미다.

이렇듯 육자괘들의 본성과 재능 및 공효와 작용은 서로 크게 다르지만, 이 세상 물(物)들은 작은 것으로부터 큰 것에 이르기까지 어느 것 하나이 건괘·곤괘가 몸을 이루지 않음이 없다. 그리고 생겨나서부터 죽을 때까지 물(物)들은 어느 때라 하여 이들을 싫어할 수가 없다. 합일의 신묘함으로서 건괘·곤괘 두 괘의 교유한 앎과 능함이 여기서 분명하게 드러난다.

사람 가운데서는 오직 성인들만이 이러함을 체득하여 덕을 이루고 있다. 그래서 성인들은 권면함과 위엄이 하나를 이룸에서 합치하고, 행동함과 한가로움이 하나의 기미[幾]에서 합치하며, 나아감과 물러남이 하나의 중도에서 합치한다. 그의 거대한 덕이 두텁게 교화를 베풂이 개울처럼 흐르는 작은 덕들에서 이루어지는데, 그에게서는 씩씩하여 굽힘이 없는 것이 곧 순종하며 거스름이 없는 것이다. 그래서 사람으로서는 이를 알 길이 없으니, 그저 '신묘하다'고 하는 것이다. 이것이 바로 『주역』이 천지와 성인의 신묘한 작용을 체현하고 있음이다.

●●●

第八章

제8장

乾, 健也. 坤, 順也. 震, 動也. 巽, 入也. 坎, 陷也. 離, 麗也. 艮, 止也. 兌, 說也.

건(乾)은 씩씩함이다. 곤(坤)은 순종함이다. 진(震)은 움직임이다. 손(巽)은 들어감이다. 감(坎)은 빠짐이다. 이(離)는 걸림이다. 간(艮)은 그침이다. 태(兌)

는 기쁨이다.

此釋卦名義也. '健'·'順'以德行言; '動'·'入'·'止'·'說'以功用言; '陷'·'麗', 以時位言. '陷'者以懲陰之險, 故陽得中而憂其陷. '麗'者以勸陰附陽以求明, 故陰得中而謂其相附麗也.

이 구절은 괘 이름의 뜻을 풀이한 것이다. 그런데 '씩씩함'·'순종함'은 덕행으로써 말한 것이고, '움직임'·'들어감'·'그침'·'기쁨' 등은 공용(功用)으로써 말한 것이다. 그리고 '빠짐'·'걸림'은 시(時)와 위(位)로써 말한 것이다. 즉 '빠짐'은 음들을 징치하는 험난함이기 때문에 양이 비록 득중하기는 하였지만 그 빠짐을 우려하고 있는 것이다. 그리고 '걸림'은 양들에게 붙어서 밝음을 구하라고 음에게 권면하고 있기 때문에 음이 비록 득중하였지만 서로 붙어 있고 걸려 있다고 말하는 것이다.

●●●

第九章
제9장

乾爲馬, 坤爲牛, 震爲龍, 巽爲雞, 坎爲豕, 離爲雉, 艮爲狗, 兌爲羊.

건괘는 말이 되고, 곤괘는 소가 되고, 진괘는 용이 되고, 손괘는 닭이 되고, 감괘는 돼지가 되고, 이괘는 꿩이 되고, 간괘는 개가 되고, 태괘는 양이 된다.

此下四章, 皆古筮者雜占之說, 與象·爻之辭互有異同, 蓋非文王·周公所憑以取象之典要, 然於物理亦合, 故夫子存之, 以廣所占之徵應, 要亦未可執也. '爲'云者, 推本萬事萬物之所自出, 莫非一陰一陽之道所往來消長之幾所造也. 見乃謂之象, 形乃謂之器, 八卦之仁於此而顯; 其用也, 皆八卦之所藏也. 充塞於天地之間, 周流於日用之際; 近取諸身, 遠取諸物; 屈伸感而利生, 情僞感而利害生; 其動而化者, 即静凝而成體; 誠不可遺, 而體物不遺; 或以象, 或以數, 或以性情功效, 或以時位而成. 學『易』者引而伸之以窮理, 則德業之崇廣亦可知矣, 非徒爲筮者射覆之用也.

이 이하 네 장(章)에서는 모두 옛날에 시초점을 치는 이들이 이것저것들을 뒤섞어서 점치던 것을 말하고 있다. 그런데 이것들이 괘·효사와는 약간 다르다. 아마 이것들은 문왕과 주공이 의거하여 상으로 취한 표준은 아닌 것으로 보인다. 그러나 이것들이 물(物)들의 이치에는 합당하기 때문에, 공자가 이것들을 보존함으로써 점치는 데서 징험하고 응용함을 넓혀 놓은 것 같다. 그러나 요컨대 역시 이것들에 집착해서는 안 된다. 여기에서 '~이 되다[爲]'라고 말한 것은, 만사·만물이 생겨나오는 근본을 미루어서 말한 것이다. 즉 만사 만물 가운데 그 어느 것도 한 번은 음이었다 한 번은 양이었다 하는 도(道)가 왔다[來] 갔다[往] 하고, 사라졌다[消] 자라났다[長] 하는 바의 기미[幾]에 의해 창조되지 않은 것이 없다는 의미다. 이렇게 하여 드러나는 것이 '상(象)'이고 형체를 갖춘 것이 '기(器)'다. 팔괘의 어젊[仁]이 여기서 환히 드러나고, 그 쓰임은 모두 팔괘 속에 숨어 있다.[1280] 이것들이 하늘과 땅 사이를 꽉 채우고 있고, 일상생활에서 두루 행해지고 있는데, 가까이는 우리들 몸에서 취하고 멀리는 물(物)들에서 취한 것이다. 그리고 이들이 굽혔다 폈다 하며 교감하여서는 이로움이 생기고, 참됨과 허위가 교감하여서는 이로움·해로움이 생긴다. 그 움직여 화(化)한 것들은 곧 고요해지면서 엉겨 몸을 이루게 되는데, 하늘은 성실하여 빠트릴 수가 없으니, 물(物)들의 본체를 이루며 어느 것 하나라도 빠트리지도 않는다. 그래서 혹은 상(象)으로써, 혹은 수(數)로써, 혹은 성정(性情)과 공효(功效)로써, 혹은 시(時)와 위(位)로써 『주역』을 이룬다. 『주역』을 공부하는 이들로서는 이러한 점을 끌어다가 다른 것들에 적용하여 이치를 궁구하게 되면, 덕성이 높아지고 사업이 높아짐을 또한 알 수 있을 것이다. 이러한 관점에서 볼 적에, 이들 구절은 한갓 시초점을 치는 이들이 길·흉을 알아보는 데만 쓰도록 만들어진 것이 아니다.

●●●

第十章
제10장

乾爲首, 坤爲腹, 震爲足, 巽爲股, 坎爲耳, 離爲目, 艮爲手,
兌爲口.

1280) 「계사상전」 제5장의 "어짊에서 환히 드러나고 이용함에서 숨어 드러나지 않으며(顯諸仁, 藏諸用)"라는 말을 간접적으로 인용하고 있는 구절이다.

건괘☰는 머리가 되고, 곤괘☷는 배가 되고, 진괘☳는 발이 되고, 손괘☴는 다리가 되고, 감괘☵는 귀가 되고, 이괘☲는 눈이 되고, 간괘☶는 손이 되고, 태괘☱는 입이 된다.

此所取象, 本爲筮者占身中疾痛而設, 然因此而見人之一身, 無非'乾' ・'坤'六子之德業所自著, 則緣此而推之血氣榮衛・筋骸皮肉之絡理, 又推之動靜語黙・周旋進反之威儀, 又推之喜怒哀樂・愛惡攻取之 秩叙, 無非健順陰陽之所合同而生變化, 而成時居位之得失吉凶, 應 之不爽. 君子觀象玩占, 而於疾眚之去留・言行動作之善惡, 皆可因 筮以反躬自省而俟天命. 蓋人身渾然一天道之合體, 而天理流行於其 中, 神之告之, 亦以其誠然之理, 而非但迹象之粗. 筮之義如此其大. 固不可以技術之小智測也.

이 장(章)에서 취하고 있는 상(象)들은 본래 몸에 질병과 통증이 있어서 점치는 이들을 위해 제시해 놓은 것들이다. 그런데 이로 말미암아 우리들 의 몸에 건괘・곤괘 및 육자괘의 덕성과 사업이 모두 저절로 드러나 있음을 보여주고 있다. 이를 근거로 미루어 보건대, 혈(血)과 기(氣), 영(榮)과 위(衛), 힘줄과 뼈, 피부와 살 등의 맥리(脈理)를 알 수 있고, 또 행동함과 한가하게 지냄, 말함과 침묵함, 나아감과 물러남에서 갖추는 읍양(揖讓)의 몸가짐도 미루어 알 수 있다. 아울러 기쁨과 성냄, 슬픔과 즐거움, 좋아함과 싫어함 등이 일어나는 질서를 알 수가 있다. 이들 가운데 그 어느 것도 씩씩함과 순종함의 덕을 지닌 양(陽)과 음(陰)이 함께 합하여 낳는 변화 아닌 것이 없으며, 시(時)를 이루고 위(位)를 차지한 것의 득・실과 길・흉도 그에 응하여 어기어짐이 없다. 그래서 군자는 상을 살피고 점을 완미하되, 질병이 나을지 낫지 않을지, 언행과 동작이 좋을지 나쁠지 등에 대해 모두 시초점의 결과를 바탕으로 하여 스스로에게 돌이켜 살피며 하늘의 명(命)을 기다릴 수 있다. 생각건대 우리들 사람의 몸은 혼연한 하나의 천도의 합체로서, 하늘의 이치가 그 속에서 두루 행해지고 있다. 이에 대해 신(神)이 알려주는 것도 성실함의 이치로써 하는 것이다. 이것이 결코 단지 자취의 상(象)으로서의 자투리만은 아니다. 시초점의 의미가 이와 같이 크다. 그래서 본디 술수의 작은 지혜 따위로 헤아릴 수 있는 것이 아니다.

●●●

第十一章
제11장

乾, 天也, 故稱乎父. '坤', 地也, 故稱乎母.

'건'은 하늘이다. 그러므로 '아버지'라고 부른다. '곤'은 땅이다. 그러므로 '어머니'라고 부른다.

'稱'者, 以此之名加彼之辭也. 張子「西銘」'理一分殊'之旨, 蓋本諸此. 父母者, 吾之所生成者也, 因之而推其體, 則爲天地; 因此而推其德, 則爲'乾'·'坤'. 天地大而父母專, 天地疏而父母親, 故知父母而不知'乾'·'坤'者有矣, 未有不知父母而知'乾'·'坤'者也. 思吾氣之所自生, 至健之理在焉; 思吾形之所自成, 至順之理在焉; 氣固父之所臨也, 形固母之所授也. 故敬愛行, 而健順之實·知能之良, 於此而凝承以流

行於萬理, 則見乾於父, 見坤於母, 而天地之道不違矣. 是以可名乾以
父, 名坤以母, 而父母之尊親始昭著而不可昧. 六子, 皆乾·坤之所
生也, 則吾之有身, 備六子之體用性情者, 無非父母之所全以生者也,
無二本也. 而以術數言『易』者, 謂復·姤爲小父母, 然則生我之父母
又其小者. 一人而父母三焉, 非禽獸之道而何哉!

'칭호'는 이 이름을 가지고 저것에 붙이는 말이다. 장자(張子; 張載)의
「서명(西銘)」에 드러난 '리일분수(理一分殊)'의 취지는 아마 이 구절에
근본을 둔 것으로 보인다.[1281] 부모는 우리를 생성해준 이들이다. 그래서

1281) '리일분수(理一分殊)'라는 말은, 리(理)는 전체적으로 하나(渾一)지만 나뉘어
서는 각기 다 다르다는 의미다. 이는 리가 관념적인 존재이기에 가능한
말이다. 낱낱의 개별자들을 이루는 리(分殊理)는 개별자 각각의 태극으로서
그 성(性)을 이루는데, 이들 서로 간에는 다 다르다고 할 수 있다. 다들
특수체이기 때문이다. 그러나 리는 관념적인 존재이기 때문에 특수로서의
각기 다름에도 불구하고, 이들 전체가 보편으로서 하나로 환원된다는 것이다.
정주(程朱)성리학에서는 이 리일체(理一體)를 우주 전체의 본체라 하며 '태극'
이라 부른다. 그래서 이 세상은 리가 그 본체를 이루는 바, 전체로는 하나지만
[理一], 각각의 개별자들은 다 다르다는 것이 '리일분수(理一分殊)'의 의미다.
율곡이 주장한 것으로서, "리는 통하지만 기는 국한된다[理通氣局]."는 말도
동일한 맥락에 있다.
그런데 정이(程頤)는 장재의 「서명(西銘)」을 이 '리일분수'라는 한 마디 말로
가름하였다. 이는 그의 고제(高弟) 양시(楊時)의 물음에 답하는 데서 밝힌
것이다. 양시는, 「서명」이 비록 성인들께서 은미하게 내비친 지극히 심오한
의미를 환히 드러내어 밝히기는 했지만, 이것이 체(體)의 수준에만 머물고
용(用)에 대해 언급한 것은 없으니 잘못하면 유가를 묵자의 겸애설로 몰아가
버릴 수도 있다고 하였다.(楊時撰,『龜山集』권16,「書1」, '寄伊川先生': 「西銘」
之書, 發明聖人微意至深, 然而言體而不及用, 恐其流遂至於兼愛. 則後世有

그 존재를 미루어보면 천지가 되고, 그 덕을 미루어보면 건(乾)·곤(坤)이
된다. 천지는 아득히 크지만 부모는 전적으로 우리들에게만 속해 있고,
천지는 소원하지만 부모는 친하다. 그러므로 우리들의 입장에서 부모는

聖賢者出, 推本而論之, 未免歸罪於橫渠也.)
이에 대해 정이는 「서명」의 논의를 결코 그렇게 보아서는 안 된다고 하며,
장재의『정몽』이라는 저술은 좀 지나친 점이 있기는 하지만, 「서명」은 유가에
서 맹자가 사람의 본성을 밝히며 호연지기를 길러야 할 것을 역설한 것과
동일한 공을 지닌 것이기 때문에 결코 묵자 따위로 비교할 수 없다고 하였다.
아울러 「서명」은 '리가 근본은 하나면서도 나뉘어서는 다 다름(理一而分殊)'
을 밝히고 있지만, 묵자는 '근본은 둘이면서도 나뉜 것들이 전혀 다름이
없음(二本而無殊)'을 역설하고 있다고 명료하게 비교하며 구분 짓고 있다.(宋
程頤撰,『二程文集』권10, 「伊川文集」, '答楊時論西銘書': 「西銘」之論則未然,
橫渠立言誠有過者, 乃在『正蒙』. 「西銘」之為書, 推理以存義, 擴前聖所未發,
與孟子性善·養氣之論同功, 豈墨氏之比哉! 「西銘」明理一而分殊, 墨氏則二
本而無殊.) 그런데 이 '리일분수'설은 주희가 받아들여 대대적으로 표창하는
바람에 이후 성리학의 핵심 명제가 되었다. 그리고 그 출전은 불교의 화엄
사상에 있다는 것이 중론(衆論)이다.
장재의 「서명」은 기일원론의 관점에서 논의를 전개한 것이다. 그래서 우리들
의 몸을 이루는 것은 곧 천지의 기(氣)이고 우리들의 성(性)을 이루는 것
또한 천지의 성(性)이니, 사람끼리는 물론이요 사람과 물(物)들까지도 천지
속에서 모두 동포요 하나의 동아리를 이룬다고 하고 있다. 아울러 천지
속에 있는 모든 존재들을 낳는 하나의 아버지를 '건(乾)'이라 칭하고, 하나의
어머니를 '곤(坤)'이라 칭하고 있다. 즉 건(乾)·곤(坤)을 부모로 하여 천지
속의 모든 존재들이 피붙이로 얽혀 있다는 것이다. 그래서 이들 모두에게
우리는 인륜과 어짊을 베풀어야 한다고 역설하고 있다.(乾稱父, 坤稱母,
予玆藐焉, 乃混然中處, 故天地之塞, 吾其體; 天地之帥吾其性. 民吾同胞, 物吾
與也. 大君者, 吾父母宗子; 其大臣, 宗子之家相也. 尊高年, 所以長其長; 慈孤
弱, 所以幼其幼. ……)

알지만 건(乾)·곤(坤)이 있다는 것은 알지 못하거니와, 부모는 알지 못하면서도 건(乾)·곤(坤)에 대해서는 아는 이가 없다.

우리들의 기(氣)가 어디에서 생겨나왔는가를 생각해보면 거기에 지극히 씩씩함의 이치가 존재하고 있고, 우리들의 형(形)이 어디에서 이루어졌는가를 생각해보면 거기에 지극히 순종함의 이치가 존재하고 있다. 기(氣)는 본디 아버지가 우리들에게 임하고 있는 바요, 형(形)은 본디 어머니가 주신 것이다. 그러므로 경애(敬愛)가 행하지고, 씩씩함과 순종함의 실다움 및 천부적으로 주어진 양지(良知)·양능(良能)이 여기서 응취하고 계승하여 만물의 이치에서 두루 행해진다. 그래서 건(乾)을 아버지로 보고 곤(坤)을 어머니로 본다 하더라도 천지의 도(道)는 어기지 않는 것이다. 이러한 근거에서 건(乾)을 '아버지'라고 이름 지을 수 있고 곤(坤)을 '어머니'라고 이름 지을 수 있으니, 이러함에서 아버지·어머니의 존엄함과 친함이 비로소 환히 드러나며 어둡지 않을 수 있다.

육자괘는 모두 건괘·곤괘 두 괘에서 생겨난 것들이다. 그래서 우리들이 몸을 지니고 있음은 곧 육자괘들의 체(體)와 용(用) 및 성(性)과 정(情)을 갖추고 있음이다. 이들 가운데 그 어느 것도 우리들의 부모가 온전히 하여 생해주지 않은 것이 없다. 여기에는 결코 또 다른 근본이 있는 것이 아니다. 그런데도 술수가들은 『주역』을 말하면서 복괘(復卦)☳·구괘(姤卦)☴를 '작은 부모'라고 하는데, 그렇다면 우리들을 낳아 준 부모는 또한 그 작은 것이 된다. 그렇다면 태어난 사람은 하나인데 부모는 셋이 되는 셈이니, 이것이 짐승의 도(道)가 아니고 무엇이겠는가!

震一索而得男, 故謂之長男. 巽一索而得女, 故謂之長女. 坎
再索而得男, 故謂之中男. 離再索而得女, 故謂之中女. 艮三
索而得男, 故謂之少男. 兌三索而得女, 故謂之少女.

진괘☳는 한 번 구하여 남아를 얻은 것이기 때문에 '맏아들'이라 부르고, 손괘☴는
한 번 구하여 여아를 얻은 것이기 때문에 '맏딸'이라고 부른다. 감괘☵는 재차
구하여 남아를 얻은 것이기 때문에 '가운데 아들'이라 부르고, 이괘☲는 재차
구하여 여아를 얻은 것이기 때문에 '가운데 딸'이라고 부른다. 간괘☶는 세
번 구하여 남아를 얻은 것이기 때문에 '셋째 아들'이라 부르고, 태괘☱는 세
번 구하여 여아를 얻은 것이기 때문에 '셋째 딸'이라고 부른다.

'索', 求也, 撲著以求而遇之也. 此亦以筮者占父母兄弟子女而設也. 於
『經』, 唯震・睽・革・歸妹著此象, 他如師以坎二爲長子, '大過'
以巽初爲女妻, 亦不盡合, 筮者因事而占則應耳. 陰體立, 而陽入爲之
主, 則爲男; 陽用行, 而陰又入之, 則爲女. 陽之入陰以施化, 常也. 然陽
與陰相淪洽, 則陰又以其柔潤之化, 入於陽中, 故'巽'・'離'・'兌'以陰
感陽而起化, 絪縕化醇之妙, 不可以一例求也.

'索(색)'은 구한다는 의미다. 시초를 헤아리는 방식으로써 구하여 얻었다
는 뜻이다. 이 구절 또한 시초점을 가지고 부모, 형제, 자녀들을 점치기
위해 제시해 놓은 것이다. 그런데 『역경』을 보면 오직 진괘(震卦)☳・규
괘(睽卦)☲・혁괘(革卦)☲・귀매괘(歸妹卦)☳ 등에서만 여기서 제시하
고 있는 상(象)을 드러내고 있다. 다른 괘들 가운데 사괘(師卦)☷에서는
그 정괘(貞卦)인 감괘☵의 구이효를 '맏아들'로 여기고 있고, 대과괘(大過
卦)☱에서는 그 정괘인 손괘☴의 초육효를 '마누라'로 여기고 있다.[1282]

따라서 또한 이 구절에서 제시하고 있는 것들과 다 합치하는 것은 아니다. 여기에서 제시하고 있는 것들은 시초점을 치는 이가 어떤 일로 말미암아 점을 칠 경우 이렇게 응한다는 것일 따름이다.

음의 몸(體)들이 서 있는데 양이 들어가서 주(主)가 되면, 이는 남성이 된다. 이에 비해 양의 작용이 행해지고 있는데 또한 음이 그 속으로 들어가게 되면, 이는 여성이 된다. 양이 음들 속으로 들어가서 지어냄(化) 베풂이 정상적이기는 하다. 그러나 양과 음이 서로에게 사무쳐 들어가게 되면, 음도 부드러움으로서 적셔줌이라는 지어냄(造化)을 일으키며 양들 속으로 들어가게 된다. 그러므로 손괘☴·이괘☲·태괘☱는 음이 양들에게 느낌을 주어 지어냄을 일으키고 있는 것들이다. 이렇듯 인(絪)·온 (縕) 운동을 하는 속에서 화하며 효능이 더욱 뛰어나게 함의 오묘함을[1283] 하나의 예로써 다 구할 수는 없는 것이다.

1282) 그런데 대과괘에서 '마누라'로 언급하고 있는 것은 정작 초육효에서가 아니라 구이효에서다. 구이효사는 "고목이 된 버드나무에 어린 싹이 돋움이니, 늙은 사내가 마누라를 얻음으로 이롭지 않음이 없다.(枯楊生稊, 老夫得其女妻, 无不利)"로 되어 있다. 그런데 왕부지는 이 구이효에 대해서 초육효가 구이효의 마누라가 되는 것으로 풀이하고 있다. 상세한 것은 왕부지의 이 효사 풀이를 참고하기 바란다.

1283) 「계사하전」 제5장에 나오는 "하늘과 땅이 인(絪)·온(縕) 운동을 하는 속에서 만물은 화하며 효능이 더욱 뛰어나게 된다. 남·여가 교합하여 정(精)을 나누는 속에 만물은 화하며 생겨난다.(天地絪縕, 萬物化醇; 男女搆精, 萬物化生.)"는 말을 간접적으로 인용하고 있는 말이다.

●●●

第十二章
제12장

『本義』云, “此章廣八卦之象, 其間多不可曉者, 求之於『經』, 亦不盡合.” 蓋古
筮人因象推求以待問, 與後世射覆之術略同, 爲類甚繁, 故荀爽集九家解, 更
有多占, 而夫子取其理之可通者存之. 實則盡天下之物·天下之事·天下之
情僞, 皆卦象之所固有, 則占者以意求之, 無不可驗, 而初不必求於一定之說.
故文王·周公所取象者, 如'坤'言馬·言冰之類, 又與此別. 君子之筮, 以審於
義, 而利自在焉, 則篤信文·周之象數, 冒天下之道而已足. 若專爲筮人而占
細事小物之得失利害, 則當於理者, 亦時相符合, 是以聖人亦存而不廢焉.

『주역본의』에서는, “이 장에서는 팔괘가 상징하는 것들을 넓히고 있지만, 이들
속에는 이해할 수 없는 것들이 많다. 이를 『역경』의 괘·효사들에 맞추어보더라도
또한 다 들어맞지 않는다.”라 하고 있다. 생각건대 옛날에 시초점을 치던 이들은
상(象)을 바탕으로 하여 점쳐 물은 것에 대한 하늘의 메시지를 구하였다. 이는
후세의 석복(射覆)의 방식과도 대략 같았는데, 여기서는 적용시키는 부류가 너무나
번쇄하였다. 그러므로 순상(荀爽)[1284]이 수집한 구가해(九家解)에도 더욱더 많은
점친 예(例)들이 있다. 그러나 공자께서는 이 가운데 이치가 통할 수 있는 것들만을
취하여 여기에 수록하고 있다. 사실 천하의 모든 물(物)들, 천하의 모든 일들,
천하의 모든 실정들이 본디 모두 괘상들 속에 함유되어 있다. 그래서 점치는 사람들이
의미를 가지고 찾는다면 징험할 수 없는 것이란 없다. 이렇게 보면, 처음부터 꼭
일정한 설들에만 구애받을 필요는 없다고 본다. 그러므로 이러한 관점에서 본다면,
문왕과 주공이 취한 상들, 예컨대 곤괘(坤卦)▤▤에서 말[馬]을 말하고 얼음을 말한
것들은 또한 이러한 것들과는 구별된다. 군자가 시초점을 치는 것은 의리를 살피고자

하는 것인데, 이렇게 의로움을 구하는 속에 이로움은 저절로 존재한다. 그래서 문왕과 주공이 괘·효사에서 제시한 상수만을 독실하게 믿는다 할지라도 이 세상의 모든 도(道)를 포괄하기에 충분하다. 그런데 오로지 시초점을 치는 사람들에게 자료로 제공하는 것으로서 자질구레한 일이나 자잘한 것들의 이로움과 해로움, 득(得)과 실(失)을 점치는 것들 가운데 이치에 합당한 것들은 또한 때로는 서로 부합한다. 그래서 성인께서 폐기하지 않고 여기에 보존한 것이다.

1284) 순상(128~190)은 자가 자명(慈明)이다. 요즘의 하남성(河南省)에 속하는 영천 (潁川) 출신이다. 동한말의 저명한 역학자, 정치가, 역사학자다. 순상의 집안 은 순자(荀子)에게까지 혈통이 거슬러 올라간다. 그는 어려서부터 공부를 좋아해서 12세에 『춘추』, 『논어』 등을 암송하였다. 환제(桓帝) 연희(延熹) 9년(166) 태상(太常) 조전(趙典)의 천거로 낭중(郎中)이라는 벼슬을 받았는 데, 한 번 대책을 올린 뒤에는 곧 벼슬을 버리고 떠났다. 당고(黨錮)의 화를 피하기 위해서였다. 이후 그는 한수(漢水) 가에서 10여 년을 은거하며 오로지 학문 연구와 저술에만 몰두하였다. 그 결과 『역전(易傳)』, 『시전(詩傳)』, 『상서정경(尚書正經)』, 『예(禮)』, 『춘추조례(春秋條例)』, 『한어(漢語)』, 『신 서(新書)』 등의 저술을 냈다. 그래서 '석유(碩儒)'로 불렸다. 사공(司空)인 원봉(袁逢)이 그에게 벼슬을 추천하였지만 순상은 나아가지 않았다. 헌제(獻 帝)가 즉위한 뒤에 순상은 평원상(平原相)이 되었다. 그리고 임지에 부임하는 도중에서 광록훈(光祿勳)으로 추증되고 부임한 지 3일 만에 사공(司空)이 됨으로써, 순상은 벼슬길에 나선 지 95일 만에 '삼공(三公)'에 오르는 파격을 보였다. 그 뒤 순상은 동탁(董卓)이 너무나 포악한 것을 보고서 사도(司徒)인 왕윤(王允)과 함께 동탁을 죽이자는 거사에 가담하였다. 그러나 거사 직전, 순상은 병으로 죽었다.
순상은 『주역』에 대한 주석서 11권을 냈으나 오늘날에 전하지는 않는다. 그의 역학은 주로 당대(唐代)의 이정조(李鼎祚)가 한대(漢代)의 역설을 모아 놓은 『주역집해(周易集解)』에 드러나 있다. 그리고 청대(淸代)의 마국한(馬 國翰)이 지은 『옥함산방집일서(玉函山房輯佚書)』에 『주역순씨주(周易苟氏

乾爲天, 爲圜, 爲君, 爲父, 爲玉, 爲金, 爲寒, 爲冰, 爲大赤,
爲良馬, 爲老馬, 爲瘠馬, 爲駁馬, 爲木果.

건괘☰는 하늘이 되고, 둥근 것이 되고, 임금이 되고, 아버지가 되고, 옥(玉)이
되고, 금이 되고, 추위가 되고, 얼음이 되고, 붉은 기(旗)가 되고, 좋은 말이
되고, 노둔한 말이 되고, 파리한 말이 되고, 얼룩 반점의 말이 되고, 나무 과일이
된다.

'圜'以物之形象言. '駁馬', 或謂食虎豹之獸; 然言駁馬, 則固馬也. 駁者,
性不馴良. 果有木生, 有蔓生. 言木者, 桃杏之屬, 別於蔓生者.

'둥긂[圜]'은 물체의 형상으로써 말한 것이다. '駁馬(박마)'에 대해 어떤
사람들은 호랑이와 표범을 잡아먹는 말이라고 한다.[1285] 그러나 '박마'라

注)』3권이 수록되어 있다. 혜동(惠棟)이 지은 『역한학(易漢學)』, 장혜언(張惠
言)이 지은 『주역순씨구가의(周易荀氏九家義)』 등이 순상의 역학을 드러내
서 보여주고 있다.
순상의 역학은 '이전해경(以傳解經)'을 기치로 내건 비직(費直)의 역학을
잇는다. 그러면서도 그는 문파에만 국한하지 않고, 경방의 관방역학 전통도
흡수하여 큰 학문을 이루었다. 『주역』해석 틀에서는 '건승곤강(乾升坤降)'설
을 제기한 것으로 유명하다. 그리고 『주역』을 풀이하는 데서 건괘☰·곤괘☷
·감괘☵·이괘☲를 중심으로 한 풀이를 내세웠다.

[1285] 『관자(管子)』에 이를 짐작케 하는 구절이 나온다. 즉 제(齊)나라 환공이
말을 타고 가는데 호랑이가 이를 보고는 넙죽 엎드렸다는 것이다. 이에
대해 관중은 환공이 탄 말이 이 '박마였기 때문이라고 풀이하고 있다.(『管子』,
「小問」: 桓公乘馬, 虎望見之而伏. 桓公問管仲曰, "今者寡人乘馬, 虎望見寡人而
不敢行, 其故何也?" 管仲對曰, "意者君乘駁馬而洀桓, 迎日而馳乎?" 公曰, "然")

한 것은 고집이 센 말을 가리킨다. '駁(박)'이란 성질이 길들여지지 않음을 의미한다. 과일에는 나무에서 난 것도 있고 덩굴식물에서 난 것도 있다. 그런데 여기서 '나무'라 한 것은 복숭아·은행과 같은 붙이[屬]를 의미한다. 그래서 덩굴에서 나는 것들과 구별하고 있는 것이다.

坤爲地, 爲母, 爲布, 爲釜, 爲吝嗇, 爲均, 爲子母牛, 爲大輿, 爲文, 爲衆, 爲柄, 其於地也爲黑.

곤괘☷는 땅이 되고, 어머니가 되고, 베가 되고, 솥이 되고, 인색함이 되고, 고름이 되고, 새끼와 어미소가 되고, 큰 수레가 되고, 무늬가 되고, 다중이 되고, 손잡이가 되고, 땅에서도 검은 것이 된다.

分物得平之謂均. '坤爲地, 而言"於地爲黑"者, 以之占地, 則應在黎黑之土也.

물건을 나눈 것이 균평한 것을 '고름'이라 한다. 곤괘☷는 땅이 된다. 그런데도 "땅에서도 검은 것이 된다."고 한 까닭은, 이것으로써 땅에 대해 점을 쳤는데 이에 대해 검은 흙으로 응했기 때문이다.

震爲雷, 爲龍, 爲玄黃, 爲旉, 爲大塗, 爲長子, 爲決躁, 爲蒼筤竹, 爲萑葦; 其於馬也, 爲善鳴, 爲馵足, 爲作足, 爲的顙; 其於稼也, 爲反生; 其究爲健, 爲蕃鮮.

진괘☳는 우레가 되고, 용이 되고, 검고 누른색이 되고, 활짝 핀 꽃이 되고, 큰 길이 되고, 받아들이 되고, 신속하게 결단하여 조급하게 행동함이 되고, 푸르고 잎이 무성한 대나무가 되고, 물억새와 갈대가 된다. 그리고 말[馬]에서도 잘 우는 것이 되고, 발에 흰 반점이 뒤섞여 있는 말이 되고, 잰걸음으로 발을 잘 놀리는 말이 되고, 이마에 하얀 반점이 있는 말이 된다. 그리고 농작물에서는 시들었다가 다시 소생함이 된다. 그 공(功)을 이룸에서는 건마(健馬)가 되고, 농작물에서는 신선하게 활짝 피어나서 무성함이 된다.

'旉', 花也. '塗', 路也. '決躁', 占事者當速決而躁動也. '蒼筤竹', 色蒼翠而葉茂盛者. '馵足', 足駁白. '作足', 足數動, 馬壯則然. '的顙', 當額白. '反生', 已槁而復生. '究', 言其成功也. '健謂馬. '蕃鮮謂稼鮮榮盛也.

'旉(부)'는 꽃을 의미하고, '塗(도)'는 길을 의미한다. '決躁(결조)'는 어떤 일로 점을 친 사람이 마땅히 신속히 결단하여 조급하게 행동해야 함을 의미한다. '蒼筤竹(창랑죽)'은 색깔이 푸르고 비취색이 나며 잎이 무성한 대나무를 가리킨다. '馵足(주족)'은 발에 흰 반점이 뒤섞여 있음을 의미한다. '作足(작족)'은 발을 잰걸음으로 움직임을 뜻하는데, 말이 건장하면 바로 이렇다. '的顙(적상)'은 이마에 흰 반점이 있는 것을 가리킨다. '反生(반생)'은 시들었다가 다시 소생한다는 의미다. '究(구)'는 공(功)을 이룸을 말한다. '健(건)'은 말이 그러하다는 말이다. '蕃鮮(번선)'은 농작물이 신선하게 활짝 피어나서 무성하다는 의미다.

巽爲木, 爲風, 爲長女, 爲繩直, 爲工, 爲白, 爲長, 爲高, 爲進退, 爲不果, 爲臭; 其於人也, 爲寡髮, 爲廣顙, 爲多白眼, 爲近利市

三倍; 其究爲躁卦.

손괘☴는 나무가 되고, 바람이 되고, 맏딸이 되고, 먹줄의 곧음이 되고, 공업(工業)이 되고, 흰색이 되고, 어른이 되고, 높음이 되고, 나아갔다 물러났다 함이 되고, 과단성이 있지 않음이 되고, 냄새남이 된다. 사람에게서는 머리숱이 적음이 되고, 이마가 넓음이 되고, 눈에 흰자위가 많음이 되고, 거의 세 배의 이익을 남김이 된다. 사람에게서는 조바심을 냄의 괘가 된다.

> '繩直', 引繩以定牆屋之基. '進退', 事不決. '不果', 志不定. '近利', 得財賄也. '三倍', 三倍其息. '其究', 以人言, '躁', 不寧也.

> '繩直(승직)' 먹줄을 잡아당겨서 가로·세로를 반듯하게 함으로써 담장이나 집의 기초를 확정함을 의미한다. '進退(진퇴)'는 일을 결정하지 못함을 뜻한다. '不果(불과)'는 뜻함이 확정되지 않았음을 의미한다. '近利(근리)'는 재물과 뇌물을 얻음을 뜻한다. '三倍(삼배)'는 3배의 이문을 남긴다는 의미다. '其究(기구)'는 사람의 관점에서 말하는 것인데, '躁(조)'는 평안하지 않음을 뜻한다.

坎爲水, 爲溝瀆, 爲隱伏, 爲矯輮, 爲弓輪; 其於人也, 爲加憂, 爲心病, 爲耳痛, 爲血卦, 爲赤; 其於馬也, 爲美脊, 爲亟心, 爲下首, 爲薄蹄, 爲曳; 其於輿也, 爲多眚, 爲通, 爲月, 爲盜; 其於木也, 爲堅多心.

감괘☵는 물이 되고, 봇도랑이 되고, 숨어서 엎드려 있음이 되고, 활대·수레바퀴를 만들기 위해 재료를 휘는 것이 되고, 활·수레바퀴를 만듦이 된다. 사람에게서는 근심을 더함이 되고, 마음의 병이 되고, 귀의 통증이 되고, 피를 상징하는 괘가 되고, 붉은색이 된다. 말에게서는 등이 아름다움이 되고, 성질이 급함이 되고, 머리를 숙임이 되고, 엷은 발굽이 되고, 잡아끎이 된다. 탈것에서는 틈이 많아서 기름이 샘이 되고, 통함이 되고, 달이 되고, 도둑맞음이 된다. 나무에서는 여러 겹으로 엉겨서 난 혹이 된다.

> '隱伏', 以人情言. '矯'以爲弓, '輮'以爲輪, 相承言之. '血卦', 當見血也. '赤'者血色, 亦相承言之. '亟心', 性速也. '下首', 首不高擧, 馬疾馳則然. '曳', 人曳之不行. '多眚', 多隙漏也. '通'者, 事得順利.

'숨어서 엎드려 있음'은 사람의 상황으로써 말한 것이다. '矯(교)'는 활을 만들기 위함이고, '輮(유)'는 수레바퀴를 만들기 위함이다. 이들은 서로 연관 지어서 말하고 있다. '피를 상징하는 괘'란 마땅히 피를 보리라는 의미다. '붉은색'은 피의 색깔이다. 이들 역시 서로 연관 지어서 말하고 있는 것들이다. "亟心(극심)"은 성질이 급함을 의미한다. '머리를 숙임'은 머리를 높이 들지 못함을 뜻하는데, 말이 질주하면 이러한 모습을 한다. '잡아끎'은 사람이 잡아끌어도 가지 않는다는 의미다. '多眚(다생)'은 틈이 많아서 기름이 새는 것을 의미한다. '통함'은 일 처리가 순리대로 됨을 의미한다.

離爲火, 爲日, 爲電, 爲中女, 爲甲冑, 爲戈兵; 其於人也, 爲大腹; 爲乾卦, 爲鼈, 爲蟹, 爲蠃, 爲蚌, 爲龜, 其於木也, 爲科上槁.

이괘☲는 불이 되고, 해가 되고, 번개가 되고, 가운데 딸이 되고, 갑옷과 투구가 되고, 창과 병장기가 된다. 사람에게서는 배가 크게 부어오르는 정해감(丁奚疳) 병이 된다. 한발이 드는 괘가 되고, 자라가 되고, 게가 되고, 소라가 되고, 조개가 되고, 거북이가 된다. 나무에서는 가지 끝이 말라버림이 된다.

'大腹', 丁奚病. '乾', 旱也. '科', 枝杪也. '蠃', 與螺通.

'大腹(대복)'은 정해감(丁奚疳) 병을 의미한다. '乾(간)'은 한발을 의미한다. '科(과)'는 나뭇가지의 끝을 뜻한다. '蠃(라)'는 '螺(라)'와 통한다.

艮爲山, 爲徑路, 爲小石, 爲門闕, 爲果蓏, 爲閽寺, 爲指, 爲狗, 爲鼠, 爲黔喙之屬; 其於木也, 爲堅多節.

간괘☶는 산이 되고, 지름길이 되고, 작은 돌이 되고, 궁궐의 문이 되고, 덩굴식물의 열매가 되고, 문지기와 내시 등 궁궐의 문과 금지된 곳을 관장하는 벼슬아치가 되고, 손가락이 되고, 개가 되고, 쥐가 되고, 주둥이가 검은 야생동물의 붙이가 된다. 나무에서는 단단하고 마디가 많은 것이 된다.

'果蓏', 蔓生果 蓏瓜之屬. '閽寺', 刑人守門者. '黔喙', 鳥獸之喙黑者.

'果蓏(과라)'는 덩굴식물에서 열리는 과일로서 오이의 붙이[蓏]다. '閽寺(혼시)'는 내시와 문지기를 의미한다. '黔喙(검훼)'는 날짐승·들짐승 가운데 주둥이가 검은 짐승을 가리킨다.

兌爲澤, 爲少女, 爲巫, 爲口舌, 爲毁折, 爲附決; 其於地也, 爲剛鹵; 爲妾, 爲羊.

태괘☱는 연못이 되고, 소녀가 되고, 무당이 되고, 남의 입방에 오르내림이 되고, 훼손·절단됨이 되고, 덧붙여 판결함이 된다. 땅에서는 단단하고 소금기를 머금고 있음이 된다. 그리고 첩이 되고, 양이 된다.

'毁折'以物言. '附決'以事言, 謂相倚附而得決也.

여기에서 '훼손·절단됨'은 물건이 그렇게 된다는 것이다. '덧붙여 판결함'은 일이 그렇게 된다는 것으로서, 서로 덧붙여서 판결된다는 말이다.

서괘전 序卦傳

●●●

上篇
상편

有天地然後萬物生焉. 盈天地之間者唯萬物, 故受之以屯, 屯者盈也, 屯者物之始生也. 物生必蒙, 故受之以蒙, 蒙者蒙也, 物之穉也. 物穉不可不養也, 故受之以需, 需者飲食之道也. 飲食必有訟, 故受之以訟. 訟必有衆起, 故受之以師, 師者衆也. 衆必有所比, 故受之以比, 比者比也. 比必有所畜, 故受之以小畜. 物畜然後有禮, 故受之以履. 履而泰, 然後安, 故受之以泰, 泰者通也. 物不可以終通, 故受之以否. 物不可以終否, 故受之以同人. 與人同者, 物必歸焉, 故受之以大有. 有大者不可以盈, 故受之以謙. 有大而能謙必豫, 故受之以豫. 豫必有隨, 故受之以隨. 以喜隨人者必有事, 故受之以蠱, 蠱者事也. 有事而後可大, 故受之以臨, 臨者大也. 物大然後可觀, 故受之以觀. 可觀而後有所合, 故受之以噬嗑, 嗑者合也. 物不

可以苟合而已, 故受之以賁, 賁者飾也. 致飾然後亨則盡矣,
故受之以剝, 剝者剝也. 物不可以終盡, 剝窮上反下, 故受之以
復. 復則不妄矣, 故受之以无妄. 有无妄然後可畜, 故受之以
大畜. 物畜然後可養, 故受之以頤, 頤者養也. 不養則不可動,
故受之以大過. 物不可以終過, 故受之以坎, 坎者陷也. 陷必
有所麗, 故受之以離, 離者麗也.

하늘과 땅이 있은 뒤에 만물이 생겨난다. 하늘과 땅 사이를 가득 채우고 있는
것은 오직 만물이다. 그러므로 준괘(屯卦)▦로 받는다. '준(屯)'이란 가득 채우고
있다는 뜻이며, '준'은 만물이 비로소 생긴다는 의미를 갖고 있다. 물(物)들이
생겨나서는 반드시 어리다. 그러므로 몽괘(蒙卦)▦로 받는다. '몽'이란 어리다는
뜻인데, 물(物)들의 어린 것들을 의미한다. 물(物)들이 어리면 키우지 않을
수 없다. 그러므로 수괘(需卦)▦로 받는다. 수괘는 마시고 먹는 원리를 담고
있다. 그런데 마시고 먹는 것에는 반드시 송사가 있게 된다. 그러므로 송괘(訟卦)
▦로 받는 것이다. 송사에는 반드시 다중이 일어나기 마련이다. 그러므로 사괘(師
卦)▦로 받는다. '사(師)'는 다중을 의미한다. 다중에는 반드시 친근함이 있게
된다. 그러므로 비괘(比卦)▦로써 받는다. '비(比)'는 친근하다는 뜻이다. 친근함
에는 반드시 축적됨이 있다. 그러므로 소축괘(小畜卦)▦로 받는다. 물(物)들은
축적한 뒤에라야 예(禮)를 차리게 된다. 그러므로 이괘(履卦)▦로 받는다. 실천하
면서 태평한 뒤에야 편안하다. 그러므로 태괘(泰卦)▦로 받는다. '태(泰)'는
통한다는 뜻이다. 그런데 물(物)들은 결코 끝내 통할 수만은 없다. 그러므로
비괘(否卦)▦로 받는다. 그러나 물(物)들은 또 끝내 비색될 수만은 없다. 그러므
로 동인괘(同人卦)▦로 받는다. 사람과 함께하는 이에게는 물(物)들도 반드시
귀의한다. 그러므로 대유괘(大有卦)▦로 받는다. 그러나 큰 것을 지닌 이는

가득 채워서는 안 된다. 그러므로 겸괘(謙卦)䷎로 받는다. 큰 것을 지니고서도 겸양하여서는 반드시 즐거워진다. 그러므로 예괘(豫卦)䷏로 받는다. 즐거움에는 반드시 따르는 이들이 있다. 그러므로 수괘(隨卦)䷐로 받는다. 남을 기뻐하며 따르는 이들에게는 반드시 할 일이 있다. 그러므로 고괘(蠱卦)䷑로 받는다. '고(蠱)'란 일을 뜻한다. 일이 있은 뒤에 키울 수가 있다. 그러므로 임괘(臨卦)䷒로 받는다. 임하는 이는 크다. 물(物)이 커진 뒤에는 볼만한 것이 된다. 그러므로 관괘(觀卦)䷓로 받는다. 볼만한 것인 뒤에는 합하는 바가 있다. 그러므로 서합괘(噬嗑卦)䷔로 받는다. '합(嗑)'은 합한다는 뜻이다. 그러나 물(物)들은 구차하게 합할 수가 없을 따름이다. 그러므로 비괘(賁卦)䷕로 받는다. '비(賁)'란 꾸민다는 의미다. 꾸밈을 이룬 뒤에 형통하게 되면 다하는 것이다. 그러므로 박괘(剝卦)䷖로 받는다. '박(剝)'은 벗겨낸다는 뜻이다. 위에까지 다 벗겨내면 아래로 돌이킨다. 그러므로 복괘(復卦)䷗로 받는다. 되돌아오면 망령되지 않다. 그러므로 무망괘(无妄卦)䷘로 받는다. 망령됨이 없는 뒤에는 축적할 수가 있다. 그러므로 대축괘(大畜卦)䷙로 받는다. 물(物)들이 축적된 뒤에는 배양할 수가 있다. 그러므로 이괘(頤卦)䷚로 받는다. '이(頤)'는 배양한다는 뜻이다. 배양하지 않으면 움직이게 할 수가 없다. 그러므로 대과괘(大過卦)䷛로 받는다. 그런데 물(物)들은 끝내 과오에만 머물 수가 없다. 그러므로 감괘(坎卦)䷜로 받는다. '감(坎)'은 구덩이의 뜻이다. 구덩이에 빠지면 반드시 붙는 바가 있다. 그러므로 이괘(離卦)䷝로 받는다. '이(離)'는 걸려 있다는 뜻이다.

●●●

下篇
하편

有天地然後有萬物, 有萬物然後有男女, 有男女然後有夫婦, 有夫婦然後有父子, 有父子然後有君臣, 有君臣然後有上下, 有上下然後禮義有所錯. 夫婦之道不可以不久也, 故受之以恒, 恒者久也. 物不可以久居其所, 故受之以遯, 遯者退也. 物不可以終遯, 故受之以大壯. 物不可以終壯, 故受之以晉, 晉者進也. 進必有所傷, 故受之以明夷, 夷者傷也. 傷於外者必反其家, 故受之以家人. 家道窮必乖, 故受之以睽, 睽者乖也. 乖必有難, 故受之以蹇, 蹇者難也. 物不可以終難, 故受之以解, 解者緩也. 緩必有所失, 故受之以損. 損而不已必益, 故受之以益. 益而不已必決, 故受之以夬, 夬者決也. 決必有遇, 故受之以姤, 姤者遇也. 物相遇而後聚, 故受之以萃, 萃者聚也. 聚而上者謂之升, 故受之以升. 升而不已必困, 故受之以困. 困乎上者必反下, 故受之以井. 井道不可不革, 故受之以革. 革物者莫若鼎, 故受之以鼎. 主器者莫若長子, 故受之以震, 震者動也. 物不可以終動, 止之, 故受之以艮, 艮者止也. 物不可以終止, 故受之以漸, 漸者進也. 進必有所歸, 故受之以歸妹. 得其所歸者必大, 故受之以豐, 豐者大也. 窮大者必失其居, 故受

之以旅. 旅而无所容, 故受之以巽, 巽者入也. 入而後說之, 故
受之以兌, 兌者說也. 說而後散之, 故受之以渙, 渙者離也. 物
不可以終離, 故受之以節. 節而信之, 故受之以中孚. 有其信
者必行之, 故受之以小過. 有過物者必濟, 故受之以旣濟. 物
不可窮也, 故受之以未濟終焉.

하늘과 땅이 있은 뒤에 만물이 있고, 만물이 있은 뒤에 남녀가 있다. 남녀가
있은 뒤에 부부가 있고, 부부가 있은 뒤에 부자가 있다. 부자가 있은 뒤에
군신이 있으며, 군신이 있은 뒤에는 위 · 아래가 있다. 위 · 아래가 있은 뒤에는
예의(禮義)가 베풀어지게 된다. 부부의 도(道)도 오래갈 수가 없다. 그러므로
항괘(恒卦)로 받는다. '항(恒)'이란 오래간다는 뜻이다. 그런데 물(物)들은
한 곳에 오래 머물 수가 없다. 그러므로 둔괘(遯卦)로 받는다. '둔(遯)'이란
물러난다는 뜻이다. 그러나 물(物)들은 끝내 물러날 수만은 없다. 그러므로
대장괘(大壯卦)로 받는다. 그리고 물(物)들은 또 끝내 건장할 수만은 없다.
그러므로 진괘(晉卦)로 받는다. '진(晉)'이란 나아간다는 뜻이다. 나아가면
반드시 상처를 입게 되어 있다. 그러므로 명이괘(明夷卦)로 받는다. '이(夷)'는
상처입음을 뜻한다. 밖에서 상처를 입은 사람은 반드시 그 집으로 돌아온다.
그러므로 가인괘(家人卦)로 받는다. 그런데 가정의 도(道)가 막히면 반드시
가족 구성원들 사이가 어그러진다. 그러므로 규괘(睽卦)로 받는다. '규(睽)'는
어그러진다는 뜻이다. 어그러지면 반드시 난관에 봉착한다. 그러므로 건괘(蹇卦)
로 받는다. '건(蹇)'이란 어려움을 겪는다는 뜻이다. 그러나 물들은 끝내
어려울 수만은 없다. 그러므로 해괘(解卦)로 받는다. '해(解)'는 느슨해진다는
의미다. 그런데 느슨해지면 반드시 잃어버리는 것이 있다. 그러므로 손괘(損卦)
로 받는다. 손해를 보지만 그대로 끝나지 않고 반드시 이익을 얻는다. 그러므로

익괘(益卦)☶로 받는다. 이익을 얻지만 그대로 끝나지 않고 반드시 터져버린다. 그러므로 쾌괘(夬卦)☶로 받는다. '쾌(夬)'는 터진다는 뜻이다. 터지면 반드시 만나는 바가 있다. 그러므로 구괘(姤卦)☶로 받는다. '구(姤)'는 만난다는 뜻이다. 물(物)들이 서로 만나고난 뒤에는 모인다. 그러므로 췌괘(萃卦)☶로 받는다. '췌(萃)'는 모인다는 뜻이다. 모여서 위로 올라가는 것을 '승(升)'이라 한다. 그러므로 승괘(升卦)☶로 받는다. 올라가서는 그대로 끝나지 않고 반드시 곤고함을 겪게 된다. 그러므로 곤괘(困卦)☶로 받는다. 위에서 곤고함을 겪은 이는 반드시 아래로 돌이킨다. 그러므로 정괘(井卦)☶로 받는다. 우물의 도(道)는 변혁하지 않을 수 없다. 그러므로 혁괘(革卦)☶로 받는다. 물(物)들을 변혁하는 것에는 솥만한 것이 없다. 그러므로 정괘(鼎卦)☶로 받는다. 솥과 같은 기물(器物)을 맡을 사람에는 맏아들만한 이가 없다. 그러므로 진괘(震卦)☶로 받는다. 그런데 '진(震)'은 움직임을 뜻한다. 물(物)들은 끝내 움직이고만 있을 수 없으니, 그치게 해야 한다. 그러므로 간괘(艮卦)☶로 받는다. '간(艮)'은 그치게 한다는 뜻이다. 그런데 물(物)들은 끝내 멈춰 있을 수만은 없다. 그러므로 점괘(漸卦)☶로 받는다. '점(漸)'은 나아간다는 뜻이다. 나아가면 반드시 돌아가는 곳이 있다. 그러므로 귀매괘(歸妹卦)☶로 받는다. 그 돌아갈 곳을 얻은 이는 반드시 커진다. 그러므로 풍괘(豐卦)☶로 받는다. 풍(豊)은 크다는 뜻이다. 그러나 너무나 크게 되면 반드시 그 거처를 잃어버린다. 그러므로 여괘(旅卦)☶로 받는다. 나그네로 길을 나섰지만 받아들여줄 곳이 없다. 그러므로 손괘(巽卦)☶로 받는다. '손(巽)'은 들어간다는 뜻이다. 들어간 뒤에는 기뻐한다. 그러므로 태괘(兌卦)☶로 받는다. '태(兌)'는 기뻐한다는 뜻이다. 기뻐한 뒤에는 흩어진다. 그러므로 환괘(渙卦)☶로 받는다. '환(渙)'은 이별한다는 뜻이다. 그런데 물(物)들은 이별한 채로 끝낼 수가 없다. 그러므로 절괘(節卦)☶로 받는다. 그래서 절도에 맞게 하며 믿음을 주기 때문에 중부괘(中孚卦)☶로 받는다. 믿음을 지닌 이는 반드시 실행에 옮긴다. 그러므로 소과괘(小過卦)☶로 받는다. 허물을 지닌 물(物)은 반드시 이루어진다. 그러므로 기제괘(旣濟卦)䷾로 받는다. 물(物)들은 궁진(窮盡)할 수가 없다. 그러므로 미제괘(未濟卦)䷿로 받는다. 그리고 여기서 끝난다.

二篇必非聖人之書, 卽以文義求之, 亦多堅强失理, 讀者自當辨之. 餘詳『外傳』

이 「서괘전」 상·하 두 편은 틀림없이 성인의 작품이 아니다. 바로 글의 뜻을 가지고 구해 보더라도, 견강부회(牽强附會)하여 이치에 어긋나는 것들이 많다. 이를 독자 스스로 마땅히 변별할 수 있을 것이다. 나머지는 『주역외전』에서 상세하게 논했다.

잡괘전 雜卦傳

'雜者, 相間之謂也. 一彼一此, 一往一復, 陰陽互建, 而道義之門啓焉. 故自伏羲始畫, 而即以相雜者爲變易之體. 文王因之, 而以錯綜相比 爲其序, '屯'·'蒙'以下四十八卦, 二十四象往復順逆之所成也. '乾'· '坤', '坎'·'離', '大過'·'頤', '小過'·'中孚', 綜而不失其故, 則以錯相幷. '否'·'泰', '隨'·'蠱', '漸'·'歸妹', '既濟'·'未濟', 四象而成八卦, 則錯綜 同軌. 『周易』以綜爲主, 不可綜而後從錯. 蓋以天有全象, 事有全理, 而人之用之者但得其半, 天道備而人用精, 是以六爻之中, 陰陽多寡, 即就此而往復焉, 則已足備一剛一柔之用, 善一進一退之幾, 成一仁 一義之德矣. '雜卦'者, 言其道同, 而易地則憂樂安危·出處語黙, 各因 乎往復循環之理數, 而無不可體之以爲道也. 故伯夷·太公同避紂惡, 而所行異, 顔淵·季路同效聖志, 而所願殊. 知其異乃可以統其同, 用 其半即可以會其全, 故略於錯而專於綜. 實則錯綜皆雜也, 錯者幽明 之迭用, 綜皆用其明者也. 『周易』六十四卦, 爲三十二對耦之旨也, 而 「傳」爲言其性情功效之別焉.

'雜(잡)'이란 서로 간에 '하나씩 하나씩 번갈아 가며 끼어들어 있음'을 의미한다. 즉 한 번은 이것으로 한 번은 저것으로(一彼一此), 하나는 가고 하나는 오는(一往一來) 방식으로 음·양이 서로 세우는 데서 도의의 문이 열리는 것이다. 그러므로 복희씨께서 맨 처음 획을 그릴 적에

바로 이 '서로 뒤섞임(相雜)'을 변역의 체(體)로 하였고, 문왕께서는 이를
바탕으로 하되 착·종의 관계맺음으로써 괘들이 서로 이웃이 되는 순서
로 삼았다. 그래서 준괘(屯卦)☳·몽괘(蒙卦)☶ 이하의 48괘는 24상이
왕(往)·복(復)하고 순(順)·역(逆)하며 이루어낸 것들이다.[1286] 그런데
건괘(乾卦)☰·곤괘(坤卦)☷·감괘(坎卦)☵·이괘(離卦)☲·대과괘
(大過卦)☱·이괘(頤卦)☶·소과괘(小過卦)☳·중부괘(中孚卦)☴ 등은
종(綜)으로 하더라도 그 원래의 모습 그대로다.[1287] 그래서 이들 여덟
괘는 '착(錯)'의 관계맺음에 의해 서로 이웃이 되어 있다. 그리고 비괘(否
卦)☶·태괘(泰卦)☷·수괘(隨卦)☱·고괘(蠱卦)☶·점괘(漸卦)☴·
귀매괘(歸妹卦)☱·기제괘(既濟卦)☵·미제괘(未濟卦) 등은 4개의
상이 8개의 괘를 이루고 있다. 그래서 착(錯)과 종(綜)이 동일한 궤적으로
이루고 있다.

그런데 『주역』은 종(綜)을 위주로 하고, 종이 안 될 경우에만 착(錯)의
관계맺음을 따르고 있다. 생각건대 하늘에는 온전한 상(象)이 있고 일에
도 온전한 이치가 있지만, 사람이 이들을 사용하는 데서는 단지 그
절반(6/12)만을 얻는다. 이렇게 볼 때, 천도(天道)는 완비(完備)함이고
인도(人道)는 정치(精致)함이다. 그래서 여섯 효 가운데서 음·양의
많고 적음은 바로 이 절반(6/12)에 나아가서 왔다 갔다 하는 것이다.
그 결과 '하나는 굳셈·하나는 부드러움'의 쓰임을 이미 충족하게 갖추고,

1286) 이에 대해서는 앞에서 반복적으로 설명하였기 때문에 여기서는 약한다.
각주1), 1143) 등을 참고하기 바란다.
1287) 종(綜)은 도치(倒置)한다는 말과 의미가 같다. 즉 이 여덟 괘들은 거꾸로
놓더라도 원래의 모습그대로다.

'한 번은 나아갔다 한 번은 물러났다 함'의 기미[幾]를 잘 드러내며, '하나는 어짊[仁]·하나는 의로움[義]'의 덕을 이루는 것이다.

'잡괘'란 그 원리는 같더라도 처지가 달라지면, 근심과 즐거움, 편안함과 위태로움, 사회에 나아가 활동함과 집 안에서 은거하고 있음, 말함과 침묵 등을 왕복하며 순환하는 이치에 의해 각각 체현하여 삶의 원리로 삼지 않을 수 없다는 것을 의미한다. 그러므로 백이(伯夷)와 태공망(太公望)은 똑같이 주왕(紂王)의 포악함을 피하면서도 구체적으로 한 행동이 달랐던 것이고, 안연(顏淵)과 계로(季路)도 똑같이 성인의 뜻함을 드러내면서도 구체적으로 원하는 바는 각기 달랐던 것이다.

그 '다름'을 알아야 그 '같음'을 다잡을 수 있으니, 그 절반만을 쓰더라도 곧 그 전체를 이해할 수 있다. 그러므로 '착'에 대해서는 생략하고 오로지 '종'을 위주로 하였지만, 실제로는 '착'과 '종'이 모두 뒤섞여 있다. '착'이란 어둠[幽]·밝음[明]을 갈마들며 쓰는 것이고 '종'이란 모두 그 밝음[明]만을 쓰는 것이다. 그래서 『주역』의 64괘는 32쌍의 의미로 되어 있다. 그러나 「잡괘전」에서는 이들의 성정(性情)과 공효(功效)가 구별됨에 대해 말하고 있다.

乾剛, 坤柔.

건괘▤는 굳셈이고 곤괘▤는 부드러움이다.

二卦竝建, 剛柔備矣. 分之則純以成德, 合之則雜以成章也.

이들 건괘▤·곤괘▤ 두 괘가 『주역』 전체 괘들을 아울러 세우면서 굳셈[剛]·부드러움[柔]이 갖추어진다. 이들은 나뉘면 순수하게 자신들의 덕을 이루고, 합치면 뒤섞여서 온전한 체제를 이룬다.

比樂, 師憂.

비괘(比卦)䷇는 즐거움을 드러내고 사괘(師卦)䷆는 우려함을 드러낸다.

均以孤陽得中爲主, 而在上位, 則衆所親而樂行其道, 故雖失前禽而不以爲誡; 在下位, 則權重而分不足以相涖, 故憂弟子之間之, 而恐致輿尸.

이들 두 괘는 고르게 고독한 양효가 득중하여 각 괘의 주효가 되어 있다. 그런데 비괘䷇의 경우는 그것이 윗자리에 있다. 그래서 다중이 그를 친하게 여기니, 즐겨 그 도(道)를 행한다. 그러므로 비록 앞에 있는 사냥감을 놓쳐버려도 그것을 경계하지 않는다. 이에 비해 사괘䷆의 경우는 그 양효가 아랫자리에 있다. 그래서 권세가 무겁기는 하지만 나누어 서로가 임하기에는 부족하다. 그러므로 동생들이 사이에 끼어듦을 우려하며, 수레 한 가득 시체를 싣고 올까봐 걱정하게 된다.

臨·觀之義, 或與或求.

임괘(臨卦)䷒·관괘(觀卦)䷓의 의로움은 혹은 주기도 하고 혹은 구하기도 한다.

'臨'陽長擯陰, 而以不輕絶陰爲德, 故咸而臨之, 與陰感而不怯. '觀'陰長侵陽, 而以仰承於陽爲義, 故利用賓王, 求陽而觀其光.

임괘☷는 양들이 자라나며 음들을 물리치고 있지만, 그렇다고 하더라도 음들을 가벼이 거절하지 않음을 덕으로 삼고 있다. 그러므로 양들이 음들을 감화시키며 임하니, 음들과 느낌을 주고 받으며 인색하지 않다. 관괘☶는 음들이 자라나며 양들을 침범하고 있지만, 양들을 우러러 받듦을 의로움으로 삼고 있다. 그러므로 왕에게 손님이 되는 것이 이로우며, 양들을 찾아가 그 광휘로움을 본다.

屯見而不失其居, 蒙雜而著.

준괘(屯卦)☵는 드러났지만 그 거소를 잃어버리지 않고, 몽괘☶는 뒤섞여 있지만 현저하다.

'見'謂動而發見. '居'者, 止而不行之謂. '屯'陽初出, 亟於見, 而據五位以自安, 故雖建侯不寧, 而膏終屯. '蒙'卦陽出而雜處於二陰之中, 然終以奮起出於陰之上以自著見, 故擊去蒙昧, 而爲童蒙之吉.

'드러남'이란 움직여서 발현한다는 의미다. '거소'는 멈추고서 가지 않는다는 말이다. 준괘☵는 양이 갓 출현하여서는 자신을 드러냄에 재빠르고, 5효의 위(位)를 차지하여서는 스스로 편안해 하고 있다. 그러므로 비록 제후를 세워야 할만큼 평안하지 않은 상황이기는 하지만, 마침내 어렵게나마 시혜를 베풀게 된다. 몽괘☶는 양이 출현하여 두 음들의 가운데에 뒤섞여 있다. 그러나 마침내는 분연히 떨쳐 일어나 음들의 위로 출현하여 스스로 모습을 드러낸다. 그러므로 몽매함을 쳐내버리니, 어린이[童蒙]의 길함이 된다.

震, 起也; 艮, 止也.

진괘䷲는 일어남을 드러내고 있고, 간괘䷳는 멈춤을 드러내고 있다.

'起'以震陰之滯, '止'以遏陰之進, '震'有功而'艮'寡過也.

'일어남'이란 음(陰)들이 응체하고 있음을 양(陽)이 진동(震動)해버린다는 의미다. '멈춤'은 음들의 나아감을 가로막는다는 의미다. 그래서 진괘䷲에게는 공(功)이 있고, 간괘䷳는 허물을 적게 한다.

損·益, 盛衰之始也.

손괘䷨·익괘䷩는 융성함과 쇠미함의 시작을 드러내고 있다.

'泰'變而'損', 陽自三往上而之於將消之位, 衰也. '否'變而'益', 陽自四來初而之於方生之位, 盛也. 中爻未變, 盛衰未極, 三之勢便於進, 時至則輕往, 四之勢便於退, 時至則先來, 故爲'盛衰之始'. 氣候之循環, 盛則且衰, 衰且漸盛, 自然之理, 而兆先見, 故曰, "損益盈虛, 與時偕行".

태괘(泰卦)▦가 변하여 손괘(損卦)▦가 됨은, 양이 3효의 위(位)에서 위로 가서 장차 사라질 위(位)에 이른 것이다. 그래서 쇠미하게 된다. 비괘(否卦)▦가 변하여 익괘(益卦)▦가 됨은, 양이 4효의 위(位)에서 초효의 위(位)에로 와서 바야흐로 생하는 위(位)에 이른 것이다. 그래서 융성하게 된다. 이들 괘에서는 가운데 효들이 아직 변하지 않았기 때문에 융성함과 쇠미함이 아직 극에 이르지는 않았는데, 3효의 형세는 나아감에 편하여 때가 이르면 가볍게 가는 것이고, 4효의 형세는 물러남에 편하여 때가 이르면 먼저 오는 것이다. 그러므로 '융성함과 쇠미함의 시작'이 된다. 기후의 순환으로 볼 때, 왕성하면 또한 쇠미해지고, 쇠미하면 또한 점점 왕성해지는 것이 자연의 이치다. 그런데 이들 괘에서는 조짐이 먼저 드러났기 때문에 "덜어냈다 보태주었다 함과 찼다 비었다 함은 때와 함께 간다."고 한 것이다.

大畜, 時也; 无妄, 災也.

대축괘▦는 때를 드러내고 있고, 무망괘▦는 재앙을 드러내고 있다.

'乾道成於下, 而艮止之, 使待時而進, 遵養以時也. '乾道奠於上, 陰未嘗干之, 而震起以相迫, 躁動則生災也. 時, 故利涉大川; 災, 故'行有眚'.

대축괘▦에서는 건괘☰의 도(道)가 아래에서 이루어졌는데 간괘☶가 이를 억지하고 있다. 그래서 간괘가 때를 기다렸다가 나아가게 하니, 건괘는 시세에 순응하며 역량을 기르고 있다. 무망괘▦에서는 건괘☰의 도가 위에서 펼쳐지고 있고 음들은 일찍이 이에 간여하지 않는데, 진괘☳

가 일어나서 이를 핍박하고 있다. 그래서 조급하게 움직이면 재앙을 낳고 만다. 대축괘에서는 때에 맞게 하기 때문에 '큰 하천을 건넘이 이롭고', 무망괘에서는 재앙이 있기 때문에 '행동에 재앙이 있음'이 된다.

萃聚, 而升不來也.

췌괘䷬는 모임을 드러내고 있고, 승괘䷭는 오지 않음을 드러내고 있다.

皆謂陽也. 自上而下曰'來'. '萃'四與五相保而不往, '升'三引二以進而不復, '萃'則上陰護之, '升'則初陰推之也. 故'萃'假有廟, 而'升'利南征.

여기에서는 모두 이들 두 괘의 양효들에 대해 말하고 있다. 위에서 아래로 오는 것을 '옴'이라 한다. 그런데 췌괘䷬에서는 구사효·구오효가 서로 보호하면서 가지 않는다. 이에 비해 승괘䷭에서는 구삼효가 구이효를 이끌고 나아가서 돌아오지 않는다. 그리고 췌괘에서는 상육효의 음이 구사·구오효를 호위하고 있고, 승괘에서는 초육효의 음이 구삼·구이효를 밀치고 있다. 그러므로 췌괘에서는 이르러 종묘에 있음이 되고, 승괘에서는 남쪽으로 원정을 감에 이롭다.

謙輕, 而豫怠也.

겸괘䷎는 가벼움을 드러내고 있고, 예괘䷏는 게으름을 드러내고 있다.

二卦皆孤陽而不得中位. 三爲躁進之爻, '謙'陽處之, 輕於往矣; 四爲退息之位, '豫'陽處之, 怠於行矣. 凡人之情, 謙者無尊重之度, 豫樂者雖奮起而終不振; 故'謙'必君子而後有終, '豫'建侯行師而後利.

이들 두 괘에서는 모두 외로운 양(陽)이 가운데 자리를 차지하지 못하고 있다. 3효는 조급하게 나아감의 효인데, 겸괘▤에서는 양이 여기에 자리 잡고 있으니, 가볍게 가는 것이다. 그리고 4효는 물러나 안식하는 위(位)다. 그런데 예괘▤에서는 양이 여기에 자리 잡고 있으니, 행동함에 게으르다. 무릇 사람들의 실정을 보면, 겸양하는 자에게는 존중의 법도가 없고, 즐거움에 빠져 있는 자들은 비록 분연히 일어나기는 하여도 끝내 온 세상에 떨치지를 못한다. 그러므로 겸괘에서는 반드시 군자인 뒤에라야 유종의 미를 거두고, 예괘에서는 제후를 세우고 군대를 동원한 뒤에라야 이롭다.

噬嗑, 食也; 賁, 无色也.

서합괘▤는 먹음을 드러내고 있고, 비괘(賁卦)▤는 색깔 없음을 드러내고 있다.

二卦皆有頤象. 食·色皆養道也. '食'者, 非所食而食之, 强齧九四之剛. '无色'者, 非所飾而飾之, 色之不正者, 剛輕去中以文上, 而失其自然之美也.

이들 두 괘에는 모두 턱의 상이 있다. 식(食)·색(色)은 모두 길러냄의 원리를 지니고 있다. 그런데 이 서합괘▤에서 '식(食)'이라 한 것은, 먹을 것이 아닌데 먹는 것으로서 억지로 구사효의 굳셈[剛]을 씹는 것을 의미한다. 비괘䷕의 '색깔 없음(無色)'이란 꾸며서는 안 되는데 꾸민 것이니, 색깔의 올바르지 않음이다. 비괘에서는 굳셈[剛]이 가볍게 가운데 자리를 떠나 위를 빛나게 하고 있으니[1288], 그 자연스러운 아름다움을 잃어버린 것이다.

兌見, 而巽伏也.

태괘䷹는 드러내고 있고, 손괘䷸는 잠복해 있다.

柔見於外, 於情易動; 陰伏於下, 其志難知. 故'兌'上引人之說, '巽'初在牀下而須史巫之求.

태괘䷹에서는 부드러움[柔]이 밖에 드러나 있으니 마음씀에서 쉽게 움직인다. 이에 비해 손괘䷸는 음이 아래에 잠복하고 있으니 그 뜻함을 알기가 어렵다. 그러므로 태괘는 위에서 사람들의 기뻐함을 끌어올리고 있고, 손괘는 초효가 평상 아래에 잠복하고 있어서 반드시 사(史)와 무(巫)를 이용해 구해야 한다.

1288) 이 비괘(賁卦)䷕가 태괘䷹로부터 변한 것이라는 전제에서 하는 말이다. 즉 이 비괘는 태괘의 구삼효가 자신의 가운데 자리를 떠나 상효의 자리로 감으로써 이루어진다는 것이다. 그래서 비괘(賁卦)를 이루게 되었으니, 위에서 빛나게 하고 있다고 하는 것이다.

隨无故也, 蠱則飭也.

수괘(隨卦)☱는 하는 일이 없음을 드러내고 있고, 고괘(蠱卦)☶는 신칙함을 드러내고 있다.

'故', 事也. '隨'陽在下而隨乎陰, 偸小子之安而無丈夫之志. '蠱'陰在下而承乎陽, 飭子臣之節以順承君父之事. 故隨非元亨利貞則不能无咎, '蠱'先甲後甲以效其功.

'故(고)'는 일함을 의미한다. 수괘☱는 양효(초구효)가 아래에 있으면서 두 음효를 따르고 있으니, 소인배의 편안함을 훔쳐가지고 있을 뿐 장부의 뜻함은 없다. 이에 비해 고괘☶는 음(초육효)이 아래에 있으면서 양들을 받들고 있다. 스스로 몸가짐과 말하기 등을 조심하며 지식으로서의 마땅한 도리를 다해 부모를 따르고 받듦과 신하로서의 마땅한 도리를 다해 임금을 따르고 받듦을 의미한다. 그러므로 수괘는 으뜸됨·형통함·이로움·올곧음의 덕이 아니면 허물이 없을 수가 없고, 고괘는 일을 벌이기에 앞서 3일전, 일을 마친 뒤 3일째에 공(功)을 쏟아서 효험을 드러낸다.

剝, 爛也; 復, 反也.

박괘☶는 썩어서 문드러짐을 나타내고, 복괘☷는 되돌아옴을 나타낸다.

陽迫而之幽, 先自潰爛, 而後陰乘之. 復歸於明, 陰雖盛, 不足爲憂也.

박괘▦에서는 양이 핍박을 받아 그윽함[幽]의 세계로 가려 하고 있다.
그래서 먼저는 스스로 썩어서 문드러지고, 나중에는 음이 그를 올라탄다.
이에 비해 복괘▦는 밝음[明]의 세계로 복귀함을 드러내고 있다. 그래서
위로 음들이 비록 왕성하기는 하지만 근심할 만한 것이 못 된다.

晉, 晝也; 明夷, 誅也.

진괘(晉卦)▦는 낮을 나타내고, 명이괘(明夷卦)▦는 주살당함을 나타내고 있다.

明出於地, 則可以燭陰而導之進. 地暗傷明, 而明終不可揜, 必反受其誅.

진괘(晉卦)▦에서는 밝음이 땅 위로 솟아 올라와 있다. 그래서 음들을
밝혀서 인도하여 나아간다. 이에 비해 명이괘▦에서는 땅의 어둠이
밝음에 상처를 입히고 있다. 그러나 그 밝음을 끝내 가릴 수가 없다.
그래서 땅의 어둠이 오히려 반드시 주살당하고 만다.

井通, 而困相遇也.

정괘(井卦)▦는 통함으로 드러내고, 곤괘(困卦)▦는 서로 만남을 드러내고 있다.

'遇'謂所遇之窮. '井', 上者上行, 下者下行, 往來不窮, 故通. '困'欲出險,
爲功爲柔所牽, 遇之窮也. 君子之遇小人, 不患其爭而患其相說, 酒食
朱紱不易脫而困矣.

여기에서 말하는 '만남'이란 곤고한 상황을 만났다는 의미다. 정괘(井卦) ䷯에서는, 윗사람은 위로 가고 아랫사람은 아래로 가서 오고 감이 궁하지 않다. 그러므로 통함을 드러내고 있다. 이에 비해 곤괘(困卦)䷮에서는 험난함으로부터 벗어나고자 하여도 공(功)과 부드러움(柔)들에 의해 끌려가며 곤고한 상황을 맞닥뜨리고 있는 것이다.[1289] 그런데 군자가 소인을 만남에서는 그들과 다툴까 봐 걱정이 된다는 것보다는 그들과 어울리며 서로 기뻐할까 봐 걱정이 된다. 술과 먹는 것 및 붉은색 폐슬(蔽膝)을 드리운 관복의 유혹으로부터 쉽게 벗어나지 못하여 곤고해지기 때문이다.

咸, 速也; 恒, 久也.

함괘䷞는 신속함을 드러내고, 항괘䷟는 오래감을 드러낸다.

> 天下莫速於感應之機. 三上浮出於外, 情易動, 隨感而卽應, 速矣. '恒' 四與初伏處於下, 密相爲移, 植根深固以相傾之道也.

이 세상에 감응의 기제(機制)보다 더 신속한 것은 없다. 함괘䷞에서 구삼효와 상육효는 붕 뜬 채 밖으로 나와 있다. 그래서 마음씀이 쉽게 움직이니, 느낌에 따라서 곧장 응한다. 신속한 것이다. 이에 비해 항괘䷟에서는 구사효와 초육효가 각기 아래에 잠복해 있으면서 은밀히 서로에

1289) 이는 곤괘(困卦) 구이효에 대한 말이다.

게 옮겨간다. 그래서 식물의 뿌리가 깊고도 단단하게 서로에게 기울어지
는 원리다.

渙, 離也; 節, 止也.

환괘(渙卦)☴는 이산함을 드러내고 있고, 절괘☵는 방지함을 드러내고 있다.

'離, 散也.' '否'之散, 剛下而得中, 以解陰之黨, 爲'渙'. '泰'道已成, 剛上
而止陰之流, 爲'節'. '渙'以消吝', '節'以防驕.

'離(리)'는 흩어진다는 뜻이다. 비괘(否卦)☰가 흩어지자 굳셈[剛]이 아래
로 내려가 득중함으로써 음들의 당파를 풀어헤쳐 버린 것이 바로 이
환괘☴다.[1290] 이에 비해 태괘(泰卦)☷의 도(道)가 이미 이루어지자 굳셈
[剛]이 위로 올라가 음들의 제멋대로 함을 방지하는 것이 바로 이 절괘☵
다.[1291] 환괘는 아쉬워함을 사라지게 하고, 절괘는 교만함을 막는 것이다.

1290) 비괘(否卦)☰의 구사효가 아래로 내려가 2효의 위(位)를 차지하고, 그 2효의
위(位)에 있던 부드러움[柔]의 효는 올라가 구사효가 떠난 4효의 위(位)를
차지하고 있는 것이, 이 환괘☴다. 그래서 왕부지가 이렇게 풀이하고 있는
것이다.
1291) 태괘(泰卦)☷의 구삼효가 위로 올라가 5효의 위(位)를 차지하고, 그 자리에
있던 부드러움[柔]의 효는 아래로 내려가 구삼효가 떠난 3효의 위(位)를
차지하고 있는 것이 이 절괘☵다. 그래서 왕부지는 이렇게 풀이하고 있는
것이다.

解, 緩也; 蹇, 難也.

해괘▤▤는 완화함을 드러내고 있고, 건괘(蹇卦)▤▤는 어려움을 드러내고 있다.

> '解'四用爻皆失位, 而初·上以柔處之, 以緩其爭, 而乖戾平矣. '蹇'四
> 用爻皆得位而可以有爲, 初上猶以柔道處之, 其難其愼之至也.

해괘▤▤는 가운데 네 효들이 모두 제자리를 잃고 있지만, 초효와 상효가
부드러움[柔]으로 이에 대처함으로써 이들의 다툼을 완화하고 있다.
그래서 서로들 간의 어긋남이 평정된다. 이에 비해 건괘(蹇卦)▤▤는 가운
데 네 효들이 모두 제자리를 차지하고 있어서 무슨 일을 할 수가 있다.
그런데도 초효·상효가 오히려 부드러움[柔]의 원리와 방법으로써 이에
대처하니, 그 어려움과 그 신중함이 지극한 것이다.

睽, 外也; 家人, 內也.

규괘▤▤는 밖에서 막음을 드러내고 있고, 가인괘▤▤는 안에서 다스림을 드러내고
있다.

> '睽'內不正, 而徒閑之於外. '家人'內已正, 而後飭其外治.

규괘▤▤는 안이 올바르지 않은 채 한갓 밖에서만 막고 있음을 드러내고
있다. 이에 비해 가인괘▤▤는 집안이 이미 올발라진 뒤에 외치(外治)에
대한 경계를 늦추지 않음을 드러내고 있다.

否 · 泰, 反其類也.

비괘(否卦)▦와 태괘(泰卦)▤는 그 부류를 반대로 하고 있다.

> 天上地下, 方以類聚者也, 而柔上剛下爲泰, 反此爲否. 陰陽以交, 成
> 化類之, 反不反而通塞殊矣.

하늘은 위에 땅은 아래에 있음이 같은 부류들끼리 모임이다. 그래서
부드러움[柔]이 위에 있고 굳셈[剛]은 아래에 있는 것이 태괘▤가 되고,
이와 반대되는 것이 비괘▦가 된다. 음과 양이 사귀면서 지어냄[造化]을
이루는데, 반대되거나 반대되지 않거나 하며 통하거나 막히는 것이
달라진다.

大壯則止, 遯則退也.

대장괘▤는 멈춤을 드러내고 있고, 둔괘▦는 물러남을 드러내고 있다.

> 皆爲陽言也. '大壯'未得中位, 止而不進, 壯者憂其危矣. '遯'已離乎中
> 位, 急於退, 退者所以善藏其用也.

여기에서는 모두 양효에 대해서 말하고 있다. 대장괘▤에서는 양효들이
아직 중위(中位)를 차지하지 못하였으면서도 멈춘 채 나아가지를 않으
니, 건장한 이가 그 위태로움을 우려한다. 이에 비해 둔괘▦에서는 양효들
이 벌써 중위(中位)를 벗어나 물러남을 서두르고 있다. 이러하기 때문에

물러나는 이는 그 작용함에서 잘 감춘다.

大有, 衆也; 同人, 親也.

대유괘䷍는 다중을 어루만짐을 드러내고 있고, 동인괘䷌는 친함을 드러내고 있다.

在上則柔可以撫衆, 君道也. 在下則柔而賢者親之, 友道也.

위에 있으면 부드러움[柔]이 다중을 어루만질 수가 있다. 이는 임금의 도(道)다(䷍). 이에 비해 아래에 있으면 부드러움이 어진 이들로 하여금 친하게 지내도록 한다. 이는 벗을 사귐의 도다(䷌).

革, 去故也; 鼎, 取新也.

혁괘䷰는 옛것을 제거함을 드러내고 있고, 정괘(鼎卦)䷱는 새로운 것을 취함을 드러내고 있다.

'革'者離之變. 明再用則不鮮, 陰改而之上, 陽乃爲主於中, 而前明已謝, 不復有易盡之憂. '鼎'者巽之變, 柔去其位, 上升於五, 以昭其明而凝天命, 命爲之新矣.

혁괘䷰는 이괘(離卦)䷝가 변한 것이다. 즉 밝음이 다시 사용하면 선명하

지 않기 때문에 부드러움[柔]이 새삼스럽게 위로 가고 양이 그 자리로
와 가운데에서 주인 노릇을 하고 있는 것이다. 이렇게 하여 앞서의
밝음이 이미 시들었기 때문에 이제는 다시 다 바꾸거나 할 염려가 없다.
정괘(鼎卦)는 손괘(巽卦)☴가 변한 것이다. 즉 부드러움[柔]이 제 위(位)를
떠나 위로 5효의 위(位)로 올라가 그 밝음으로 환히 비추어 천명을
엉기게 하고 있다. 그래서 명(命)이 새로운 것이다.

小過, 過也; 中孚, 信也.

소과괘☳는 지나침을 드러내고 있고, 중부괘☲는 믿음을 드러내고 있다.

陰盛之過, 乃眞過也. 虛中自保, 而不干陽之中位, 陽亦得其類而相信,
信之至也.

소과괘☳에서는 음들의 성대함이 지나친데, 이는 참으로 지나친 것이다.
이에 비해 중부괘☲에서는 음들이 가운데를 비운 채 스스로를 보존할
뿐, 양들이 가운데 자리를 차지하고 있음에 대해 간여하지 않고 있다.
그런데 양들도 제 부류를 얻어서 서로 믿는다. 그래서 믿음이 지극한
것이다.

豐, 多故也; 親寡, 旅也.

풍괘☳는 까탈이 많음을 드러내고 있고, 친함이 적음을 드러내고 있는 것은

여괘(旅卦)☲☶다.

> 涖物上者, 唯明無所蔽, 則事自有緒而不冗. '豐'陽受陰蔽, 事無緒而危
> 疑起, 自非以日中之明治之, 則天下多事, 而亂且生. 物之所親者, 情下
> 逮也. '旅'陽寄處於陰上, 不與物親, 則物亦莫之親矣. '豐'陽已下, 而'旅'
> 已上也.

다른 사람들의 위에 임하는 이가 오직 밝기만 하며 가림이 없다면,
하는 일에 저절로 두서가 있으며 결코 번거로움이 없다. 그런데 풍괘☲☳에
서는 양(구사효)이 음들의 가림을 받아 일에 두서가 없고 위태로움과
의심받음이 일어난다. 그래서 스스로 일중(日中)한 밝음으로써 다스릴
수가 없으니 천하에 할 일들이 많아질 뿐만 아니라 혼란스러움조차
생겨난다.
다른 사람들로부터 친함을 받는 사람은 정(情)이 아래로 미쳐간다. 그런
데 지금 이 여괘(旅卦)☲☶에서는 양(구삼효)이 음들의 위에 빌붙어 있으면
서도 다른 이들과 친하지 않으니, 다른 이들도 이 양(陽)과 친하게 지내지
않는다. 이렇듯 풍괘에서는 양(陽)이 이미 내려가 버렸고, 여괘에서는
양(陽)이 이미 올라가 버렸다.

離上而坎下也.

이괘(離卦)☲는 올라감을 드러내고 있고, 감괘☵는 내려감을 드러내고 있다.

> 陽之性升, 輔陰以升, 則陰亦上, 火之所以炎而上. 陰之性沉, 陷陽而抑

之, 則陽亦下, 水之所以潤而下. 故'離'內卦吉於外, 自下上也; '坎'外卦
亨於內, 自上下也.

양의 본성은 올라감이다. 그런데 음을 도우며 상승하면 음도 올라간다.
그래서 불은 타올라가는 것이다. 이에 비해 음의 본성은 내려감이다.
그래서 양을 함닉한 채 억누르면 양도 내려간다. 이러한 까닭에 물은
적시며 내려가는 것이다. 그러므로 이괘(離卦)☲는 내괘가 외괘보다
길하고 아래에서 위로 올라간다. 이에 비해 감괘☵는 외괘가 내괘보다
형통하고 위에서 아래로 내려온다.

小畜, 寡也; 履, 不處也.

소축괘☴에서는 적음을 드러내고 있고, 이괘(履卦)☱에서는 잘못 자리 잡고
있음을 드러내고 있다.

> 陰雖當位以畜陽, 而力微, 居於退爻, 故密雲而不雨, 微弱之象. '履'陰
> 不量其孤, 處進爻而欲踵剛以上, 不能安處靜俟, 故有履虎尾之危.

소축괘☴에서는 음(육사효)이 비록 제자리를 마땅하게 차지한 채 양을
기르고는 있으나, 힘이 미약하다. 그리고 물러남의 효(爻)에 자리 잡고
있다. 그러므로 먹구름만 잔뜩 낀 채 비는 내리지 않는다. 이는 미약한
상(象)이다. 이에 비해 이괘(履卦)☱에서는 음(육삼효)이 자신이 외로운
처지라는 것은 헤아리지 못한 채 나아감의 효를 차지하여 굳셈[剛]의
뒤를 좇아 위로 올라가려 하니, 편안하게 있으면서 고요히 때를 기다릴

수가 없다. 그러므로 호랑이 꼬리를 밟아 위태로운 것이다.

需, 不進也; 訟, 不親也.

수괘(需卦)☵는 나아가지 못함을 드러내고 있고, 송괘☰는 친하지 않음을 드러내고 있다.

> '需'三陽爲四所隔, 不能與五相踵以進, 故五需以待之. '訟'陽離其羣而處乎中, 三爲之間, 不與'乾'相親, 是以中窒而爭.

수괘☵에서는 세 양이 육사효에 의해 격절(隔絶)되어 있기 때문에 구오효와 어울려 서로 앞서거니 뒤서거니 하며 나아갈 수가 없다. 그러므로 구오효는 반드시 제 동료들을 기다려야 한다. 이에 비해 송괘☰에서는 양(구이효)이 제 무리를 이탈하여 가운데에 자리 잡고 있지만 육삼효에 의해 사이가 막혀 회괘(悔卦)인 건괘☰와 서로 친하지를 못한다. 그래서 가운데서 꽉 막혀 송사를 벌이게 된다.

大過, 顚也. 姤, 遇也, 柔遇剛也. 漸, 女歸待男行也. 頤, 養正也. 旣濟, 定也. 歸妹, 女之終也. 未濟, 男之窮也. 夬, 決也, 剛決柔也. 君子道長, 小人道憂也.

대과괘☰는 엎어짐을 드러내고 있다. 구괘(姤卦)☰는 만남을 드러내고 있으니 부드러움[柔]이 굳셈[剛]을 만남이다. 점괘(漸卦)☴는 여자가 남자에게 귀속되어 남자에게 의지한 채 감을 드러내고 있다. 이괘(頤卦)䷚는 올바름을 함양함을 드러내고 있다. 기제괘䷾는 확정됨을 드러내고 있다. 귀매괘䷵는 여자의 종점을 드러내고 있다. 미제괘䷿는 남자의 궁색함을 드러내고 있다. 쾌괘䷪는 툭 터서 밀어냄을 드러내고 있으니, 굳셈이 부드러움을 툭 터서 밀어내는 것이다. 이들 괘에서 보듯 군자의 도(道)는 자라남이고 소인의 도는 우려함이다.

'大過'・'頤'・'姤'・'夬'・'漸'・'歸妹'・'既濟'・'未濟', 相錯綜對待之卦, 而文參差不偶者, 聖人無心於文, 而文自順, 流動以著化機之變動, 非若詞章訓詁之執滯排偶, 拘於法而執一, 所謂化工之筆也. 於以肖『易』之變動不居, 而不可爲典要, 道相若焉. 故雖挈'乾'・'坤'以爲綱, 而自'比'・'師'以下, 皆無一成之次序, 與『周易』之序且不必同, 則「序卦」之文, 與京房八宮世應, 邵子「方」・「圓」之位序, 不足以肖天地之變易審矣. 今因其錯綜之序而釋之.

여기에서 예시한 대과괘䷛・이괘(頤卦)䷚, 구괘(姤卦)䷫・쾌괘䷪, 점괘(漸卦)䷴・귀매괘䷵, 기제괘䷾・미제괘䷿ᅟᅳᆼ 8괘는 서로 착(錯)으로 종(綜)으로 대대(對待)하는 괘들이다. 그런데 글의 순서는 들쭉날쭉하여 배열의 짝이 맞지 않고 있다.[1292] 이렇게 한 까닭은, 성인께서 무심히

1292) 예컨대 대과괘䷛와 이괘(頤卦)䷚, 점괘(漸卦)䷴와 귀매괘䷵는 서로 착(錯)의 관계를 이루고 있다. 그리고 구괘(姤卦)䷫와 쾌괘䷪, 기제괘䷾와 미제괘䷿는 서로 종(綜)의 관계를 이루고 있다. 뿐만 아니라 점괘(漸卦)䷴와 귀매괘䷵는 착(錯)과 아울러 종(綜)의 관계를 이루고도 있다. 그런데 이 구절에서는 짝에 맞추어 이들을 정연하게 서술하지 않고 뒤죽박죽 어그러지게 서술하고

글을 지었기 때문인데, 그러나 글은 저절로 순조로워서 물 흐르듯 흘러가며 『주역』의 지어냄[造化]의 체제가 빚어내는 변함과 움직임을 드러내고 있다. 이는 결코 사장(詞章)이나 훈고(訓詁) 따위가 고집스레 얽매인 채 짝을 맞추려 함이나 법칙에 구애되어 한 가지만을 고집하는 것과는 같지 않다. 말하자면 '하늘의 지어냄[造化]으로 저절로 이루어진 신묘한 재주[化工]의 필력(筆力)이다. 이는 『주역』의 원리가 한 자리만 차지하고 있는 것이 아니라 변하고 움직인다는 것, 일정불변한 틀을 만들어 다른 것들에도 일률적으로 적용해서는 안 된다는 것과 원리가 서로 비슷하다. 그러므로 이「잡괘전」에서 비록 건괘▉·곤괘▉를 벼리로 삼고는 있지만, 비괘(比卦)▉·사괘(師卦)▉ 이하로는 모두가 특정하게 이루어진 순서를 따르지 않고 있다. 이는 『주역』의 순서와도 또 다르다. 이러한 관점에서 보면,「서괘전」의 글, 팔궁·세응설[1293], 소자(邵子)의「방도

있다는 것이다.

[1293] 팔궁괘설(八宮卦說)은 경방(京房)이 주창한 것으로서 64괘 배열의 순서와 관련되어 있다. '팔궁(八宮)'괘는 여덟 경괘(經卦), 즉 건괘☰·태괘☱·이괘☲·진괘☳·손괘☴·감괘☵·간괘☶·곤괘☷의 중괘(重卦)를 지칭한다. 이들을 또 '팔순괘(八純卦)', '상세괘(上世卦)'라고도 한다. 경방은「설괘전」에서 제시하고 있는 배열 순서에 따라, 건괘와 곤괘가 부모괘로서 육자괘(六子卦) 가운데 각각 3괘씩을 통솔한다고 하였다. 이 가운데 건괘와 그것이 통솔하는 진괘, 감괘, 간괘는 양괘(陽卦)에 속하고, 곤괘와 그것이 통솔하는 손괘, 이괘, 태괘는 음괘(陰卦)에 속한다. 그런데 이들 팔궁괘는 다시 7개의 괘를 거느린다고 한다. 1세(世), 2세, 3세, 4세, 5세, 유혼(游魂), 귀혼(歸魂) 등이 그것이다. 따라서 낱낱의 궁(宮)마다 8괘가 있고, 전체로는 64괘가 된다. 1세괘는 그 궁괘(宮卦)의 초효가 변한 것이고, 2세괘는 초·2효가 변한 것이며, 3세괘는 초·2·3효가 변한 것이다. 4세괘는 초·2·3·4효가 변한 것이고, 5세괘는 초·2·3·4·5효가 모두 변한 것이다. 그리고 유혼괘

(方圖)」및 「원도(圓圖)」의 방위・순서 등이 천지의 변역함을 닮기에 부족하다는 것이 분명할 것이다. 그런데 이제 나는 여기서 「잡괘전」의 이 순서는 무시한 채, 이들 여덟 괘가 이루고 있는 착(錯)・종(綜)의 순서에 맞추어 풀이해보도록 하겠다.

"'大過顚'者, 本末撓也. '頤養正'者, 上下以剛正柔也. '姤言遇'者, 幸陰 之得遇乎陽. '夬言'決'者, 勸陽之疾決夫陰也. "'漸女歸待男行", 而女 止於四, 柔得位而居之安, 女道之吉也. '歸妹'三・五二陰皆去其位而 居於不正之位, 尤驕淫而處於上, 上者將消之位也; 陽起於初・盛於 二以相迫, 女斯終矣. '既濟'陽得位而定, 陰亦定焉. '未濟'二・四二陽 皆去其位而居於不正之位, 尤尤物而處於上, 上將消矣; 陰起於初, 以 遞進而相迫, 男斯窮矣. 初者方生之利, 上者瀕盡之地, 既失位而又瀕 於盡, 無方生之權, 不窮何待焉! 以'歸妹'・'未濟'觀之, 則六十四卦・ 三十六象雖相對待以備同異之理, 而其中互相參伍, 如'睽''解'・'家人'

는 5세괘에서 다시 4효가 변한 것이고, 귀혼괘는 유혼괘에서 아래괘, 즉 초・2・3효가 모두 변한 것이다. 그리고 초효를 원사(元土), 2효를 대부(大夫), 3효를 삼공(三公), 4효를 제후(諸侯), 5효를 천자(天子), 상효를 종묘라 칭한다. 경방은 이를 바탕으로 하여 한 괘의 길・흉은 그중의 한 효에 의해 결정된다고 여기며, 낱낱의 괘들에는 모두 주(主)가 되는 하나의 효가 있다고 보았다. 그리고 각 세(世)에는 해당 인물의 효가 주가 된다고 하였다. 그래서 초효 원사가 세상의 주(主)일 적에는 4효 제후와 서로 응하고, 2효 대부가 주(主)일 적에는 5효 천자와 서로 응하며, 3효 삼공이 주(主)일 적에는 상효 종묘와 서로 응한다고 하였다. 거꾸로 5효 천자가 주(主)일 적에는 2효 대부와 서로 응한다고 하였다. 나머지도 마찬가지다. 이것이 바로 세응(世應)설이다.

'蹇'·'損'盆'·'咸'恆'之互相爲理, 亦可類推矣.

"대과괘(大過卦)☰는 엎어짐을 드러내고 있다."는 것은 근본과 말단이 휘었다는 것을 의미한다. "이괘(頤卦)☷는 올바름을 함양함을 드러내고 있다."는 것은 위·아래에서 굳셈[剛]으로써 부드러움[柔]들을 올바르게 하고 있다는 의미다.

구괘(姤卦)☰에서 말하는 '만남'은, 음이 양에게서 만남을 얻기를 바란다는 의미다. 쾌괘(夬卦)☰에서 말하는 '툭 터서 밀어냄'이란 양들이 재빨리 음을 툭 터서 밀어내기를 권하는 의미다.

"점괘(漸卦)☷는 여자가 남자에게 귀속되어 남자에게 의지한 채 가는 것을 드러내고 있다."는 것은, 여자가 4효의 위(位)에 멈추어 있음으로써 부드러움[柔]이 제자리를 차지하여 거처함이 편안하니, 이것이 여자의 도(道)의 길함이라는 의미다. 귀매괘☷에서는 육삼·육오효의 두 음이 모두 제자리를 떠나 올바르지 않은 위(位)를 차지하고 있는데, 더욱이 교만하고 음란하게시리 또 하나의 음이 위의 상효의 위(位)에까지 자리 잡고 있다. 상효의 자리는 곧 사라지게 되어 있는 위(位)다. 이러한 상황에서 양이 초효에서 일어나고 2효의 위(位)에서 왕성해져서 육삼효의 음을 핍박해대니, 이제 여자는 종말을 맞게 되어 있는 것이다.

기제괘☷에서 양들은 모두 제자리를 차지하여 안정되어 있고, 음들도 안정되어 있다. 이에 비해 미제괘☷에서는 구이·구사효의 두 양이 모두 제자리를 떠나 올바르지 않은 위(位)에 자리 잡고 있다. 게다가 상구효는 다른 이들에게 목을 뻣뻣이 세운 채 교만을 떨며 윗자리를 차지하고 있다. 이 상효의 자리에 있는 이는 곧 사라지게 되어 있다. 그런데 음들이 초효에서 일어나 교체하며 나아가서 핍박해대니, 남자는 이제 궁색해지고 마는 것이다. 초효의 위(位)에는 이제 갓 생겨남의 이로운 점이 있다. 이에 비해 상효의 위(位)는 곧 완전히 없어지게 되어 있는 곳인데, 지금 이 미제괘의 상구효는 제자리를 잃은 것일 뿐만 아니라 또한 완전히 없어질 처지에 놓여 있으며, 갓 생겨날 수 있는 권세도 없다. 그러니 궁색함 말고 더 무엇을 기대하리오!

귀매괘▦·미제괘▦로써 보건대, 『주역』의 64괘·36상은 비록 서로 대대(對待)하면서 같음과 다름의 이치를 갖추고 있는데, 이러한 가운데서도 서로 간에 끼어들기도 하고 대오를 이루기도 하고 있다. 예컨대 '규괘(睽卦)▦·해괘(解卦)▦ : 가인괘▦·건괘(蹇卦)▦', '손괘(損卦)▦·익괘(益卦)▦ : 함괘▦·항괘▦' 등이 서로 이치를 이루고 있으니, 또한 유추할 수 있을 것이다.[1294]

1294) 『주역』의 64괘·32짝은 착(錯) 아니면 종(綜)의 관계를 이루고 있다는 것이 왕부지의 착종설이다. 물론 이것이 왕부지의 독창은 아니고 명대의 상수학자 래지덕(來知德)이 주창한 것을 왕부지가 그대로 수용한 것이다. 그런데 왕부지는 『주역』이 우주의 변역함을 보여주는 것이기 때문에 착(錯)이 아닌 종(綜)의 관계를 위주로 하여 괘들을 배열하고 있다고 본다. 이 종(綜)의 관계를 이루고 있는 괘들은 위·아래를 거꾸로 하면, 즉 도치(倒置)하면, 서로 이웃하고 있는 괘가 된다. 예컨대 준괘▦와 몽괘▦ 짝, 수괘(需卦)▦와 송괘▦ 짝 등을 보면 이를 알 수 있다. 『주역』에서 56개의 괘가 이루는 28짝이 이러하다. 이 짝들은 도치하면 하나의 상(象)을 이루기 때문에 왕부지는 이를 28상이라 하는 것이다. 이들은 모두 종(綜)의 관계에 있는 괘들이다. 그러나 착(錯)의 관계에 있는 괘들은 그렇지 않다. 즉, 64괘에서 이들 56괘를 제외한 나머지 8괘, 예컨대 건괘▦와 곤괘▦, 감괘(坎卦)▦와 이괘(離卦)▦, 이괘(頤卦)▦와 대과괘(大過卦)▦, 중부괘(中孚卦)▦와 소과괘(小過卦)▦ 등은 위·아래를 거꾸로 해도 짝을 이루는 상대방의 괘가 되는 것이 아니라 도로 제 상(象)이 되고 만다. 따라서 이들 여덟 괘들은 2괘가 1상을 이루는 것이 아니라 각기 하나의 상을 이루니, 모두 8상이 된다. 그리하여 상의

又「雜傳」所言者, '比'・'師'以下四十八卦, 皆以綜體相對而言. 自'乾'・'坤', '坎'・'離', '大過'・'頤', '小過'・'中孚', '泰'・'否', '隨'・'蠱', '漸'・'歸妹', '旣濟'・'未濟而外, 卦之相錯者, 理亦對待, 以備竝行不悖之理, 爲幽明, 體用, 消長, 盈虛之異致者, 今爲補詮之, 亦『易』中固有之理也. '同人', 以情相親也; '師', 以權相統也. '小畜', 止其動也; '豫', 動其靜也. '夬', 勸之決也; '剝', 懲其害也. '家人', 聚順; '解', 散其逆也. '革', 潤其躁; '蒙', 制其流也. '需', 陽相待以道; '晉', 陰相進以利; 遙相取而情各異也. '睽', 强其不齊而疑也; '蹇', 於其各正而加愼也. '噬嗑', 力爲合也; '井', 理相辨也. '損', 高就下也; '咸', 虛受實也. '臨有功, 而遯失制

─────────────────────

측면에서는 64괘가 36상(28상+8상)을 이룬다고 하는 것이다. 그리고 이 착(錯)의 관계에 있는 괘들은 서로 대대(對待)의 관계를 이루고 있다.

그런데 종의 관계에 있는 28상은 '같음'을, 착의 관계에 있는 8상은 '다름'을 나타내고 있으며, 종(綜)의 관계에 있는 괘들도 4개의 괘를 하나의 짝으로 하면 착(錯)의 관계를 이루는 대대짝으로 조합할 수 있다는 것이 왕부지가 이곳에서 말하는 말의 의미다. 즉 '규괘(睽卦)䷥・해괘(解卦)䷧ : 가인괘䷤・건괘(蹇卦)䷦'에서 해괘와 가인괘가 착(錯)의 관계로서 대대를 이루고 있고, 규괘와 건괘(蹇卦)가 또한 착의 관계로서 대대를 이루고 있다. 물론 가인괘와 규괘, 건괘(蹇卦)와 해괘는 종의 관계에 있는 괘들로서 64괘의 배열에서도 짝을 이루어 이웃하고 있다. 또 '손괘(損卦)䷨・익괘(益卦)䷩ : 함괘䷠・항괘䷟'에서도 손괘(損卦)와 함괘, 익괘와 항괘가 각기 착의 관계로서 대대를 이루고 있다. 물론 이들 조합을 이루는 것들에서도 손괘와 익괘, 함괘와 항괘는 종의 관계에 있는 괘들로서 64괘의 배열에서도 짝을 이루어 이웃하고 있다. "서로 간에 끼어들기도 하고 대오(隊伍)를 이루기도 하고 있다.(互相參伍)"는 것은, 2괘 1짝을 2짝 1조합으로 보면 1조합 속에 있는 네 개의 괘들이 2괘씩 이렇게 다시 착・종으로 얽힌다는 말이다. 그래서 종의 관계에 있는 짝의 괘들끼리는 '같음'을, 착의 관계에 있는 짝의 괘들끼리는 '다름'을 드러낸다는 것이다. 이상이 왕부지가 이곳에서 말하고 있는 의미다.

也. '復', 因得所而歸; '姤', 不期而會也. '鼎'定而'屯'不寧也. '旅', 進也; '節', 退也. '恆', 陰之固也; '益', 陽之裕也. '艮', 忍也; '兌', 釋也. '震'懼而 '巽'愼也. '升'相讓, '无妄'相凌也. '謙'以濟暗, '履'乘危也. '訟', 有實而怨 上也; '明夷', 上不明而傷下也. '渙'啓其塞, '豐'蔽其通也. '觀', 功不試而 制以道也; '大壯', 權未得而養以威也. '萃', 聚以親上也; '大畜', 儲少以 養多也. '比', 得民; '大有', 有賢也.

또한 「잡괘전」에서 말하고 있는 것들을 보면, 비괘(比卦)▦·사괘(師卦) ▦ 이하의 48괘가 모두 종(綜)의 체(體)로써 서로 짝을 지어서 말하고 있다. 그런데 건괘(乾卦)▦·곤괘▦, 감괘▦·이괘(離卦)▦, 대과괘▦· 이괘(頤卦)▦, 태괘(泰卦)▦·비괘(否卦)▦, 수괘(隨卦)▦·고괘(蠱卦) ▦, 점괘▦·귀매괘▦, 기제괘▦·미제괘▦로부터 그 이외에 것들에 이 르기까지, 괘들 가운데 서로 착(錯)의 관계를 이루고 있는 것들은 이치도 대대(對待)한다. 그래서 이들은 아울러 행하면서도 서로 어기지 않는 이치를 갖추고 있다. 이들은 유(幽)·명(明), 체(體)·용(用), 소(消)·장 (長), 영(盈)·허(虛) 등에서 각기 다르게 이룸을 드러내는 것들이다. 이제 이를 보충하여 서술코자 하는데, 이는 역시 『주역』 속에 본래 담겨있는 이치들이다.

동인괘(同人卦)▦는 정서적으로 서로 친함을 드러내고 있고, 사괘(師卦) ▦는 권세로써 서로 통솔함을 드러내고 있다. 소축괘▦에는 움직임을 그치게 함이 드러나 있고, 예괘(豫卦)▦에는 고요함을 움직이게 함이 드러나 있다. 쾌괘▦에는 툭 터서 밀어냄을 권장함이 드러나 있고, 박괘 (剝卦)▦에는 해로움을 징치함이 드러나 있다. 가인괘▦에는 순종함을 취합함이 드러나 있고, 해괘(解卦)▦에는 거역함을 풀어헤쳐 버림이 드러나 있다. 혁괘▦에는 그 건조함을 적셔줌이 드러나 있고, 몽괘▦에는 물의 흐름을 제어함이 드러나 있다. 수괘(需卦)☰☵에는 양들이 함께 도(道)로써 의지함이 드러나 있고, 진괘(晉卦)☷☲에는 음들이 함께 이로움으로써 나아감이 드러나 있다. 그래서 멀리서 서로 취하면서도 마음 쓰는 것이 각기 다른 것이다. 규괘(睽卦)☲☱에는 그 들쭉날쭉 고르지 아니함을 강박하여 의심을 삼이 드러나 있고, 건괘(蹇卦)☵☶에는 각기 올바르게 함에 대해 더욱 신중함을 드러내고 있다. 서합괘☲☳는 힘으로 규합함을 드러내고 있고, 정괘(井卦)☵☴는 이치로 변별함을 드러내고 있다. 손괘(損卦)☶☱는 높은 것이 아래로 나아감을 드러내고 있고, 함괘☱☶는 텅 빔이 실질을 받아들임을 드러내고 있다. 임괘(臨卦)☷☱에는 공이 있음이 드러나 있고, 둔괘☰☶에는 통제함을 잃어버렸음이 드러나 있다. 복괘☷☳에는 거처할 곳을 얻었기 때문에 돌아감이 드러나 있고, 구괘(姤卦)☰☴에는 기약하지 않고서도 만남이 드러나 있다. 정괘(鼎卦)☲☴는 안정됨을 드러내고 있고, 준괘(屯卦)☵☳는 평안하지 않음을 드러내고 있다. 여괘(旅卦)☲☶는 나아감을 드러내고 있고, 절괘(節卦)☵☱는 물러남을 드러내고 있다. 항괘☳☴는 음의 견고함을 드러내고 있고, 익괘☴☳는 양의 넉넉함을 드러내고 있다. 간괘(艮卦)☶☶는 인내를 드러내고 있고, 태괘(兌卦)☱☱는 풀어버림을 드러내고 있다. 진괘(震卦)☳☳는 두려워함을 드러내고 있고, 손괘(巽卦)☴☴는 삼감을 드러내고 있다. 승괘☷☴는 서로 겸양함을 드러내고 있고, 무망괘☰☳는 서로 능멸함을 드러내고 있다. 겸괘☷☶에는 어둠을 구제함이 드러나 있고, 이괘(履卦)☰☱에는 위험을 올라타고 있음이 드러나 있다. 송괘☰☵에는 실다움이 있으면서 윗사람을 원망함이 드러나 있고, 명이괘☷☲에는 윗사람이 현명하지 않으면서 아랫사람들에게 상처를 줌이 드러나 있다. 환괘☴☵에는 그 비색함을 열어젖힘이 드러나 있고, 풍괘☳☲에는 통함을 덮어버림이 드러나 있다. 관괘☴☷에는 공(功)을 시험해보지 않고서 도(道)

로써 제어함이 드러나 있고, 대장괘▤에는 권력을 아직 얻지 못한 채 위엄으로써 배양함이 드러나 있다. 췌괘▤에는 취합하여 윗사람과 친함 이 드러나 있고, 대축괘▤에는 적은 것들을 쌓아서 많은 것을 함양함이 드러나 있다. 비괘(比卦)▤에는 백성을 얻음이 드러나 있고, 대유괘▤에 는 현명한 이를 두고 있음이 드러나 있다.

附 발례

●●●

一

1

伏羲氏始畫卦, 而天人之理盡在其中矣. 上古簡樸, 未遑明著其所以然者以詔天下後世, 幸筮氏猶傳其所畫之象, 而未之亂. 文王起於數千年之後, 以'不顯亦臨, 無射亦保'之心得, 即卦象而體之, 乃繫之象辭, 以發明卦象得失吉凶之所繇. 周公又即文王之象, 達其變於爻, 以研時位之幾而精其義. 孔子又即文‧周象爻之辭, 贊其所以然之理, 而爲「文言」與「彖」‧「象」之傳; 又以其義例之貫通與其變動者, 爲「繫傳」‧「說卦」‧「雜卦」, 使占者‧學者得其指歸以通其殊致. 蓋孔子所贊之說, 即以明「彖傳」‧「象傳」之綱領, 而「彖」‧「象」二傳即文‧周之象‧爻, 文‧周之象‧爻即伏羲之畫象, 四聖同揆, 後聖以達先聖之意, 而未嘗有損益也, 明矣. 使有損益焉, 則文‧周當舍伏羲之畫而別爲一書, 如揚雄『太玄』, 司馬君實『潛虛』, 蔡仲黙『洪範數』之類臆見之作. 豈文‧周之才出數子之下, 而必假於羲畫? 使有損益焉, 則孔子當舍文‧周之辭而別爲一書, 如焦贛‧京房‧邵堯父之異說. 豈孔子之知出數子之下, 乃暗相叛而明相沿以惑天下哉? 繇此思之, 則謂文王有文王之『易』, 周公有周公之『易』, 孔子有孔子之『易』, 而又從曠世不知年代之餘, 忽從畸人得一圖‧一說, 而謂爲伏羲之『易』, 其大謬不然, 審矣. 世之言『易』者曰, "『易』者意也, 唯人之意而『易』在." 嗚呼! 安得此大亂之言而稱之哉! 此蓋卜筮之家, 迎合小人貪名幸

利畏禍徼福之邪心, 詭遇之於錙銖之得喪, 窺伺其情, 乃侮聖人之言
・違天地之經以矜其前知, 而學者因襲其妄, 以之言微言大義之旨,
如元亨利貞, 孔子之言四德, 非文王之本旨之類, 竟以先聖通志成務,
窮理盡性之制作, 爲「火珠林」鬻技之陋術, 『易』之所以由明而復晦也.
篇中如此類者, 不得已廣爲之辨, 即象見象, 即象明爻, 即象・爻明傳,
合四聖於一軌, 庶幾正人心・息邪說之遺意云.

복희씨께서 처음으로 괘를 그렸는데, 그 속에 하늘과 사람의 이치가
다 들어 있었다. 그런데 아득한 옛날에는 생활방식이 간략하고 소박하였
기 때문에, 황망하게 그 근거가 되는 까닭을 분명하게 밝혀서 천하
후세에 알려주지 않았다. 다행히 시초점을 관장하는 직책에 있던 사람들
이 오히려 복희씨가 그린 상을 전하였는데, 그것이 아직 혼란스럽지가
않았다.
문왕이 수천 년 뒤에 일어나서 '드러나지 않는 그윽한 곳에도 임하고,
싫어하지 않으면서 또한 보호하는'[1] 마음으로써 이를 터득하였다. 그래
서 복희씨가 그린 괘상을 바탕으로 하여 괘사를 붙임으로써, 괘상이
드러내고 있는 득・실과 길・흉의 까닭을 환히 드러내 주었다. 그리고
그 아들인 주공은 또 바로 이 문왕의 괘사를 바탕으로 하여 효(爻)들에서
변함에 대해 통달하고는, 64괘 낱낱의 효들에 드러난 시(時)・위(位)의
기미[幾]를 연구하여 그 의미를 정밀히 밝혔다.

---

1) 『시경』, 「대아(大雅)」, 「문왕지십(文王之什)」 편의 「사제(思齊)」라는 시에 나오
는 구절이다. 이 시에서는 문왕과 같이 훌륭한 임금이 출현할 수 있었던 것은
훌륭한 어머니와 부인이 있기 때문이라고 찬양하고 있다.

공자는 또한 이들 문왕과 주공의 괘·효사에 나아가 그 근거가 되는 이치를 서술하면서 「문언전」, 「단전」, 「상전」을 지었다. 아울러 공자는 괘·효사의 의미를 밝혀주는 사례들을 관통하는 것과 변함[變]·움직임 [動]을 가지고 「계사전」, 「설괘전」, 「잡괘전」을 지었다.[2] 이렇게 함으로써 공자는 『주역』으로 시초점을 치는 사람들과 공부를 하는 사람들에게 그 주지를 터득하여 불일치하는 것들을 통하게끔 해주었다.

공자께서 지은 말들은 「단전」과 「상전」의 강령을 밝히고 있는데, 이들 「단전」과 「상전」 두 「전(傳)」은 바로 문왕과 주공이 만든 괘·효사의 의미를 그대로 드러내고 있다. 그리고 문왕과 주공의 괘·효사는 또한 바로 복희씨가 그린 괘상의 의미를 그대로 드러내고 있다. 이들 네 성인은 동일한 원리를 따르고 있으며, 뒤의 성인이 앞 성인의 뜻을 더욱 잘 드러나게 하고 있을 뿐, 결코 그 의미와 체제를 줄이거나 보태지는 않았다. 이는 잘 살펴보면 알 수 있는 분명한 사실이다.

만약에 보태거나 덜어낸 것이 있게 하였다면, 문왕과 주공은 마땅히 복희가 그린 괘상을 버리고 양웅의 『태현(太玄)』[3]이나 사마군실의[4] 「잠허(潛虛)」[5], 채중묵의 「홍범수(洪範數)」[6] 따위처럼 억견으로 가득

---

2) 왕부지는 「서괘전」을 공자의 저작으로 보지 않기 때문에 여기서 열거하지 않고 있다.

3) 양웅과 『태현』에 대해서는 『주역내전』의 주880)을 참고하기 바란다.

4) 사마광(司馬光; 1019~1086)을 가리킨다. '군실(君實)'은 그의 자(字)다. 사마광에 대한 자세한 것은 『주역내전』의 주192)를 참고하기 바란다.

5) 『잠허(潛虛)』는 사마광의 저작이다. 사마광은 양웅(揚雄)의 『태현(太玄)』을 높이 평가하여 그에 대한 집주(『太玄集注』)를 냈고, 나아가 그 의미를 더욱 분명히 드러낸다는 취지에서 이 『잠허』라는 저작을 냈다. '태현(太玄)'과 '잠허 (潛虛)'는 의미상으로도 통한다. 그래서 양웅의 『태현경』이 『역』의 의미를

드러내고 있듯이, 사마광 자신도『태현경』의 의미를 드러내기 위해『잠허』를 지었다고 한다(『潛虛』:『玄』以準『易』,『虛』以擬『玄』.)『잠허』의 기본되는 수는 '5'다. 그리고『주역』의 64괘,『태현』의 81수(首)에 상응하는 것이『잠허』에서는 55명(名)이다. 그 산출 근거는 하늘의 중수(中數) 5와 5를 곱한 것(25)에 땅의 중수 5와 6을 곱한 것(30)을 합한 것이라 한다. 그래서 그 55명을 1(王)·2(公)·3(岳)·4(牧)·5(率)·6(侯)·7(卿)·8(大夫)·9(士)·10(庶人) 등급으로 나눈다. 또 1명에는 궁(宮)·상(商)·각(角)·징(徵)·우(羽)·변궁(變宮)·변징(變徵)의 7변(變)이 있다. 이는『주역』의 6효(爻)와『태현』의 9찬(贊)에 해당하며『잠허』에서는 이것으로 점을 친다. 사용하는 시책(蓍策)도 75개인데 그 산출 근거가 오행의 '5'를 제곱한 값 25에 삼재(三才)를 의미하는 '3'을 곱한 것이다. 설시법(揲蓍法)에서도『주역』의 4개씩 헤아림(揲四)이나『태현』의 3개씩 헤아림(揲三)에 비해『잠허』에서는 10개씩 헤아린다(揲十). 이런 것들을 통해 우리는『잠허』의 중심이 되는 기본 수가 '5'임을 알 수 있다.

6) 채중묵은 채침(蔡沈; 1167~1230)을 가리킨다. 채침은 채원정(蔡元定)의 둘째 아들이다. 자(字)가 '중묵(仲黙)'이다. 어려서 아버지 채원정으로부터 가학을 이어받았는데, 나중에는 아버지와 함께 주자에게서 배웠다. 경원(慶元) 연간의 '위학지조(僞學之詔)' 때 귀양 가는 그의 아버지를 따라 갔다가, 그의 아버지가 죽자 구봉(九峰) 밑에서 은거하였다. 그래서 사람들은 그를 '구봉 선생(九峰先生)'이라 불렀다. 그런데 주희가 자신의 죽음이 얼마 남지 않았음을 예감한 나머지 그에게『상서(尙書)』의 주석을 부탁함에 따라, 채침은 10여 년을 매달린 끝에 마침내『서집전(書集傳)』을 완성하였다(1209년). 주자가 죽은 지 꼭 9년 뒤의 일이다. 이「시집전」은『상서』의 연구사에서 한 획을 긋는 것으로서, 여러 사람들의 설을 종합하고 자신의 관점으로 소통하여 명쾌하게 풀이한 것이다. 원대(元代) 이후에는 과거 시험을 보려는 이들의 필독서가 되었다. 채침의 역학은 상수역학에 속한다. 그의 아버지 채원정의 '하락십구(河十洛九)' 설을 이어받아『주역』을「하도」계통으로 보고「낙서」는「홍범」계통으로 보는 '하우락기(河偶洛奇)'설을 주장하였다. 여기서 '우(偶)'와 '기(奇)'는 각기 짝수와 홀수를 의미하는데, 채침은「하도」의 수가 10개(1~10)로 이루어졌고「낙서」의 수가 9개(1~9)로 이루어졌다고 보는 것이다. 이는 유목(劉牧)의 '하구

찬 또 하나의 저작을 따로 냈을 것이다. 어찌 문왕과 주공의 재능이 이들보다 떨어져 꼭 복희가 그린 팔괘를 빌렸으리오! 그리고 또 보태거나 덜어낸 것이 있게 하였다면, 공자께서도 마땅히 문왕과 주공의 괘・효사를 버리고 또 다른 저작을 내서 초공(焦贛)[7]이나 경방(京房), 소요부(邵堯夫)[8]와 같은 이설(異說)을 세웠을 것이다. 어찌 공자의 지혜가 이들보다 못하여 속으로는 배반을 꾀하면서도 겉으로는 계승하는 것처럼 하여 온 세상을 속이겠는가! 이러한 관점에서 생각해 본다면, "문왕에게는 문왕의 『역』이 있고, 주공에게는 주공의 『역』이 있으며, 공자에게는 공자의 『역』이 있다."고 말할 것이고, 또한 앞으로 숱한 세대를 지나 알 수 없는 세월이 흐른 뒤에 홀연히 어느 기인이 나타나 하나의 도(圖)・하나의 설(說)을 얻어서는 "이것은 바로 복희씨의 『역』이다."라고 하게 될 것이다. 이것은 크게 잘못된 것으로서 결코 그렇지 않으리라는 것을 잘 생각해보면 분명할 것이다.

『주역』을 말하는 사람들 가운데는 "'역(易)'은 사람들의 생각함이다.

락십(河九洛十)'설과 배치된다. 아울러 채침은 「낙서」의 도식으로 「홍범」 구주를 풀이하고, 『주역』에 빗대 '홍범수(洪範數)'를 미루어 연역해내는 체계를 창안(創案)하여 송대의 '연범(演範)' 일파의 선구가 되었다. 왕부지가 여기서 지적하고 있는 것은 바로 이 점이다. 채침의 아버지 채원정이 리(理)로써 수(數)를 풀이하던 것을 계승하여, 그는 이처럼 리와 수를 통일시키고 하락지학을 발전시켰다. 저서에 『홍범황극(洪範皇極)』이 있다.

7) 초연수(焦延壽)를 가리킨다. 초연수는 자(字)가 공(贛)이다. 일설에는 공(贛)이 이름이고 연수(延壽)가 자(字)라 하기도 한다. 자세한 것은 『주역내전』의 주73), 1045)를 참고하기 바란다.

8) 소옹(邵雍; 1011~1077)을 가리킨다. 소옹에 대한 자세한 것은 『주역내전』의 주6)을 참고하기 바란다.

오직 사람들이 머릿속으로 생각하는 데 『역』은 존재한다."고 말한다.
오호라! 어찌 이다지도 혼란스러운 말을 입에 담을 수 있단 말인가!
아마 이는 남의 점을 쳐주면서 먹고 사는 사람들이, 명예를 탐하고,
이로움을 기대하고, 자신에게 화가 미치는 것을 두려워하며, 복이나
바라는 소인배들의 사악한 마음에 영합하며 하는 말일 것이다. 그리고
털끝만한9) 이해타산에 옳지 않은 방법으로 다가가며 그 실정을 엿보고서
는, 성인들의 말씀을 모욕하고 천지의 근본됨을 위배하면서까지 자신의
전지(前知)함을 자랑하는 데서 한 말일 것이다. 그런데도 학자들이 이
망령됨을 그대로 받아들여서 이것을 가지고 은미한 징표 속에 드러나
있는 거대한 의미[微言大義]를 말하고 있다. 예컨대 "으뜸됨·형통함·
이로움·올곧음' 등 공자가 말한 네 덕은 문왕의 본뜻이 아니다."라고
하는 부류가 그러하다. 이들은 마침내 이전 성인들께서 사람들의 뜻함을
통하게 해주고 애씀을 이루어주며, 이치를 궁구하고 사람의 본성을
다하게 하기 위해 만들어낸 것을 가지고 「화주림」 따위의 재주 팔아먹는
누추한 술수 정도로 여기고 있다.10) 이러한 까닭에 『주역』이 밝음으로부
터 다시 어둠 속으로 들어가 버리고 만 것이다.

그래서 나는 『주역내전』 속에서 이와 같은 부류에 대해서는 어쩔 수
없이 널리 변별하였다. 복희씨가 그린 괘상을 바탕으로 하여 괘사를

---

9) 원문의 '치(錙)'·'수(銖)'는 미량의 중량을 재던 단위다. 1냥(兩)의 1/24이 1수(銖)
다. 그리고 6수(銖), 또는 8수(銖)가 1치(錙)라 한다. 어느 곳에서는 6량(兩)이나
8량을 1치라 하는 경우도 있다. 그러나 극소량의 중량 단위인 것만은 틀림
없다.

10) 이는 특히 주희의 주역관(周易觀)을 가리켜서 비판하는 말이다. 자세한 것은
『주역내전』의 주1053)을 참고하기 바란다.

지었고(문왕), 문왕의 괘사를 바탕으로 하여 효사를 지었으며(주공),
문왕·주공의 괘·효사를 바탕으로 하여 『역전』을 지었다는, 네 성인을
하나의 원리와 법칙 속에 포괄하는 관점에서 『주역』을 풀이하였다.
이렇게 함으로써 사람들의 마음을 바로잡고 사악한 설들을 불식시키고
자 하는 간절한 나의 바람을 여기에 남기게 되었다.

● ● ●

二

2

由今而求羲·文之微言, 非孔子之言而孰信耶? 意者不必師孔子, 則
苟一畸人立之說焉, 師之可也, 又何必假託之伏羲邪? 子曰, "『易』之興
也, 其於中古乎!', 又曰, "其殷之末世, 周之盛德邪!', 則在文王而後『易』
之名立, 『易』之道著. 是『周易』之義, 建諸天地, 考諸前王, 而夏·商以
上, 雖有筮人之雜說, 孔子之所不取, 況後世之僞作而駕名伏羲者乎!
文王之卦, 伏羲之卦也. 文王取其變易神妙之旨而名之曰'易', 是故周
公之爻辭得以興焉. 舍文王而無『易』, 舍文王而無伏羲氏之『易』, 故
『易』之所以建天地·考前王者, 文王盡之矣. 至宋之中葉, 忽於杳不
知歲年之後, 無所授受, 而有所謂先天之學者, 或曰邵堯夫得之江休
復之家. 休復好奇之文士, 歐陽永叔嘗稱其人, 要亦小智而有所窺者
爾. 或曰陳搏以授穆修, 修以授李之才, 之才以授堯夫, 則爲搏取魏伯

陽『參同契』之說, 附會其還丹之術也無疑. 所云先天者, 鍾離權・呂嵓之說也. 嗚呼! 使搏與堯夫有見於道, 則何弗自立一說? 即不盡合於天, 猶可如揚雄之所爲, 奚必假伏義之名於文字不傳之邃古哉? 其經營砌列爲方圓圖者, 明與孔子不可爲典要之語相背. 而推其意之所主, 將以何爲? 如方圓圖方位次序之餖飣鋪排者, 可以崇德耶? 可以廣業耶? 可以爲師保父母, 使人懼耶? 可以通志成務, 不疾而速, 不行而至耶? 不過曰: 天地萬物生殺興廢, 有一定之象數, 莫能踰於大方至圓之體. 充其說, 則君可以不仁, 臣可以不忠, 父可以不盡敎, 子可以不盡養, 端坐以俟禍福之至. 嗚呼! 跖也, 夷也, 堯也, 桀也, 皆不能損益於大方至圓之中者也. 即使其然, 而又何事曉曉前知以衒明覺乎? 故立一有方有體之象以言『易』, 邪說之所繇興, 暴行之所繇肆, 人極之所繇毁也. 魏伯陽以之言丹術, 李通玄以之言華嚴, 又下而素女之妖淫亦爭託焉. 故學『易』者不闢先天之妄, 吾所不知也. 篇中廣論之.

오늘날의 입장에서 복희씨와 문왕의 은미한 말들의 의미를 추구하고자 할진대, 공자의 말이 아니고서 누구를 믿겠는가? 그렇지 않고 꼭 공자를 본보기로 삼을 수 없다면, 진실로 하나의 기인이 세운 설을 내세워 그를 본보기로 삼아도 될 터인데, 또 어찌 꼭 복희씨에게 가탁한단 말인가? 공자께서는 "『주역』의 흥기함은 중고(中古) 시대에로다!"라 하였고, 또 "『주역』이 모습을 드러낸 것은 은나라 말기에 해당하니, 주나라의 융성한 덕이 드러나 있구나!"라고 하였다. 이를 근거로 한다면 문왕이후에 '역(易)'이라는 명칭이 세워졌고, '역(易)'의 도(道)가 환히 드러났다는 것을 알 수 있다. 이것이 『주역』의 뜻인데, 하늘과 땅의 도(道)를 바탕으로 해서 세우고 이전 왕조에 계고(稽考)하기는 하지만, 하(夏)・상(商) 이전의 것[11]에 대해서는 비록 점치는 이들의 잡설이 있음에도 불구하고 공자는 취하지 않고 있다. 이러한 공자가 하물며 후세의 위작인데도 복희씨의 이름에 가탁하겠는가?

문왕의 괘는 곧 복희씨의 괘이기도 하다. 문왕이 그 '변역이 신묘함'의 뜻을 취하여 '역(易)'이라 이름 붙였던 것이고, 이러한 까닭에 주공의 효사는 흥기할 수 있었던 것이다. 그러므로 만약에 문왕을 제쳐버린다면 '『역(易)』'이 없고, 또 문왕을 제쳐버린다면 복희씨의 『역』도 없다. 이러한 관점에서 볼 때, 하늘과 땅의 도(道)를 바탕으로 해서 세우고 이전 왕조에 계고(稽考)한 근본 까닭은 문왕이 다한 것이다.

그러다 이로부터 얼마나 많은 세월이 흐른 지도 알 수 없는 뒤인 송대(宋代) 중엽에 이르러, 홀연히 이른바 '선천학'이라는 것이 출현하게 되었다. 그런데 이 '선천학'이라는 것은 사실 수수(授受)관계도 명확한 것이 없었다. 어떤 사람은 소요부(邵雍)가 강휴복(江休復)12)의 집에서 얻은 것이라 한다. 강휴복은 기이한 것을 좋아하였던 문사(文士)다. 구양영숙13)은

---

11) 예컨대 하(夏)나라의 '역'이라 하는 것으로서의 「연산(連山)」과 상(商)나라의 '역'이라 하는 것으로서의 「귀장(歸藏)」을 가리킨다.

12) 강휴복(1005~1060)은 송나라 때의 학자요 관리다. 호는 인기(鄰幾)였다. 어려서부터 학문에 열중하였는데, 학파에 구애받지 않고 널리 섭렵하여 통하지 않음이 없다고 할 정도였다. 사람됨이 명성과 이로움 따위는 염두에 두지 않았다고 알려져 있다. 진사로 천거되어 여러 고을의 벼슬자리를 역임하였다. 그가 수령을 맡아 다스릴 적에는 정사를 간이하게 펼쳐 그 고을 백성들이 평안해 하였다고 한다. 그는 구양수(歐陽脩), 왕안석(王安石), 사마광(司馬光) 등 신·구파를 가리지 않고 당대의 석학들과 널리 교유하였다. 그는 『당의감(唐宜鑒)』(15권), 『춘추세론(春秋世論)』(30권), 『문집』(20권) 등의 저술을 남겼는데 오늘날에는 모두 전하지 않고, 『강린기잡지(江鄰幾雜志)』(2권, 補1권, 續補1권)만이 전한다.

13) 구양수(歐陽脩; 1007~1072)를 가리킨다. 구양수는 북송대의 유학자, 정치가,

일찍이 그의 사람됨에 대해 서술하기도 하였다.[14] 요컨대 강휴복은

문학가, 관리였다. 영숙(永叔)은 그의 자(字)다. 그의 호는 취옹(醉翁)이었고, 시호는 문충(文忠)이었다. 구양수는 우리나라에 잘 알려진 포청천의 뒤를 이어 개봉부(開封府)의 부윤(府尹)을 지내기도 했다. 구양수는 24세 되던 해(1030)에 진사시에 급제하여 벼슬길에 오른 뒤에 직언한 것이 잘못되어 이릉(夷陵)으로 유배되었다. 그리고 경력(經曆) 연간(仁宗의 연호, 1041~1048)에 간관(諫官)에 임명되어 범중엄의 입장을 지지하고 정치개혁을 주장하다가 다시 요주(饒州)로 귀양을 가기도 하였다. 벼슬이 한림학사(翰林學士)·추밀원부사(樞密院副使)·참지정사(參知政事) 등에 올랐다. 구양수는 왕안석이 시행하던 신법에 반대하였는데, 특히 청묘법(靑苗法)에 대해 강하게 반대하기도 하였다. 만년에 구양수는 영주(潁州)에 은거하며 스스로의 호를 '육일거사(六一居士)'라 부르며 유유자적하였다.

구양수는 송대의 '중문경무(重文輕武; 문인을 중시하고 무인을 경시함)' 정책을 더욱 심화시키는 데 일조하였다. 그리고 문학 방면에서 북송의 고문 운동의 영수 역할을 하였다. 그 대표작에 『취옹정기(醉翁亭記)』, 『추성부(秋聲賦)』가 있다. 이처럼 문학 방면에서 뛰어난 업적을 이루어 구양수는 당송팔대가의 한 사람으로 꼽힌다.

그리고 구양수는 사학 방면에서도 자못 큰 업적을 남겼다. 송기(宋祁)와 함께 『신당서(新唐書)』를 수찬하였고, 혼자서 『신오대사(新五代史)』를 짓기도 하였다. 또 금석문의 수집에도 흥미를 보여 『집고록(集古錄)』을 편찬하기도 하였는데, 송대의 금석학에 자못 큰 영향을 미쳤다. 저서에 『구양문충집(歐陽文忠集)』이 있다.

14) 구양수(歐陽脩)는 강휴복의 「묘지명(墓誌銘)」을 썼다. 이 「묘지명」에서 구양수는 강휴복의 사람됨에 대해, "겉으로는 간이하고 구애됨이 없는 듯하지만 속으로는 수양에 힘쓰고 자신을 경계하였다. 그래서 이욕 때문에 망령되이 행동하지 않았다. 학문에 열성을 기울이며 널리 본 나머지 통하지 않음이 없었다. 그럼에도 불구하고 사람들에게 자신을 자랑하지 않았다. 누군가 묻는 것이 있으면 재빨리 대답하고는 하였으며, 아무리 논변을 잘하는 사람이라 할지라도 그를 꺾을 수 없었다. 그러나 논쟁이 끝나면 곧 침묵하며 마치 말을

작은 지혜를 지닌 사람으로서 이것저것 넘겨다 본 것이 있는 정도의
인물일 따름이다.

또 어떤 사람은 이 '선천학'을 진단(陳摶)15)이 목수(穆修)16)에게 전했고,
목수는 이지재(李之才)17)에게 전했으며, 이지재는 이를 소요부에게 전

할 줄 모르는 사람처럼 하였다."(歐陽脩, 『歐陽脩全集』권34 · 「居士集」)라고
서술하고 있다.

15) 진단(?-989)은 오대(五代)부터 송나라 초기에 걸쳐 산 인물로서 도사(道士)였다.
자는 도남(圖南)이었고, 호는 부요자(扶搖子)였다. '도남(圖南)'과 '부요(扶搖)'
는 『장자(莊子)』에 출전이 있다. 후당(後唐)의 장흥(長興) 연간(930~934)에
진사에 응시하였으나 급제하지 못하자, 마침내 벼슬에 대한 뜻을 접고 무당산
구실암(九室巖)에 은거하며 도가 수련[辟穀 · 服氣]에 매진하였다. 나중에는
화산(華山)의 운대관(雲臺官)으로 거처를 옮겼다. 전해오는 말에 의하면, 잠이
들 때마다 100일 동안 일어나지 않았다고 한다. 후주(後周)의 세종(世宗)이
간의대부(諫議大夫)를 주며 불렀으나 고사(固辭)하였다.
진단은 송나라 태종의 태평흥국(太平興國) 연간(976-984)에 두 번 수도에 나왔는
데 황제가 그를 대단히 소중하게 여겼기 때문에 '희이 선생(希夷 先生)'이라는
호를 내려주었다. '희이(希夷)'는 『노자』에 출전이 있다. 그는 『주역』을 즐겨
읽었으며, 「무극도(無極圖)」와 「선천도(先天圖)」를 그렸다. 이것들은 도가 수
련을 도표화 한 것이지만, 여기에는 만물을 한 몸(一體)으로 여기면서 모든
것을 초절하는 것으로서의 무극(無極) · 태극(太極)이 존재한다고 함이 전제되
어 있다. 그의 이러한 학설은 주돈이(周敦頤)와 소옹(邵雍)을 거쳐 송대에
신유학으로 전개되었다. 진단은 이 외에도 『지현편(指玄篇)』, 『삼봉우언(三峰
寓言)』, 『고양집(高陽集)』, 『조담집(釣潭集)』 등의 저술을 남겼다.
16) 목수(979~1032)는 북송대에 활약한 인물이다. 자(字)가 백장(伯長)이다. 어려서
부터 학문을 좋아했는데, 장구(章句)에는 관심을 기울이지 않았다. 성격이
강렬(剛烈)하여 남들과 잘 어울리지 못했다고 한다. 진단(陳摶)의 제자로 알려
져 있으며, 『춘추』에도 일가견이 있었다고 한다.
17) 이지재(?-1045)는 송나라 때의 학자다. 자(字)는 정지(挺之)였다. 인종(仁宗)
천성(天聖) 8년(1030)에 진사가 되었다. 목수(穆修)를 스승으로 모시고 『역』을

했다고 한다.[18] 이렇게 보면, 진단이 취했다는 위백양(魏伯陽)[19]의 『주역참동계(周易參同契)』[20]의 설을 도교의 선단(仙丹) 제조술에 끌어다 붙인 것임을 의심할 나위가 없다. 여기서 말하는 '선천'이라는 것은 종리권(鍾離權)[21]・여암(呂嵒)[22]의 설이다.

배웠다. 그 의미를 터득하여 이것을 다시 소강절에게 전해 주었다. 일찍이 택주(澤州)의 첨서판관(簽署判官)을 지낼 적에 그 고을의 유희수(劉羲叟)라는 사람이 그로부터 역법(曆法)을 배워 널리 알렸는데, 그것을 '희수역법(羲叟曆法)'이라 부른다. 관직이 나중에 전중승(殿中丞)까지 올랐다.

18) 이는 『송사』의 「주진전」을 근거로 한 말이다.(『宋史』, 「朱震傳」: 陳摶以先天圖傳種放, 放傳穆修, 穆修傳李之才, 之才傳邵雍.)

19) 위백양에 대해서는 『주역내전』의 주433)을 참고하라.

20) 『주역참동계』에 대해서는 『주역내전』의 주1153)을 참고하라.

21) 종리권은 복성으로서 종리(鍾離)가 성이고 이름은 권(權)이었다. 자는 적도(寂道), 호는 운방자(雲房子)였다. 도교의 선인(仙人)으로서 팔선(八仙) 가운데 맨 처음 인물로 꼽힌다. 그에 관한 기록들이 오대(五代)로부터 송초(宋初)의 것들에 나오는데, 『선화연보(宣和年譜)』, 『이견지(夷堅志)』, 『송사』 등에 모두 그에 관한 기록이 나온다. 그를 동한(東漢)의 대장(大將)으로 기록하고 있으며, 서강(西羌)을 토벌할 적에 출전하여 낙오하였다가 그쪽 지방의 이인을 만나 가르침을 받고 대오한 것으로 되어 있다. 또 나중에는 화양진인(華陽真人)과 왕현보(王玄甫)를 만나 「장생결(長生訣)」을 배운 것으로 되어 있다. 마지막에는 공동산(崆峒山) 자금사호봉(紫金四皓峰)에 거주하며 「옥압비결(玉匣秘訣)」을 얻어 수련한 뒤에 신선이 되었다고 한다. 종리권은 도교의 일파인 전진교(全眞敎)의 교주로 추앙받고 있다. 「환단가(還丹歌)」, 「파미정도가(破迷正道歌)」 등을 지었다고 한다. 그는 여암(呂嵒)의 스승이기도 하다. 종리권은 10회에 걸쳐 여암을 시험한 뒤 그를 제자로 받아들여 그가 신선이 되게 해주었다고 한다. 그리고 '점석성금(點石成金)'의 비법을 전수해주었다고 한다. 그래서 나중에 민간에서는 이들 종리권과 여암을 금광(金鑛)과 재운(財運)을 보호하는 신으로 추앙받고 있다. 그리고 종리권과 여암은 이들을 연칭하는 종려내단파(鍾呂內丹派)를 대표한다. 원(元)나라 세조는 종리권을 정양개오전도진군(正陽開

오호라! 설사 진단과 소요부가 도(道)에 대해 터득함이 있었다 하더라도, 어째서 이들은 스스로 하나의 설을 세우지 않았을까? 이들이 내세우는 「선천도」라는 것은 완전히 하늘의 운행에 합치하기는커녕 오히려 양웅이 만들어낸 것과 같다고 할 수 있는데, 이들은 어찌 꼭 문자가 전해지지 않고 있는 아득한 옛날의 복희씨의 이름에 가탁하였을까? 인위적으로 기획하여 정연하게 그려낸 그 「방도」·「원도」라는 것들은 공자가 "일정 불변한 틀을 만들어 다른 것들에도 개괄적으로 다 적용해서는 안 된다(不可爲典要)."고 하였던 말과 분명히 서로 어긋난다.

이 「선천도」의 의미의 주된 바를 미루어보더라도, 이것을 가지고 장차 무엇을 하겠다는 것인지 도통 알 수가 없다. 마치 제사상에 제기 차려 놓은 것처럼 방위와 순서를 벌려 놓고 있는 「방도」·「원도」가 도대체 사람의 덕을 높일 수라도 있단 말인가? 아니면 사업을 넓힐 수 있다는 것인가? 아니면 태사·태보·부모가 되어 사람들로 하여금 두려움에 젖게 할 수 있겠는가? 아니면 사람들의 뜻함을 통하게 해줄 수 있고 애씀을 이루어줄 수 있으며, 빨리하지 않아도 신속하고(不疾而速) 다니지 않더라도 이를(不行而至)[23) 수 있기라도 한다는 것인가? 이들 「방도」·「원도」가 표방하고 있는 것은 천지 만물의 생함·죽음과 흥함·폐함에

悟傳道眞君)에 봉하였고, 무종(武宗)은 거기에 정양개오전도중교제군(正陽開悟傳道重敎帝君)의 봉호를 더해주었다.

22) 여암(796~?)은 자(字)가 동빈(洞賓), 도호(道號)는 순양자(純陽子)였다. 도교의 유명한 신선으로서 팔선의 하나로 꼽는다. 종리권과 함께 전진도(全眞道)의 조사로 일컬어지며 종려내단파를 대표하는 인물이다. 그리고 유·불·도 삼교를 합일하여 도교 사상을 짠 대표 인물이다.

23) 「계사상전」제10장에 나오는 말로서 『주역』의 신묘함을 표현하는 말이다.

일정한 상·수가 있어서 대방(大方)·지원(至圓)의 체(體)를 넘어설 수 없다고 하는 것에 지나지 않는다. 그래서 이러한 설만 충족된다면 임금이 어질지 않아도 되고 신하가 충성스럽지 않아도 되며, 부모가 교화를 다하지 않아도 되고 자식이 부모 공양을 다하지 않아도 된다. 그리고 그저 우두커니 앉은 채 화(禍)와 복(福)이 이르기를 기다리거나 할 따름이다. 오호라! 도척(盜跖)이든 백이(伯夷)든, 요임금이든 걸왕이든, 모두가 이 대방(大方)·지원(至圓)의 가운데서 덜어낼 수도 없고 보탤 수도 없다. 사실이 이미 이러할진대, 무엇 때문에 또한 앞서서 안다고 입에 침을 튀겨 가며 자신의 밝게 깨달음을 자랑한단 말인가!

이처럼 정해진 곳도 있고 정해진 몸도 있는 하나의 상(象)을 세워서 『역』이라 하는데[24], 사악한 설이 이로 말미암아 일어나게 되었고, 포악한 행동들이 이로 말미암아 방자히 펼쳐지게 되었으며, 사람 세상의 표준[人極]은 이로 말미암아 허물어지게 되었던 것이다. 위백양은 이것을 가지고 연단술을 말했고, 이통현[25]은 이것을 가지고 『화엄경』을 풀이했다. 또 이보다 더 낮은 것으로서 소녀(素女)[26]의 요염하고 음란함 또한

---

24) 이는 "하늘의 신묘함에는 정해진 곳이 없고, 『주역』에는 정해진 몸이 없다.(神无方而『易』无體」"는 「계사전」의 말을 전제로 하는 말이다. 신(神)이든 『역(易)』이든 무한의 보편성을 지닌 존재이기 때문에 어느 곳과 어느 몸으로 한정할 수 없음에 비해, 「선천도」들은 원과 네모의 상으로 특정해 놓았다는 의미다. 따라서 「원도」든 「방도」든 보편의 것이 될 수 없다는 의미다.

25) 이통현에 대한 자세한 것은 『주역내전』의 주1154)를 참고하라.

26) '소녀(素女)'는 중국 전설에 나오는 신녀(神女)다. 황제(黃帝)와 동시대에 살았다고 하며 현악기를 잘 탔다고 한다. 이 여인의 신분에 대해서는 황제의 시녀라고도 하고, 황제의 방중술(房中術) 선생이라고도 한다. 둘 다를 겸했다고도 한다. 중국의 고대 문헌 속에서 이 소녀(素女)는 드물지 않게 등장하는데, 모두 성애(性

뒤질세라 다투어 여기에 가탁하고 있다. 이러한 관점에서 볼 적에, 『주역』
을 공부하는 이들이 선천학의 망령됨을 물리치지 않는 것들이 나로서는
이해가 되지 않는다. 이에 관해서도 『주역내전』 속에서 널리 논하였다.

愛)의 여신으로 묘사되어 있다. 후한(後漢)의 왕충이 쓴 『논형(論衡)』의 「명의
(命義)」 편에 "소녀가 황제에게 오녀(五女)의 법을 펼쳤다.(素女對黃帝陳五女
之法)"고 하는 말이 나오고, 장형(張衡)이 지은 「동성가(同聲歌)」에서도 이
소녀(素女)가 신혼부부의 첫날밤에 성교를 가르치는 인물로 그려져 있다. 이
여인의 가르침을 집성한 것으로서 『소녀경(素女經)』이라는 것이 있었다. 방중
술(房中術)을 다루고 있는 서적이다. 이 『소녀경』은 『수서(隋書)』, 「경적지(經
籍志)」 편에서 이미 그 이름을 거론하고 있을 정도로 자못 오래 전에 출현한
것이다. 고증에 의하면, 이 『소녀경』은 전국시대로부터 한대(漢代)에 이르는
동안에 이루어졌고, 위진남북조 시대 이후에는 민간에 널리 유포되었다고
한다. 다만 송나라 이후에는 유실되고 말았다. 그런데 중국에서는 없어진
이 『소녀경』이 일본의 의학 서적인 『의심방(醫心方)』 속에 부분적으로 수록되
어 있다. 이 『의심방』은 982년에 편집된 것이다. 중국의 당나라 시대에 해당한다.
오늘날 유포되고 있는 『소녀경』은 이를 근간으로 한 것으로 보인다. 그런데
후대의 방중술(房中術)과 관련된 저작 속에서 이 소녀(素女)는 늘 성애의 최고
권위자로 등장한다. 왕부지가 여기서 거론하고 있는 것은 바로 이러한 부분이다.

●●●

三
3

秦焚書, 而『易』以卜筮之書, 不罹其災, 故六經唯『易』有全書, 後學之幸也. 然而『易』之亂也, 自此始. 孔子之前, 文·周有作, 而夏·商「連山」「歸藏」二家雜占之說, 猶相淆雜. 如『春秋傳』之繇辭, 多因事附會, 而不足以垂大義, 而使人懼以終始. 孔子刪而定之, 以明吉凶之一因於得失, 事物之一本於性命, 則就揲策占象之中, 而冒天下之道. 乃秦既夷之於卜筮之家, 儒者不敢講習, 技術之士又各以其意擬議, 而詭於情僞之利害. 漢人所傳者非純乎三聖之教. 而秦以來, 雜占之術紛紜而相亂, 故襄楷·郎顗·京房·鄭玄·虞翻之流, 一以象旁搜曲引, 而不要諸理. 王弼氏知其陋也, 盡棄其說, 一以道爲斷, 蓋庶幾於三聖之意. 而弼學本老莊虛無之旨, 既詭於道, 且其言曰, "得意忘言, 得言忘象", 則不知象中之言, 言中之意, 爲天人之蘊所昭示於天下者, 而何可忘耶? 然自是以後, 『易』乃免於嚚技者猥陋之誣, 而爲學者身心事理之要典. 唐·宋之言『易』者, 雖與弼異, 而所尙略同. 蘇軾氏出入於佛·老, 敝與弼均, 而間引之以言治理, 則有合焉. 程子之『傳』, 純乎理事, 固『易』大用之所以行, 然有通志成務之理, 而無不疾而速, 不行而至之神. 張子略言之, 象言不忘, 而神化不遺, 其體潔靜精微之妙, 以益廣周子『通書』之蘊, 允矣至矣, 惜乎其言約, 而未嘗貫全『易』於一揆也. 朱子學宗程氏, 獨於『易』焉盡廢王弼以來引伸之理, 而專言象占, 謂孔子之言天, 言人, 言性, 言德, 言硏幾, 言精義, 言崇德廣業者, 皆非義·文之本旨, 僅以爲卜筮之用, 而謂非學者之所宜講習. 其激而爲論, 乃至擬之於「火珠林」·「卦影之」陋術, 則又與漢人之說同, 而與孔子「繫傳」窮理盡性之言, 顯相牴牾而不恤. 由王弼以至程子, 矯枉而過正者也, 朱子則矯正而不嫌於枉矣. 若夫『易』之爲道, 卽象以見理, 卽理之得失以定占之吉凶, 卽占以示學, 切民用, 合天性, 統四聖人於一貫, 會以言·以動·以占·以制器於一原, 則不揣愚昧, 竊所有事者也.

진(秦)나라에서 분서갱유(焚書坑儒)를 하였지만 『주역』은 점을 치는 서적이라는 이유로 그 재난을 당하지 않았다. 그러므로 육경(六經) 가운데 오직 『주역』만이 온전하게 보전되었다. 이는 실로 후학들에게 다행이라 할 것이다.

그런데 『주역』의 혼란은 바로 이로부터 시작되었다. 공자 이전에는 문왕과 주공이 『주역』을 지었는데도, 하(夏)나라 때의 「연산(連山)」과 상(商)나라 때의 「귀장(歸藏)」 등 두 가(家)의 잡스런 점(占) 및 관련된 설이 오히려 서로 뒤섞인 채 존재하고 있었다. 예컨대 『춘추』에서 점을 친 기록들을 보더라도 대부분 어떤 일들에 이 점(占)들을 갖다 붙이고 있는데, 이것들은 후세에 대의(大義)의 가르침을 주기에는 부족하고 그저 사람들을 두렵게 하는 것으로 시작과 끝을 맺고 있다.

그래서 공자가 여기에 손을 대 『주역』의 본령과 어긋나는 것은 빼버리고 합치하는 것만을 취하여 확정하였다. 이렇게 함으로써 공자는 길함과 흉함이 한결같이 득(得)과 실(失)로부터 말미암는다는 것, 사(事)와 물(物)은 한결같이 성(性)과 명(命)에 근본을 두고 있다는 것을 밝혔다. 그리하여 공자는 시초를 헤아리는 과정이나 그것을 통해 얻은 점(占) 및 상(象)에 천하의 도(道)로서 깊은 철리(哲理)를 부여하였다.

그런데 진(秦)나라 때는 벌써 복서가(卜筮家)들에게 평정되어 유자(儒

者)들이 감히 『주역』을 강구하거나 익힐 수 있는 상황이 못 되었다. 그래서 『주역』을 술수로 이용하는 이들이 그 의미에 대해 이러쿵저러쿵 떠들어대게 되었고, 실제 상황의 이로움과 해로움에 대해 속이게 되었다. 한대(漢代)에서도 『주역』을 전수하는 이들이 세 성인의 가르침에 순수하지 않았다. 그래서 진대(秦代) 이후에는 잡스러운 점(占)들의 술수가 복잡하게 일어나 서로 어지럽히게 되었다. 그러므로 양해(襄楷)[27], 랑의(郎顗)[28], 경방(京房), 정현(鄭玄), 우번(虞翻)과 같은 무리들은 한결같이 상(象)을 광범위하게 끌어들이고 세세한 것에까지 갖다 붙일 뿐, 이치에 맞느냐는 따지려 들지 않았다.

왕필은 이러한 『주역』 풀이가 잘못된 것임을 알고 그 설들을 죄다 쓸어버리며 일거에 도(道)를 기준으로 삼아 재단하여 버렸다. 그 결과 세 성인의

---

27) 양해는 동한의 유명한 방사(方士)다. 자는 공구(公矩)였다. 양해는 사람됨이 정직하였고, 천문과 음양의 술에 모두 밝았다고 한다. 환제(桓帝) 당시에 환관들이 발호하고 재이가 끊이지 않자 양해는 환제에게 상소를 올려, 천지자연의 법칙을 어기지 말고 어진 정치를 할 것을 간하기도 하였다.

28) 랑의는 동한의 경학자・점술가였다. 음양의 원리에 밝아 자연 재해를 예측하였던 중요한 인물이다. 이는 아버지 랑종(郎宗)의 재주를 이어받은 것이다. 랑종 역시 폭풍우가 몰아치는 것을 보고 당시 수도인 낙양에 큰 불이 날 것을 예측하여 날짜와 시간까지 맞춘 것으로 유명하다. 당시 황제인 안제(安帝)가 이를 높이 사 그에게 박사(博士)의 칭호를 내렸는데, 랑종은 점치는 실력으로 박사의 칭호를 얻는 것을 부끄럽게 여겨 자취를 감춘 뒤 끝내 벼슬길에 나서지 않았다. 랑의는 경방의 역학에 정통하였다. 그리고 랑의는 특히 풍각(風角)과 별점에 밝았다. 풍각은 궁(宮)・상(商)・각(角)・치(徵)・우(羽)의 오음(五音)으로 사방과 중앙의 바람을 감별하여 길・흉을 판단하는 점법을 말한다. 랑의는 또 뭇 경전들에도 정통한 것으로 알려져 있다. 이러한 실력을 인정받아서 그는 낭중(郎中) 벼슬을 제수 받았다. 나중에 손례(孫禮)에 의해 살해당하였다.

뜻에 거의 근접하게 되었다. 그러나 왕필의 학문은 노자와 장자의 텅 빔(虛)·없음(無)의 취지에 근본을 둔 것이어서 벌써 도에 어긋나는 것이었다. 그런데 그는 또한 "뜻을 터득하였으면 말은 잊어라!", "말을 터득하였으면 상(象)은 잊어라!"라고 하였다.[29] 이는 상(象) 속의 말과 말 속의 뜻이 바로 하늘과 사람의 깊은 이치로서 천하에 환히 드러난 것이기 때문에 도저히 잊을 수 없는 것임을 알지 못한 소치다. 그러나 이를 계기로 하여 이후로는 『주역』이 얄팍한 재주를 파는 이들의 천하고 더러운 속임수에서 벗어나 학문하는 사람들에게 몸과 마음을 다하여야

---

[29] 왕필의 『주역주(周易注)』에 나오는 말이다. 왕필은, 사람의 말은 상(象)을 밝히기 위한 것이니 상을 이해하였으면 말은 잊어야 하고, 그 상은 의미를 담고 있는 것이니 의미를 파악하였으면 상은 잊어야 한다고 하였다. 그리고는 이를, 토끼를 잡기 위해 설치하는 올무는 토끼를 잡았으면 버리고, 물고기를 잡기 위해 설치하는 통발은 물고기를 잡았으면 버리는 것에 비유하였다.(言者所以明象, 得象而忘言; 象者所以存意, 得意而忘象. 猶蹄者所以在兔, 得兔而忘蹄; 筌者所以在魚, 得魚而忘筌也.) 즉 『주역』 읽기에서는 궁극적으로 의미 파악이 목적이니, 의미를 파악하였다면 거기에 이르는 수단들은 부차적이고 하찮은 것으로 여겨야 할 뿐, 결코 매달려서는 안 될 것으로 본 것이다. 왕필은 이러한 관점에서 그토록 번쇄하게 상(象)에 매달리던 한대 상수역학의 경향을 일소하고 의리역학이라는 또 하나의 흐름을 열었다. 그리고 나중에 당나라에 이르러 공영달이 이를 정본(定本)으로 채택하게 되자, 왕필의 의리역학은 역학사에서 이제 주류의 한 줄기로 자리 잡게 되었다. 그런데 왕부지는 왕필의 역학을 도가역학에 가까운 것으로 보고 이렇게 비판하고 있다. 왕부지 자신도 의리역학의 최고봉에 있는 사람이지만, 그는 『주역』의 의미 파악을 위해서는 상(象)도 매우 중요하다고 보았다. 즉 『주역』의 의미가 상을 통하지 않으면 드러날 길이 없다고 보고(象外無理), 또 『주역』이 상을 통해 의미를 드러내고 있는 것은 엄연한 사실이기 때문에, 그는 『주역』의 의미 파악이 중요하다면 그만큼 『주역』 읽기에서 상도 중요하게 취급해야 한다고 보았다.

할 것으로서 사리(事理)를 담은 일정불변한 틀(典要)이 되었다.

당·송대에는 『주역』을 말하는 이들이 비록 왕필과 다르기는 하였지만, 『주역』에서 높이치는 바는 대략 같았다. 소식(蘇軾)씨는[30] 불가와 노·장에 들락거림으로써 그 폐단이 왕필과 비슷하다. 그러나 소식은 이러는 동안에도 『주역』을 끌어들이며 공동체를 꾸려가는 이치에 대해 말하였는데, 여기에는 어느 정도 합당한 면이 있었다. 정자(程子; 程頤)의 『역전』은 순전히 이치와 사(事)만을 다루고 있다. 이것들은 본디 『주역』의 위대한 쓰임이 근본적으로 행해지게 하는 것들이다. 그러나 정자의 『역전』에도 사람들의 뜻을 통하게 하고 애씀을 이루게 하는 이치는 있을지라도, '빠르게 하지 않아도 신속하고 가지 않아도 이름'[31]의 신묘함에 대한 것은 없다. 장자(張子; 張載)는 『주역』에 대해 간략하게 말하였으나, 상(象)과 말을 잊지 않고 있고 '신묘한 조화(神化)'도 버려두지 않았다. 이 장자의 역학은 깨끗하고 고요하며 정심하고 은미한(潔靜精微)[32] 신묘함을 체(體)로 하여 주자(周子; 周敦頤)의 『통서(通書)』에 담긴 깊은 이치를 더욱 넓혀주었으니, 진실하고도 지극하다고 할 것이다. 다만 애석한 것은 그 말이 너무 축약되어 있고, 전체 『주역』을 하나의 원리[一

---

30) 소식(蘇軾)에 대한 자세한 것은 『주역내전』의 주196)을 참고하기 바란다.
31) 「계사상전」 제10장에 나오는 말.
32) 『예기』에 나오는 말이다. 『예기』에서는 공자의 입을 빌려 오경(五經)의 교육 효과를 비교하며 설명하는 가운데, 『주역』을 읽으면 사람됨이 이렇게 된다고 하고 있다.(『禮記』, 「五經解」: 孔子曰, "入其國, 其教可知也. 其為人也. 溫柔敦厚, 『詩』教也; 疏通知遠, 『書』教也; 廣博易良, 『樂』教也; 潔靜精微, 『易』教也; 恭儉莊敬, 『禮』教也; 屬辭比事, 『春秋』教也.) 그런데 왕부지는 여기서 『주역』의 체(體)를 묘사하기 위해 이 말을 동원하고 있다.

揆]로 꿰지 못했다는 점이다.

주자의 학문은 정씨(程氏; 程頤)를 종사(宗師)로 하면서도, 유독『주역』에서만큼은 왕필 이래 계속 이어져 오던 '의리(義理)'를 다 폐기해버리고, 오로지 '상을 통해 점을 침[象占]'만을 말하고 있다. 나아가 주자는, 공자가 하늘을 말하고, 사람을 말하고, 본성을 말하고, 덕을 말하고, '갓 움트는 조짐에서 온 정성을 기울여 궁구함[硏幾]'을 말하고, '정성을 다해 의리를 궁구함[精義]'을 말하고, '덕을 높임과 사업을 넓힘[崇德廣業]'을 말한 것들이 모두 복희씨와 문왕의 본뜻이 아니라 한다. 그리고는『주역』을 겨우 점치는 데나 쓰이는 것으로 여기면서, 학자들이 연구하고 익혀서는 안 될 것이라 하고 있다. 마침내 논의가 과격하게 흘러가서는『주역』을 「화주림」·「괘영(卦影)」 따위와 같은 '비루한 술수'에 빗대 논하기에 이르고 말았다.33) 이는 또한 한대 역학자들의 설과 똑같은 것으로서, 공자가 「계사전」에서 이치를 궁구하고 본성을 다하였던[窮理盡性] 말과는 현격하게 서로 모순을 일으킨다. 그런데도 그는 개의치 않고 있는 것이다. 그러므로 왕필로부터 정자(程子)에 이르기까지가 '구부러진 것을 바로잡으려다 올바름을 지나쳐 버렸다'고 한다면, 주자는 '바로잡는 답시고 하면서 다시 구부러지는 것조차 꺼리지 않았다'고 할 것이다. 『주역』을 이루고 있는 도(道)를 보면, '상(象)에서 바로 이치를 인식한다'는 것이고, '이치의 득·실에서 바로 점(占)의 길·흉을 판정한다'는 것이며, '점(占) 그것에서 바로 배움을 제시한다'는 것이다. 그래서 백성들이 사용하는 데도 딱 들어맞고, 하늘이 부여한 본성을 실현하기에도 알맞다. 그리고『주역』의 원리는 네 성인들을 통괄하여 하나로 꿰고

---

33) 이에 대한 자세한 것은『주역내전』의 주1053)을 참고하기 바란다.

있고, 말하기·행동하기·점치기·기물 제작하기 등을 하나의 근원으로 모으고 있다. 그래서 나는 나의 우매함 따위는 헤아리지 않고, 주제넘게시리 이『주역』연구에 매진하게 되었던 것이다.

● ● ●

四
4

『易』之爲筮而作, 此不待言. 王弼以後, 言『易』者盡廢其占, 而朱子非之, 允矣. 雖然, 抑問筮以何爲, 而所筮者何人何事耶? 至哉張子之言曰, "『易』爲君子謀, 不爲小人謀." 然非張子之創說也. 『禮』: 筮人之問筮者曰, 義與? 志與? 義則筮, 志則否. 文王·周公之彝訓, 垂於筮氏之官守且然, 而況君子之有爲有行, 而就天化以盡人道哉! 自愚者言之, 得失易知也, 吉凶難知也. 自知道者言之, 吉凶易知也, 得失難知也. 所以然者何也? 吉凶, 兩端而已. 吉則順受, 凶無可違焉, 樂天知命而不憂. 前知之而可不憂, 即不前知之, 而固無所容其憂. 凶之大者極於死, 亦孰不知生之必有死, 而惡用知其早暮哉! 唯夫得失者, 統此一仁義爲立人之道, 而差之毫釐者謬以千里, 雖聖人且有疑焉. 一介之從違, 生天下之險阻, 其初幾也隱, 其後應也不測, 誠之必幾, 神之不可度也. 故曰: "明於憂患與故." 又曰: "憂悔吝者存乎介." 一剛一柔, 一進一退, 一屈一伸, 陰陽之動幾; 不疾而速, 不行而至者, 造化之權衡; 操之於微芒, 而吉凶分塗之後, 人尙莫測其所自致. 故聖人作『易』, 以鬼謀助人

謀之不逮, 百姓可用, 而君子不敢不度外內以知懼, 此則筮者筮吉凶於
得失之幾也. 固非如「火珠林」者, 盜賊可就問以利害. 而世所傳邵子牧
丹之榮悴·瓷枕之全毁, 亦何用知之以瀆神化哉! 是知占者即微言大
義之所存, 崇德廣業之所慎, 不可云徒以占吉凶, 而非學者之先務也.

『주역』이 시초점을 치기 위해 만들어졌다는 것은 굳이 설명을 필요로
하지 않는다. 그런데 왕필 이후에는 『주역』을 말하는 이들이 그 점(占)을
완전히 폐기해 버리고 말았으니, 주자가 이를 비판하는 것도 옳다고
할 것이다. 그러나 비록 그렇다 하더라도, 또한 무엇을 하기 위해 시초점에
물었으며, 시초점의 대상이 어떤 사람, 어떤 일이었던가? 지극한 장자(張
子; 張載)의 말이 이에 대해 답해준다. 즉, "『주역』은 군자의 도모함을
위한 것이지 소인의 도모함을 위한 것이 아니다."라 하는 것이 그것이다.
그런데 이 말은 장자(張子)가 처음으로 한 말이 아니다. 『예기』에서
"시초점을 치는 이가 점을 치러 온 사람에게 의로움을 점치러 왔는지
아니면 뜻함을 점치러 왔는지를 물은 뒤, 의로움을 점치러 온 것이면
점을 쳐주고 뜻함을 점치러 온 것이면 점을 쳐주지 않는다."[34]고 말하고
있기 때문이다. 문왕과 주공의 훌륭한 교훈이 시초점을 관장하는 이의
직업윤리에서도 이처럼 드러나 있거늘, 하물며 군자가 무엇인가를 위하고
행하며, 하늘의 지어냄[造化]에 나아가 사람의 도리를 완전히 다함에서야!
어리석은 사람의 입장에서는 득·실은 쉽게 알 수 있지만 길·흉은
알기 어렵다. 이에 비해 도를 아는 사람의 입장에서는 길·흉은 쉽게
알 수 있지만 득·실은 알기 어렵다. 그 까닭은 무엇이겠는가? 길·흉은

---

34) 『예기』, 「소의(少儀)」 편에 나오는 말이다.

양 측면일 따름이다. 도를 아는 사람은 길하면 순종하며 받아들이고 흉하더라도 피할 수가 없으니, 하늘의 운행을 즐기며 나의 명(命)을 알고서도 근심하지 않는 것이다. 이처럼 앞서서 알더라도 근심하지 않을 수 있으니, 이는 곧 앞서서 알지 않더라도 본디 그 근심을 용납하지 않음과 같은 의미가 된다. 흉함의 극점에 있는 것은 죽음이다. 그런데 그 누구도 살아있는 것들은 필연코 죽게 되어 있다는 것을 모르지 않거늘, 어찌 그것이 이른지 늦은지를 구태여 알려고 한단 말인가!

그러나 득·실에 대해서만큼은, 어짊[仁]·의로움[義]을 통관하여 사람의 도(道)를 세워야 하는 것인데, 그 까닭은 애초의 털끝만한 차질이 끝에 가서는 천리만큼 잘못되기 때문이다. 그래서 이 득·실에 대해서는 비록 성인(聖人)이라 할지라도 의심을 내는 것이다. 왜냐하면 따를지[從] 거스를지[違]를 놓고 한순간에 선택한 것이, 결국에 가서는 이 세상 전체에 미치는 험난함과 막힘을 낳기 때문이다. 시초의 기미[幾]는 은미하고 나중의 응함은 가늠할 수 없는데, 하늘의 성실함은 반드시 기미[幾]를 드러내고 신묘함은 헤아릴 수가 없다. 그러므로 『주역』에서는 "우환과 그것이 이르는 까닭에 대해 분명히 알아야 한다."고 하는 것이고, 또 "후회함·아쉬워함을 우려함은 막 싹터 나와 갈리는 경계점에 있다."고 하는 것이다. 한 번은 굳셌다 한 번은 부드러웠다 하고, 한 번은 나아갔다 한 번은 물러났다 하며, 한 번은 굽혔다 한 번은 폈다 함은 음·양의 움직임이 드러내는 기미[幾]의 양태다. 빠르게 하지 않아도 신속하고 가지 않아도 이름은 천지조화의 핵심 되는 긴요함이다. 그래서 애초의 털끝만큼 은미함에서 제대로 지켜야 하거늘, 길·흉이 갈라진 뒤에는 스스로 초래한 것임에도 오히려 사람들은 그 후과가 어떠할지를 가늠할 수 없는 것이다.

그러므로 성인들께서는 『주역』을 만들어서 인모(人謀)로서는 미치지

못할 것을 귀모(鬼謀)로써 도와주게 되었던 것이다. 그런데 백성들은
이것을 그저 사용할 수 있다 하더라도, 군자는 안팎을 헤아려 두려워해야
할 것이 무엇인지를 감히 알지 않을 수 없다. 때문에 점치는 이들은
득·실이 막 갈리는 기미[幾]에서 길·흉을 점치는 것이다. 이는 진실로
「화주림」과 같이 도적들도 나아가 이로움·해로움을 물을 수 있는 것과
는 다르다. 세상에는 소자(邵子; 邵雍)께서 모란이 언제 피고 시들지,
또 도자기 베게가 언제 부서질지를 예측하여 맞추었다는 이야기가 전해
지고 있는데, 또한 어찌 이렇듯 알아차린 것을 가지고 천지가 펼치는
신묘한 조화[神化]를 모독할 수 있단 말인가! 이를 통해, 점(占)에는
은미한 메시지 속에 배어난 거대한 의미[微言大義]가 담겨 있고, 덕을
높이고 사업을 넓히는(崇德廣業) 신중함이 있음을 알 수 있다. 한갓
길·흉을 점치는 것이기 때문에 공부하는 이들이 먼저 힘쓸 것이 아니라
고 말해서는 안 된다.35)

---

35) 역시 주희의 주역관을 비판하는 말이다.

●●●

五
5

『易』之垂訓於萬世, 占其一道爾, 故曰: "『易』有聖人之道四焉." 唯"制器者尙其象", 在上世器未備而民用不利, 爲所必尙, 至後世而非所急耳. 以言尙辭, 以動尙變, 學『易』之事也. 故占『易』‧學『易』, 聖人之用『易』, 二道竝行, 不可偏廢也. 故曰, "居則觀其象而玩其辭", 學也; "動則觀其變而玩其占", 筮也. 子曰, "卒以學『易』, 可以無大過", 言寡過之必於學也; 又曰, "不占而已矣", 言占之則必學以有恆也. 蓋非學之有素, 則當變動已成‧吉凶已著之後, 雖欲補過而不知所從, 天惡從而祐之以吉无不利耶? 京房‧虞翻之言『易』, 言其占也. 自王弼而後至於程子, 言其學也. 二者皆『易』之所尙, 不可偏廢, 猶其不可偏尙也. 朱子又欲矯而廢學以尙占, 曰『易』非學者所宜讀", 非愚所知也. 居則玩其辭者, 其常也. 以問焉而如嚮, 則待有疑焉而始問, 未有疑焉無所用『易』也. 且君子之有疑, 必謀之心, 謀之臣民師友, 而道之中正以通; 有未易合焉者, 則其所疑者亦寡矣. 學則終始典焉而不可須臾離者也. 故曰: "『易』之爲書也不可遠." 徒以占而已矣, 則無疑焉而固可遠也. 故篇內占與學竝詳, 而尤以學爲重.

『주역』이 영원토록 우리들에게 가르침을 주고 있는 까닭은 하나의 도(道)를 점치는 것이기 때문이다. 그러므로 "『주역』에는 성인의 도(道)가 네 가지가 있다."라고 하는 것이다. 그런데 이 가운데 오직 "기물을

제작하는 사람들은 그 상(象)을 높이 친다."는 것만은 다시 생각해볼
필요가 있다. 다름 아니라 아득한 옛날에는 기물이 아직 갖추어지지
않아서 백성들이 사용하는 데 이롭지 않았기 때문에『주역』의 상(象)이
반드시 숭상되었지만, 후세에 이르러서는 기물이 어느 정도 갖추어졌기
때문에 이것이 긴급한 것으로 여겨지지 않을 따름이라는 것이다.

말을 하는 사람은 괘·효사를 높이 치고, 행동을 하는 사람은 변함을
높이 친다는 것은 '『주역』으로 배움을 삼음[學『易』]'의 일이다. 그러므로
'『주역』으로 점을 침[占『易』]'과 '『주역』으로 배움을 삼음'은 성인들께서
『주역』을 활용함인데, 이 두 길을 병행해야지 어느 한쪽을 폐기해서는
안 된다.

그러므로 "평소 일 없을 적에는 괘상을 보며 그 사(辭)들을 완미한다."고
하는데, 이는『주역』으로 배움을 삼음이다. 그리고 "행동해야 할 적에는
그 변함을 살피며 그 점(占)을 완미한다."고 하는데, 이는『주역』으로
점을 침이다. 그리고 공자가 "마침내『주역』으로 배움을 삼음으로써
큰 과오가 없게 할 수 있었다."[36]고 한 것은, 과오를 줄이기 위해서는
반드시『주역』으로 배움을 삼아야 함을 말한 것이다. 또 "점을 치지
말아야 할 따름이다."[37]라 하였는데, 이는 점을 치고자 한다면 반드시
『주역』으로 배움을 삼아서 항상됨을 갖추어야 함을 말한 것이다.『주역』
으로 배움을 삼아 바탕을 마련하지 않았다면, 변동이 이미 이루어지고
길·흉이 이미 드러난 뒤에 비록 과오를 보완하려 한들 어찌해야 할
줄을 모르게 된다. 그러니 하늘도 어디로부터 도와서 길하고 이롭지

---

36)『논어』,「술이」편에 나오는 말이다.
37)『논어』,「자로」편에 나오는 말이다.

아니함이란 없게 하겠는가!

경방이나 우번과 같은 이들이 말하는 『주역』은 '『주역』으로 점을 침'을 말한 것이다. 이에 비해 왕필 이후 정자(程子; 程頤)에 이르기까지는 '『주역』으로 배움을 삼음'을 말한 것이다. 이 두 가지는 모두 『주역』이 떠받들어지게 하는 것들로서, 어느 한쪽을 폐기해서는 안 되며, 더욱이 어느 한쪽만을 떠받들어서는 안 된다. 그런데 주자는 또한 『주역』에 대한 잘못된 관점을 바로잡는답시고 '『주역』으로 배움을 삼음'은 폐기한 채 '『주역』으로 점을 침'만을 높이 치면서, "『주역』은 결코 배우는 이들이 읽어서는 안 될 것이다."[38]라고 하였다. 그러나 나로서는 이 말이 도대체 무슨 소린지 모르겠다.

평소 일이 없을 적에 『주역』의 사(辭)들을 완미함은 항상 해야 할 것에 해당한다. 이에 비해 『주역』에 묻자 메아리처럼 반향한다고 함은 의문이 생기기를 기다렸다가 비로소 물은 것에 해당한다. 의문이 있지 않으면 『주역』은 쓰이지 않는다. 그리고 군자에게 의심이 있을 경우에는 반드시 스스로의 마음에서 도모해보고 신하·백성·스승·벗들에게서 도모하여, 도의 중정(中正)함으로써 통하게 된다. 이 경우에 쉽게 합치되지 않음이 있으면, 그 의심스러운 것도 적어질 것이다. 그러나 '『주역』으로

---

38) 정확하게는 "『주역』을 공부하는 것이 배우는 이들에게는 급선무가 아니다. 나는 평생토록 정신을 허비해가면서 『주역』과 『시경』을 이해하려고 애썼다. 그러나 이들로부터 힘을 얻은 것은 『논어』와 『맹자』로부터 얻은 것이 많은 것만 못하였다. 『주역』과 『시경』에서 얻은 것은 마치 계륵과도 같았다.(『御纂朱子全書』권55, 「道統4, 自論爲學工夫」: 『易』非學者之急務也. 某平生也費了些精神, 理會『易』與『詩』, 然其得力則未若『語』『孟』之多也. 『易』與『詩』中所得, 似雞肋焉.)"라고 하였다.

배움을 삼음'은 처음부터 끝까지 『주역』을 우리들의 준칙으로 삼는 것이니, 이러한 측면에서는 『주역』을 잠시라도 떼어놓을 수가 없다. 그러므로 "『주역』의 사(辭)들은 멀리할 수가 없다."고 하는 것이다. 이에 비해 한갓 『주역』으로 점을 칠' 따름이라는 측면에서는, 의심스러운 일이 없으면 『주역』을 본디 멀리해도 된다. 그러므로 나는 『주역내전』 속에서 『주역』으로 점을 침'과 '『주역』으로 배움을 삼음'에 대해 아울러서 상세히 논하였다. 그러면서도 '『주역』으로 배움을 삼음'을 더욱 중시하였다.

六
6

「傳」曰: "河出圖, 雒出書, 聖人則之." 「雒書」別於「洪範」篇中詳之. 而「河圖」者, 聖人作『易』畫卦之所取則, 孔子明言之矣. 則八卦之寄耦配合, 必即「河圖」之象, 聖人會其通, 盡其變, 以紀天地之化理也, 明甚. 乃說「河圖」者但以配五行, 而不以配八卦. 不知曠數千年而無有思及此者, 何也? 故取則於「河圖」, 以分八卦之象, 使聖人則「圖」以畫卦之旨得著明焉, 說詳「繫傳」第九章. 其以五行配「河圖」者, 蓋即劉牧易「雒書」爲「河圖」之說所自出. 『易』中竝無五行之象與辭, 五行特「洪範」九疇中之一疇, 且不足以盡「雒書」, 而況於「河圖」! 篇中廣論之. 其云"天一生水, 地六成之"云云, 尤不知其何見而云然. 先儒但沿陳說, 無有能暢言其多少生成之實者. 不知何一人言之, 而數千年遂

不敢違邪? 『易』則文王·周公·孔子也, 「洪範」則禹·箕子也, 四聖
一仁, 曾不如何一人之分析五行多寡之數, 弗究其所以然, 橫空立論,
而遂不敢違邪? 『本義』於「大衍」章, 推大衍之數出自「河圖」. 大衍, 筮
法之本也. 筮所以求卦, 卦立而後筮生, 筮且本於「河圖」五十有五之
數, 而況於卦! 筮則「圖」, 而卦之必先則於「圖」也, 愈明. 「河圖」之數五
十有五, 大衍之數五十, 不全用者, 筮以筮人事之得失吉凶, 天之理數
非人事所克備也. 天地之廣大, 風雷之變動, 日月之運行, 山澤之流峙,
固有人所不可知而所不與謀者. 五位之體, 天體也, 人無事焉, 則筮不
及焉. 故筮唯大衍以五十, 而虛其體之五. 雖曰聖人法天而德與天配,
而豈能盡有其神化哉! 必欲盡之, 則唯道士之吐納風雷, 浮屠之起滅
四大, 而後可充其說, 非理之所可有, 道之所可誣也. 故筮虛五位之一,
而但用五十也. 至於因「圖」以畫卦, 則以肖天地風雷水火山澤之全體
大用, 該而存焉. 「圖」之象, 皆可摩盪以成象, 「圖」之數, 皆可分合以爲
數, 而五位五十有五, 參伍錯綜, 而後八卦以成. 故「圖」者, 卦之全體;
而著策者, 「圖」之偏用. 卦與筮, 理數具足於「圖」中. 若但於筮言「圖」,
而「圖」則別象五行, 無與於卦, 是得末而忘其本矣. 聖人則「圖」以畫
卦, 八卦在而六十四卦亦在焉, 因而重之, 五位十象交相錯焉, 六十四
象無不可按「圖」而得矣. 或曰: 因五位十象而成六十二卦可也, 若乾
六陽·坤六陰, 「圖」則陽之象一·三·五·七·九, 象止五陽; 陰之
象二·四·六·八·十, 象止五陰; 何從得六陽六陰而取則哉? 曰: 天
之垂象也, 不一其理, 聖人之則天也, 不一其道, 故曰"其爲道也屢遷."
「河圖」中外之象, 凡三重焉: 七·八·九·六, 天也; 五·十, 地也; 一
·二·三·四, 人也. 七·九, 陽也; 八·六, 陰也. 立天之道, 陰與陽俱
焉者也. 至於天, 而陰陽之數備矣. 天包地外, 地半於天者也, 故其象

二, 而得數十五, 猶未歉也. 人成位於天地之中, 合受天地之理數, 故均
於天而有四象, 然而得數僅十, 視地爲歉矣. 卦重三而爲六, 在天而七
・八・九・六皆剛, 而又下用地之五・人之或一或三, 而六陽成. 地
五・十皆陰, 又用天之八・六, 人之二・四, 而六陰成. 此則'乾'・'坤'
六爻之象也. 一・三皆陽也, '乾'虛其一而不用者, 天道大備, '乾'且不
得而盡焉, 非如地道之盡於坤也. 是知聖人則「河圖」以畫卦, 非徒八
卦然也, 六十四卦皆「河圖」所有之成象摩盪而成者, 故曰: 聖人則之.

「계사전」에서 말하기를, "황하에서 「도(圖)」가 나오고 낙수(洛水)에서
「서(書)」가 나오자 성인께서 이를 본떴다."라고 하였다. 그리고 「낙서」에
대해서는 따로 『서경』의 「홍범(洪範)」 편에서 자세하게 서술하고 있다.
그런데 성인께서 『역』을 만들고 괘를 그리는 데서 「하도(河圖)」를 본보기
로 취하였다는 것을 공자가 이렇게 분명하게 말하고 있는 것이다. 팔괘의
홀・짝 배합에 본보기 역할을 한 것은 틀림없이 「하도」의 상(象)을 바탕으
로 한 것이다. 성인(聖人; 伏羲氏)께서 「하도」의 상을 보고서 그 통함을
깨닫고 그 변함을 다 궁구해본 나머지 천지의 조화하는 이치를 이러한
구조로 그려놓은 것임이 너무나 분명하다.
그런데도 「하도」를 말하는 사람들은 단지 오행으로만 짝짓고 팔괘로는
짝짓지 않는다. 수천 년의 세월이 흐르는 동안 무슨 까닭에서 도대체
이에 대해 생각이 미친 사람이 없었는지를 나는 알지 못하겠다. 그래서
나는 「하도」에서 본보기를 취하여 팔괘의 상(象)으로 분배함으로써,
성인께서 「하도」를 본보기 삼아 괘를 그린 취지가 환히 드러나게 하였다.
이에 대한 자세한 설명을 「계사상전」 제9장에서 해 놓았다.
팔괘를 오행으로 짝짓는 것은 아마 유목(劉牧)[39]이 「낙서」와 「하도」를
맞바꾼 설을 내세운 것에서 비롯되었을 것이다. 『주역』 속에는 결코

오행과 관련된 상(象)과 사(辭)가 없다. 그리고 오행은 다만 「홍범」 구주(九疇) 가운데 하나의 주(疇)일 따름이니, 「낙서」를 다 드러내기에도 부족한데 하물며 「하도」에 대해서야! 나는 『주역내전』 속에서 이에 대해 광범위하게 논했다.

그 "하늘1[天一]이 수(水)를 낳고 땅6[地六]이 그것을 이룬다."[40]고 운운한 것은 도대체 무엇을 보고 이렇게 말했는지 더욱 알 수가 없다. 이전의 유학자들은 그저 진부한 설을 따라가기만 할 뿐, 수의 많음과 적음이 생성하는 실질에 대해 분명하고도 시원하게 설명할 수 있는 이가 없었다. 도대체 무슨 까닭에 한 사람이 말한 것을 수천 년이 흐르는 동안에도

---

39) 유목(1011~1064)은 송나라 때의 저명한 역학자다. 자는 선지(先之)라고도 하고 목지(牧之)라고도 하였으며, 호는 장민(長民)이었다. 일찍이 손복(孫復)에게서 『춘추』를 배웠고, 범중엄(范仲淹)을 스승으로 모시기도 하였다. 그리고 범중엄의 천거로 곤쥬(袞州)의 관찰사가 되었는데, 여러 관직을 거쳐 나중에는 태상박사(太常博士)에까지 이르렀다. 유목은 송대 도서학파(圖書學派)의 창시 인물로 불린다. 그가 『신주주역(新注周易)』(11권)을 지었는데 오늘날에 전하지 않는다. 그는 이 밖에도 『역수구은도(易數鉤隱圖)』(3권), 『유론구사(遺論九事)』(1권) 등을 지었다. 이것들은 모두 오늘날에 전해지고 있다. 그의 역학의 대요(大要)는 「하도」·「낙서」로써 팔괘, 오행, 만물의 기원을 설명하는 것이다. 그래서 그의 학풍을 '하락지학(河洛之學)'이라 부른다. 그런데 그가 말하는 「하도」는 '거북이가 9를 머리에 이고, 1을 밟고 있는(戴九履一)' 「구궁도(九宮圖)」이며, 그의 「낙서」는 '1·6이 아래에 있는(一六居下)' 「오행생성도(五行生成圖)」다. 즉 「하도」의 수는 9, 「낙서」의 수는 10으로 되어 있다. 이는 소옹과 주희·채원정이 전하는 것들과는 상반된다. 그래서 그의 설을 '하구락십(河九洛十)'설이라 부른다. 그의 학풍은 송대에 한때 매우 유행하였으며, 황려헌(黃黎獻; 『略禮隱訣』), 오비(吳祕; 『通神』), 정대창(程大昌; 『易原』) 등이 그의 설을 드러내어 밝히는 저작을 냈다.

40) 『역학계몽』, 「본도서(本圖書)」 편에 나오는 말이다.

감히 어기지 못했을까?『주역』은 문왕·주공·공자에 의해 이루어졌고, 「홍범」은 우임금과 기자(箕子)에 의해 이루어졌다. 네 성인들이 똑같이 어짊[仁]을 바탕으로 하였다. 그런데 이것이 일찍이 어느 한 사람이 오행의 많고 적은 수를 분석한 것만도 못하다는 것인가! 그리고 그 소이연을 궁구해보지도 않고 그저 근거 없이 아무렇게나 설을 세웠는데도 마침내 감히 이를 어기지 못했다는 것인가!

『주역본의』에서는 「계사전」의 '대연지수' 장[41]을 풀이하면서 대연지수가 「하도」에서 나왔다고 추론하고 있다. '대연(大衍)'은 시초점법의 근본이다. 시초점은 괘를 얻기 위한 것인데, 팔괘가 세워진 뒤에 시초점법이 생겨나 시초점 또한 「하도」의 55에 이르는 수에 근본을 두고 있는 것이니, 하물며 팔괘에 대해서야 두말할 나위도 없다. 시초점은 「하도」를 본보기로 하였고, 팔괘는 틀림없이 그것보다 앞서 「하도」를 본보기로 하였음이 더욱 분명하다.

「하도」의 수는 55인데 대연지수는 50이다. 이렇게 대연지수가 「하도」의 수를 다 사용하지 않는 까닭은, 시초점이 사람 일의 득·실과 길·흉을 점치는 것이고, 하늘의 이치와 수는 이 사람의 일에서 다 갖추어질 수가 없기 때문이다. 천지의 넓고 큼, 바람과 우레의 변동, 해와 달의 운행, 산과 연못의 흐름·우뚝함 등에는 본래 사람으로서 다 알 수 없는 부분이 있고 더불어 도모할 수 없는 부분이 있다. 그리고 「하도」의 다섯 방위의 체(體)는 하늘의 체(體)이기 때문에, 사람이 일이 없을 적에는 시초점으로 이에 대해 미치지 않는 것이다. 그러므로 시초점에서는 오직 시초 50개를 가지고 대연(大衍)의 바탕으로 삼으며, 그 본체에

---

41) 구체적으로 「계사상전」 제9장을 가리킨다.

해당하는 '5'는 비워두는 것이다. 비록 성인이 하늘을 본기로 삼고 있고 그 덕이 하늘과 짝을 이룬다고 말하지만, 어찌 하늘의 그 신묘한 조화 자체를 대연지수에 다 반영할 수 있으리오! 그런데도 꼭 다 반영해버리려 고 한다면, 오직 바람과 우레를 들이마시고 내쉰다는 도사(道士)들의 토납법이나 인연에 의해 사대(四大)를 화합하여 생겨났다가 그 인연이 흩어짐으로 말미암아 소멸한다고 하는 불교도의 설로서나 충족할 수 있을 따름이다. 결코 이치로는 있을 수가 없고, 도(道)로는 속일 수가 없는 것이다. 그러므로 시초점에서는 다섯 방위의 하나씩을 비우고 단지 50개만을 사용하는 것이다.

「하도」를 바탕으로 하여 팔괘를 그렸다는 것은, 하늘·땅·바람·우레· 물·불·산·연못의 전체(全體)와 대용(大用)을 본떠서 팔괘에 다 갖추 고 있다는 의미다. 「하도」의 상(象)을 보면, 다섯 방위의 상들이 모두 서로 비비대며 자극함으로써 상을 이룰 수 있다. 그리고 「하도」의 수(數) 를 보면, 모두 나뉘었다 합쳐졌다 함으로써 수가 될 수 있다. 그래서 다섯 방위의 55의 수가 서로 끼어들기도 하고 대오를 이루기도 하며, 착(錯)으로 종(綜)으로 어울려서 팔괘가 이루어지는 것이다. 이러하기 때문에 「하도」는 팔괘의 전체를 드러내고 있지만, 시초를 헤아려 괘를 뽑아냄에서는 「하도」의 일부분만을 사용하는 것이다.

이렇듯 괘와 시초점의 이치 및 수가 다함께 「하도」 속에 갖추어져 있다. 그런데도 단지 시초점과 관련해서만 「하도」를 말하고 「하도」는 오행과 는 구별되는 상이니 팔괘와는 관련이 없다고 말한다면, 이는 말단만 붙잡고서 근본은 잊어버린 처사다. 성인께서 「하도」를 본보기로 하여 괘를 그렸는데, 거기에 팔괘가 존재하고 육십사괘도 존재한다. 말미암아 중첩하는 방식으로 다섯 방위의 10상(象)을 교접하여 서로 뒤섞으면, 「하도」를 바탕으로 하여 64상을 얻지 못할 것이 없는 것이다.

어떤 사람은 말하기를 "다섯 방위의 10상을 바탕으로 하여 62괘를 이루어 낼 수는 있다. 그러나 건괘▉의 6양과 곤괘▉의 6음은 다르다. 「하도」에서 양의 상은 1·3·5·7·9로서 상이 다섯 양에 그치고 있고, 음의 상은 2·4·6·8·10으로서 상이 다섯 음에 그치고 있다. 그런데 어떻게 해서 6음6양을 얻으며 그것을 법칙으로 할 수 있다는 것인가?"라고 한다. 이에 대한 나의 답은 이러하다. 다름 아니라 하늘이 드리우고 있는 상(象)들이 그 이치가 똑같지 않기 때문에 성인께서도 똑같은 원리로써 하늘을 본뜨지 않았다는 것이다. 그러므로 『주역』에서는 "그 운용의 원리는 자주 바뀐다."고 말하는 것이다.

「하도」의 가운데와 그 밖으로 이루고 있는 상들은 무릇 세 겹으로 되어 있다. 거기에서 7·8·9·6은 하늘을 상징하는 것들이다. 5·10은 땅을 상징하는 것들이다. 1·2·3·4는 사람을 상징하는 것들이다. 그리고 7·9는 양이고 8·6은 음이다. 이렇게 보면 하늘의 도를 세우는 음과 양이 다 갖추어져 있음을 알 수 있다. 하늘에도 음·양의 수가 갖추어져 있는 것이다.

「하도」에서는 하늘이 땅을 밖에서 둘러싸고 있는 것으로 되어 있고, 땅은 하늘의 절반에 해당한다. 그러므로 땅은 그 상(象)이 둘이고 얻은 수도 15에 불과하다.[42] 그런데도 땅은 오히려 불만족스럽게 여기지 않는다. 사람은 하늘과 땅의 가운데에 자리를 잡고 있다. 그래서 하늘과 땅의 이치 및 수를 합해서 받고 있기 때문에, 하늘보다 고르게 4개의 상을 가지고 있다. 그러나 얻은 수는 겨우 10에 지나지 않아서[43] 땅보다

---

42) 「하도」에서 땅을 상징하는 것은 맨 가운데의 5와 그것을 둘러싸고 있는 10이기 때문이다. 그래서 상은 둘이고, 수는 15가 된다고 하는 것이다.

더 성에 차지 않는 것이다.

괘는 3획을 중첩하여 6획이 된다. 「하도」에서 하늘에 있는 7·8·9·6은 모두 굳셈[剛]이다. 그리고 하늘은 또한 아래에서 땅의 5를 쓰고, 사람의 영역에서는 1이나 3을 쓴다. 이렇게 하여 6양이 이루어진다. 땅의 5·10은 모두 음이다.[44] 땅은 여기에 또 하늘의 8·6을 사용하고, 사람의 2·4를 사용하여 6음이 이루어진다. 이것이 바로 건괘·곤괘의 6효의 상이다. 1과 3은 모두 양이다. 그런데 건괘에서 이 둘 가운데 하나를 비우고 사용하지 않는 까닭은, 천도는 크게 갖추고 있지만 건괘로서는 이를 다 갖추어 드러낼 수 없기 때문이다. 이는 땅의 도(道)를 곤괘에서 다 드러내고 있는 것과 다르다.[45] 이렇게 보면 성인께서 「하도」를 본보기로 삼아 괘를 그렸다는 것이 꼭 팔괘만이 아님을 알 수 있다. 64괘도 모두 「하도」에서 상을 이루고 있는 것들이 서로 비비대며 자극하여 이루어진 것이다. 그러므로 "성인께서 이를 본떴다."라고 하는 것이다.

---

43) 「하도」에서 사람을 상징하는 수는 1·2·3·4의 넷이고, 이들의 합은 10이기 때문에 이렇게 말하고 있다.

44) 저자 주: 땅의 5가 굳셈이기는 하지만, 이 굳셈은 또한 음의 굳셈이다.

45) 건괘는 하늘의 7·8·9·6에 땅의 5를 더하고 사람의 영역에서는 1이나 3중의 하나를 더하여 6양이 이루어지는 것임에 비해, 곤괘는 땅의 5·10에 하늘의 8·6을 더하고, 사람에게서도 2·4 가운데 하나를 선택적으로 사용하는 것이 아니라 다 사용하여 6음을 이룬다는 의미다.

七
7

‘乾’'坤'竝建, 爲『周易』之綱宗, 篇中及『外傳』廣論之, 蓋所謂『『易』有太極.”也. 周子之「圖」, 準此而立. 其第二「圖」, 陰陽互相交函之象, 亦無已而言其竝著者如此爾. 太極, 大圓者也. 「圖」但取其一面, 而三陰三陽具焉. 其所不能寫於圖中者, 亦有三陰三陽, 則六陰六陽具足矣. 特「圖」顯三畫卦之象, 而『易』之'乾'坤'竝建, 則以顯六畫卦之理. 乃能顯者, 爻之六陰六陽而爲十二, 所終不能顯者, 一卦之中, 嚮者背者, 六幽六明, 而位亦十二也. 十二者, 象天十二次之位, 爲大圓之體. 太極一渾天之全體, 見者半, 隱者半, 陰陽寓於其位, 故轂轉而恆見其六. ‘乾'明則坤'處於幽, ‘坤'明則'乾'處於幽. 『周易』竝列之, 示不相離, 實則一卦之嚮背而'乾' · ‘坤'皆在焉. 非徒'乾' · ‘坤'爲然也, 明爲'屯' · ‘蒙', 則幽爲'鼎' · ‘革', 無不然也. 『易』以綜爲用, 所以象人事往復之報, 而略其錯, 故嚮背之理未彰. 然乾' · ‘坤', ‘坎' · ‘離', ‘頤' · ‘大過', ‘小過' · ‘中孚', 已具其機, 抑於'家人' · ‘睽', ‘蹇' · ‘解'之相次, 示錯綜竝行之妙. 要之, 絪縕升降, 互相消長盈虛於大圓之中, 則'乾' · ‘坤'盡之, 故謂之縕, 言其充滿無間, 以爻之備陰陽者言也. 又謂之門, 言其出入遞用, 以爻之十二位具於嚮背者言也. 故曰, “『易』有太極”, 言『易』具有太極之全體也; 是生兩儀, 卽是而兩者之儀形可以分而想像之也. 又於其變通而言之, 則爲四象; 又於其變通而析之, 則爲八卦. 變通無恒, 不可爲典要, 以周流六虛, 則三十六象 · 六十四卦之大用具焉. ‘乾'極乎陽, ‘坤'

極乎陰, '乾'坤竝建, 而陰陽之極皆顯; 四象八卦·三十六象六十四卦
摩盪於中, 無所不極, 故謂之太極. 陰陽之外無理數, '乾'坤'之外無太
極, 健順之外無德業. 合其嚮背幽明, 而卽其變以觀其實, 則'屯'蒙·
'鼎'革'無有二卦, 而太極之體用不全, 是則『易』有太極'者, 無卦而不
有之也. 故張子曰, "言幽明不言有無." 言有無, 則可謂夜無日而晦無
月乎? 春無昴·畢, 而秋無氐·房乎? 時隱而時見者, 天也, 太極之體不
滯也. 知明而知幽者, 人也, 太極之用無時而息也. 屈伸相感, 體用相
資, 則道義之門出入而不窮. 嗚呼! 太極一圖, 所以開示'乾'坤竝建之
實, 爲人道之所自立, 而知之者鮮矣!

'건괘·곤괘 두 괘를 아울러 세움'이 『주역』의 벼리[綱]이자 마루[宗]다.
『주역내전』 및 『주역외전』에서 이에 대해서는 널리 논하였다. 이른바
"『주역』에 태극이 있다."는 말이 이 말이기도 하다. 주자(周子; 周敦頤)의
「태극도」는 이를 준거로 하여 만들어진 것이다. 그 '제2도'는 음·양이
서로 교접하며 함유하고 있는 상(象)으로 되어 있는데, 이 또한 부득이하
게 이들이 아울러 드러남이 이와 같다는 것을 말하고 있을 따름이다.
'태극'이란 거대한 원이다. 「태극도」의 '제2도'에서는 단지 그 한쪽 면만을
취하고 있는데, 거기에 3음·3양을 갖추고 있다. 그리고 도(圖) 속에
그려 넣을 수 없는 것에도 또한 3음·3양이 있으니, 그것들까지 감안하면
6음·6양을 구족하고 있는 것이다. 「태극도」에서는 이 가운데 단지
3획괘의 상만을 드러내고 있지만, 『주역』에서는 건괘·곤괘 두 괘를
아울러 세우는 원리로써 6획괘의 이치를 드러내고 있다. 그래서 드러낼
수 있는 것이 효의 6음·6양이어서 12개가 된다. 그리고 끝내 드러낼
수 없는 것들이 있는데, 한 괘 속에는 앞을 향하고 있는 것과 등지고
있는 것이 있어서 여섯은 어둠[幽] 속에 있고 여섯은 밝음[明] 속에 있으니,

위(位)도 또한 12개가 된다. 이 '12'는 하늘의 12차(次)의 위(位)를 상징하는 것으로서 거대한 원의 체(體)가 된다.

태극은 혼천(渾天)의 전체를[46] 상징한다. 그런데 드러나는 것이 절반이요 숨는 것이 절반으로서, 음·양은 그 위(位)들에 깃들이고 있다. 그래서 그것이 수레바퀴처럼 도는 데서 늘 그 여섯 개만을 보게 된다. 즉 건(乾)☰이 밝음[明]에 있으면 곤(坤)☷은 어둠[幽] 속에 있고, 반대로 곤(坤)☷이 밝음[明]에 있으면 건(乾)☰은 어둠[幽] 속에 있다. 『주역』에서는 이들 두 괘를 병렬하여 이들이 서로 분리되지 않음을 보여주고 있다. 그러나 실제로는 한 괘의 앞쪽[嚮]·뒤쪽[背]에 건괘·곤괘는 모두 존재한다.[47] 이는 건괘·곤괘 두 괘에서만 그러한 것이 아니다. 밝음[明]에 준괘(屯卦)

---

46) 혼천(渾天)은 고대 동아시아인들이 생각하던 하늘의 모양이다. 혼천설(渾天說)에서는 하늘을 달걀처럼 보는데, 노른자에 해당하는 것이 땅이며, 하늘은 흰자와 같이 땅의 밖을 휩싸고 있다[天包地外]고 여긴다. 그리고 하늘의 절반은 땅의 위를 덮고 있고, 나머지 절반은 땅 아래에 있다고 여긴다. 그래서 땅 위로 드러나고 있는 것이 182°, 땅 아래 있는 것이 역시 182°라 하였다. 또 하늘은 기(氣)에 의해 유지되고, 물은 하늘의 밑 부분에 자리 잡고 있으며, 땅은 물 위에 떠 있다고 하였다. 그리고 일월성신은 땅 밖에서 하루에 한 바퀴씩 돈다고 여겼다. 이 혼천설은 중국 전국시대의 천문학자인 석신(石申)에게서 비롯되었고, 이후로 끊임없이 보완되었다. 동한(東漢)의 장형(張衡)은 『영헌(靈憲)』이라는 책 속에서 이 혼천설에 대해 자세하게 설명하고 있다. 그래서 장형이 이 혼천설의 주창자로 여겨지기도 한다. 혼천의(渾天儀)는 이 혼천설을 바탕으로 하여 제작되었다.

47) 한 괘의 앞을 향한 쪽에 여섯 효가 있고, 등진 쪽에 또 여섯 효가 있다는 것이니, 이들을 합하면 12효가 된다. 이것은 정확하게 양효 여섯, 음효 여섯으로서 건괘·곤괘가 된다. 이렇게 양쪽을 다 고려하면 모든 괘들이 건괘·곤괘 두 괘로 환원된다. 이것이 바로 그의 건곤병건설이기도 하다.

▦·몽괘(蒙卦)▦가 있으면 어둠[幽]에는 정괘(鼎卦)▦·혁괘(革卦)▦가 있는 식이니, 그렇지 않은 것들이 없는 것이다.

『주역』은 '종(綜)'을 운용의 원리로 삼는다. 『주역』은 이를 통해 사람의 일이 왔다 갔다를 반복함을 상으로 드러내고 있다. 그리고 그 '착(錯)'은 생략하였기 때문에 『주역』에서는 앞쪽[嚮]·뒤쪽[背]의 이치가 드러나 있지 않다. 그러나 건괘▦·곤괘▦, 감괘▦·이괘▦, 이괘▦·대과괘▦, 소과괘▦·중부괘▦ 등은 이미 그 체제를 갖추고 있다. 그렇지 않다 하더라도 가인괘▦·규괘▦ : 건괘▦·해괘▦의 서로 이웃함도 착(錯)과 종(綜)이 병행하는 오묘함을 보여주고 있다.[48]

요컨대 음기·양기 두 기(氣)가 인(絪)·온(縕) 운동을 하며 오르내리는데, 거대한 원으로 된 이 세상 속에서 서로 꺼졌다 자라났다, 찼다 비웠다 한다. 이를 『주역』에서는 건괘▦·곤괘▦ 두 괘가 다 드러내고 있다. 그래서 '온(縕)'이라 하는 것인데, 이는 빈틈 없이 꽉 채우고 있음을 말하는 것으로서, 『주역』의 효(爻)들이 음기·양기 두 기(氣)하는 일을 다 갖추고 있음을 말하는 것이기도 하다.

또 '문(門)'이라고도 말하는 것은, 나갔다 들어왔다 하며 번갈아 작용함을 말하는 것이다. 이는 효(爻)의 12위(位)가 앞쪽[嚮]·뒤쪽[背]에 다 갖추어져 있다는 관점에서 말하는 것이다. 그러므로 "『주역』에 태극이 있다[『易』有太極]."는 말은 『주역』에 태극의 전체가 갖추어져 있음을 의미한다.

---

48) 이들에서 가인괘와 규괘, 건괘(蹇卦)와 해괘는 서로 종(綜)의 관계를 이루고 있다. 그리고 가인괘와 해괘, 규괘와 건괘(蹇卦)는 착(錯)의 관계를 이루고 있다. 그래서 이들 네 괘를 한 조(組)로 하면 착(錯)과 종(綜)이 병행하는 이치가 드러난다는 것이다.

"이것이 양의를 생한다(是生兩儀)"는 말은 바로 이 태극에서 음·양 둘의 의형(儀形)을 나누어 상상할 수 있다는 의미다. 또한 이들 음과 양을 변함·통함 측면에서 말하면 사상(四象)이 된다. 그리고 이들 사상을 변함·통함 측면에서 각기 쪼개면 팔괘가 된다. 그런데 변함과 통함에는 항상 똑같이 유지되는 일정함이 없어서 일정불변한 틀을 만들 수 없는데, 이러한 방식으로 이들 음·양효가 여섯 위(位)의 빈자리에 두루 유행하면, 36상(象)·64괘의 대용(大用)이 갖추어진다.

건괘☰는 양에서 극을 이루고 곤괘☷는 음에서 극을 이룬다. 그래서 건괘·곤괘 두 괘를 아울러 세움에서 음·양의 극은 모두 드러난다. 사상(四象)·팔괘, 36상·육십사괘가 그 속에서 서로 비비대며 자극하면서 극에 이르지 않음이 없다. 그러므로 '태극'이라 하는 것이다. 그러니 음·양의 바깥에는 이치와 수가 없고, 건괘·곤괘의 바깥에는 태극이 없으며, 씩씩함[健]·순종함[順]의 밖에는 덕(德)과 사업이 없다. 괘들의 앞쪽[嚮]·뒤쪽[背]이나 어둠[幽]·밝음[明]의 측면을 합하여 바로 그 변함에서 실질을 보면, 준괘(屯卦)☳·몽괘(蒙卦)☶와 정괘(鼎卦)☲·혁괘(革卦)☱에는 건괘·곤괘 두 괘가 있지 않고 태극의 체·용이 온전하지 않다.49) 이는 다름이 아니라 『주역』에 태극이 있다'는 원리가 어느

---

49) 준괘☳, 몽괘☶, 정괘☲, 혁괘☱ 각각은 모두 건괘·곤괘의 변함이다. 이들에는 건괘·곤괘 두 괘가 없고 태극의 체용도 온전하지 않다. 그런데 준괘와 몽괘, 정괘와 혁괘는 종(綜)의 관계에 있고, 준괘와 정괘, 몽괘와 혁괘는 착(錯)의 관계에 있다. 따라서 이들 네 괘를 한 벌로 해서 보면 모두 건괘·곤괘로 환원된다. 따라서 이들 네 괘가 모두 태극 속에 있다는 의미가 된다. 이는 다른 괘들에서도 마찬가지다. 왕부지가 여기서 말하고자 하는 의미가 바로 이것이다.

괘에든 적용되지 않음이 없음을 의미한다.

그러므로 장자(張子; 張載)는, "'어둠[幽]·밝음[明]'이라 하는 것이지 '있음[有]·없음[無]'이라 하지 않는다."[50]라고 말하였다. 만약에 이에 대해 '있음[有]'·'없음[無]'이라 한다면, "밤에는 태양이 없고 그믐에는 달이 없다."고 말할 수 있을 것이다. 그리고 봄에는 묘(昴)·필(畢) 두 별이 없고[51], 가을에는 저(氐)·방(房) 두 별이 없다고 할 수 있을 것이다.[52] 때에 따라서 숨기도 하고 때에 따라서 드러나기도 하는 것은 하늘이다. 그렇더라도 태극의 본체[體]는 막힘이 없다. 그리고 밝음을 알고 어둠을 아는 존재는 유한한 사람이다. 그렇더라도 태극의 작용[用]은 어느 때든 꺼짐이 없다. 굽힘[屈]·펼침[伸]이 서로 느끼고 체(體)·용(用)이 서로 바탕을 이루어주니, 도의(道義)의 문을 들고 나면서 궁함이 없는 것이다. 오호라! 「태극도」는 건괘·곤괘 두 괘를 아울러 세움의 실질을 확 열어서 보여주고, 인도(人道)가 저절로 서도록 해주지만, 이를 아는 이가 드물도다!

---

50) 장재가 꼭 이렇게 말한 것은 아니다. 장재가 말한 것을 그대로 옮기면 "다만 어둠[幽]·밝음[明]의 까닭을 안다고 말하는 것이지 있음[有]·없음[無]의 까닭을 안다고 말하지는 않는다.(但云知幽明之故, 不云知有無之故)"는 것이다.(『橫渠易說』권3, 「繫辭上傳」과 『正蒙』, 「太和」)

51) 묘(昴)·필(畢) 두 별은 28수(宿) 가운데 서방의 백호 7수에 속하는 별들을 가리킨다. 이들은 금기(金氣)를 띠고 있으며 가을에 출현한다.

52) 저(氐)·방(房) 두 별은 28수(宿) 가운데 동방의 청룡 7수에 속하는 별들을 가리킨다. 이들은 목기(木氣)를 띠고 있으며 봄에 출현한다.

●●●

八
8

「象傳」之言陰陽, 皆曰剛柔, 何也? 陰陽者, 二物本體之名也. 盈兩間皆此二物, 凡位皆其渭位 無入而不自得, 不可云當位不當位, 應不應, 故於吉凶悔吝無取焉. 陰陽之或見或隱, 往來發見乎卦而成乎用, 則陽剛而陰柔, 性情各見, 功效各成, 於是而有才, 於是而有情, 則盛德大業之所自出, 而吉凶悔吝之所自生也. 剛之性喜動, 柔之性喜静, 其情才因以然爾. 而陽有動有静, 陰亦有静有動, 則陽雖喜動而必静, 陰雖喜静而必動, 故卦無動静, 而筮有動静. 故曰: "乾其静也專, 其動也直; 坤其静也翕, 其動也闢." 陰非徒静, 静亦未即爲陰; 陽非徒動, 動亦未必爲陽, 明矣. 『易』故代陰陽之辭曰剛柔, 而不曰動静. 陰陽剛柔, 不倚動静, 而動静非有恆也. 周子曰: 動而生陽, 静而生陰. 生者, 其功用發見之謂, 動則陽之化行, 静則陰之體定爾. 非初無陰陽, 因動静而始有也. 今有物於此, 運而用之, 則曰動; 置而安處之, 則曰静. 然必有物也, 以效乎動静. 太極無陰陽之實體, 則抑何所運而何所置邪? 抑豈止此一物, 動静異而遂判然爲兩耶? 夫陰陽之實有二物, 明矣. 自其氣之沖微而未凝者, 則陰陽皆不可見; 自其成象成形者言之, 則各有成質而不相紊. 自其合同而化者言之, 則渾淪於太極之中而爲一; 自其淸濁・虛實・大小之殊異, 則固爲二; 就其二而統言其性情功效, 則曰剛, 曰柔. 陰陽必動必静, 而動静者, 陰陽之動静也. 體有用而用其體, 豈待可用而始有體乎? 若夫以人之噓而暖爲陽, 吸而寒爲陰, 謂天地止一氣, 而嘘吸分爲二殊. 乃以實求之: 天其嘘乎? 地其吸乎? 嘘而成男乎? 吸而成女乎? 嘘則剛乎? 吸則柔乎? 其不然審矣. 人之嘘而煖者, 腹中之氣溫也, 吸而寒者, 空中之氣淸也, 亦非一氣也. 況天地固有之陰陽, 其質或剛或柔, 其德或健或順, 其體或淸或濁·或輕或重·爲男爲女·爲君子爲小人·爲文爲武, 判然必不可使陰之爲陽, 陽之爲陰, 而豈動靜之頃, 倏焉變易而大相反哉?『易』不言陰陽而言剛柔, 自其質成而用著者言之也, 若動靜則未之言也. 信聖人之言而實體之, 可以折群疑矣.

「상전」에서는 '음·양'을 말해야 할 곳에서 모두 '굳셈[剛]·부드러움[柔]'이라 말하고 있다. 그 까닭을 다음과 같이 논할 수 있다.

음·양이라는 것은 두 개의 존재로서 본체를 명명한 것이다. 하늘과 땅 사이를 꽉 채우고 있는 것은 모두 이 두 존재이며 무릇 위(位)들이 모두 이들의 위(位)니, 이들은 어느 위(位)에든 들어가서 스스로 뜻을 이루어내지 않음이 없다. 그래서 이 음·양에 대해서는 '당위(當位)'나 '부당위(不當位)', '응(應)'이나 '불응(不應)'으로 운위할 수 없고, 길·흉, 회·린 등에서도 취하지 않는다.

이러한 음·양이 괘에서 드러나기도 하고 숨기도 하면서 왕래·발현하며 '용(用)'을 이루면, 양은 '굳셈[剛]'으로 음은 '부드러움[柔]'으로 성(性)·정(情)이 각기 드러나며 공효가 각각 이루어진다. 이에 재질이 있게 되고 또 실정이 있게 되니, 성덕(盛德)·대업(大業)이 여기서 저절로 출현하며, 길함·흉함, 후회함[悔]·아쉬워함[吝]도 여기서 저절로 생긴다.

굳셈[剛]의 성(性)은 움직이기를 좋아하고 부드러움[柔]의 성(性)은 고요하기를 좋아한다. 그 실정과 재질도 이로 말미암아 그러할 따름이다. 양에는 움직임도 있고 고요함도 있다. 음에도 움직임도 있고 고요함도

있다. 그래서 양은 비록 움직이기를 좋아하지만 반드시 고요해지고,
음은 비록 고요하기를 좋아하지만 반드시 움직인다. 그러므로 괘에는
움직임·고요함이 없고, 시초점에 움직임·고요함이 있는 것이다. 이러
한 까닭에 "건(乾)은 고요함에서는 전일(專一)하고, 그 움직임에서는
굽힘이 없이 곧다. 곤(坤)은 그 고요함에서는 거두어들여 저장하고 있고,
그 움직임에서는 활짝 연다."[53]라고 말하는 것이다. 그렇다고 음은 한갓
고요함만은 아니며, 고요함도 또한 곧 음이 되는 것이 아니다. 그리고
양은 한갓 움직임만은 아니며, 움직임도 또한 곧 양이 되는 것만은
아니다. 이러한 사실은 분명한 것이다. 때문에 『주역』에서는 '음'·'양'이
라는 말 대신 '굳셈[剛]'·'부드러움[柔]'이라는 말을 사용하고 있으며,
또한 '움직임'·'고요함'이라고도 하지 않는다.

음·양과 굳셈[剛]·부드러움[柔]은 움직임·고요함에 의존하지 않으며,
움직임·고요함은 항상된 것이 아니다. 주자(周子; 周敦頤)는 "(태극이)
움직여서 양을 낳고, 고요하여 음을 낳는다."고 하였는데, 여기서 '낳음'이
란 그 공효와 작용이 발현됨을 일컫는다. 움직이면 양의 지어냄[造化]이
행해지고, 고요하면 음의 체질이 정해질 따름이다. 애초에 음·양이
없다가 움직임·고요함으로 말미암아 비로소 있는 것이 아니다. 예컨대
지금 여기에 어떤 물(物)이 있는데 이것이 운동하며 작용을 일으키면
'움직임'이라 하는 것이다. 그리고 놓아둔 채로 가만히 있으면 '고요함'이
라 하는 것이다. 그러나 물(物)은 반드시 있는 것이니, 그럼으로써 움직임
·고요함을 일으킨다. 태극에 음·양이라는 실체가 없다면 또한 어떻게
운동함이 가능하고 어떻게 놓아둠이 가능하겠는가! 또 어찌 이 하나의

---

53) 「계사상전」 제6장의 말이다.

물(物)이 멈추어 있는데 움직임·고요함이 달라 마침내 쪼개져서 둘이 되겠는가! 이렇게 보면 음·양이 실제로 있는 두 존재임이 분명할 것이다. 그 기(氣)의 횅하고 은미하며 아직 응취하지 않음에서 보면, 음이든 양이든 모두 볼 수가 없다. 그러나 상(象)과 형(形)을 이루고 있음에서 보면, 각각 질(質)을 이루고 있으면서도 서로 문란하지 않다. 그래서 이들 음·양기가 함께 합하여 지어내고(造化) 있음 측면에서 말한다면, 태극 속에서 아직 이것저것으로 나뉘지 않은 상태 그대로(渾淪) 하나가 된다. 그러나 이것들이 청(淸)·탁(濁), 허(虛)·실(實), 대(大)·소(小)로 각기 다르다는 관점에서 말한다면, 본디 둘이다. 그래서 이것들이 둘이라는 관점에 나아가 그 성정(性情)과 공효(功效)를 통괄하여 말하여 '굳셈[剛]'이라 하고 '부드러움[柔]'이라 하는 것이다. 음·양은 반드시 움직이고 반드시 고요해진다. 그리고 움직임·고요함은 음·양의 움직임·고요함이다. 체(體)에 용(用)이 있으니 그 체(體)를 사용하는(用) 것이거늘, 어찌 '사용할 수 있음[可用]'에 의지하여 비로소 체(體)가 있겠는가! 이는 사람이 숨을 내쉰 것이 따뜻하여 양이 되고 들이쉰 것이 차가워서 음이 되는 것과 같다. 그래서 하늘과 땅은 하나의 기(氣)에 그치지만 내쉼과 들이쉼이 나뉘어 두 가지 다른 것이 된다고 하는 것이다. 그러나 실질로써 그 의미를 따져본다면, 하늘은 내쉼이요, 땅은 들이쉼이겠는가? 내쉼이 남성을 이루고, 들이쉼이 여성을 이루겠는가? 내쉬면 굳셈[剛]이고 들이쉬면 부드러움[柔]이겠는가? 그렇지 않으리라는 것은 분명할 것이다.

사람이 내쉰 숨이 따뜻한 것은 뱃속의 기가 따뜻하기 때문이다. 그리고 들이쉰 것이 차가운 것은 공중의 기가 맑기 때문이다. 그래서 이들은 역시 하나의 기는 아니다. 그런데도 하물며 하늘과 땅의 고유한 음·양이 똑같은 것일 수 있으랴! 음·양은, 그 질은 굳세기도 하고 부드럽기도 하다. 그 덕은 씩씩함이기도 하고 순종함이기도 하다. 그 체(體)는 맑은 것이기도 하고 흐린 것이기도 하며, 가벼운 것이기도 하고 무거운 것이기도 한다. 그리고 남성이 되기도 하고 여성이 되기도 하며, 군자가 되기도 하고 소인이 되기도 하며, 문(文)에 종사하는 사람이 되기도 하고 무(武)에 종사하는 사람이 되기도 한다. 그래서 판연(判然)하게 다르니 음을 양으로 한다거나 양을 음으로 할 수 없다. 그러니 어찌 움직임·고요함의 순간에 갑작스럽게 이들 둘이 뒤바뀌어서 크게 서로 반대되는 것이 될 수 있겠는가!『주역』에서 '음'·'양'을 말하지 않고 '굳셈[剛]'·'부드러움[柔]'을 말한 것은 이것들이 질(質)을 이루고 있고 용(用)을 드러내고 있는 관점에서 말한 것이다. '움직임'·'고요함'에 대해서는 아직 말조차 하지 않고 있다. 성인들의 말씀을 믿고 실제로 체득한다면, 모든 의심들을 꺾어버릴 수 있을 것이다.

● ● ●

九

9

昔者夫子既釋彖·爻之辭, 而慮天下之未審其歸趣, 故「繫傳」作焉. 求彖·爻之義者, 必遵「繫傳」之旨, 舍此無以見『易』, 明矣. 「傳」曰: "觀其彖辭, 則思過半矣", 明乎爻之必依於象也. 故曰: "彖者材也, 爻者效也." 材成而斲之, 在車爲車, 輪輿皆車也; 在器爲器, 中·邊皆器也. 各效其材, 而要用其材, 故曰: "同歸而殊塗, 一致而百慮." 舍其同歸一致, 叛而之他, 則塗歧而慮詭於理, 雖有卮言之不窮, 猶以條枚而爲棟梁, 析豫章而爲薪蒸, 材非其材, 烏效哉? 說『易』者於爻言爻, 而不恤其象; 於象言象, 而不顧其爻; 謂之曰未達也, 奚辭!『易』之辭簡而理微, 舍其同歸一致, 而叛離以各成其說, 簡者莫能辨也, 微者可移易而差焉者也, 則亦可詭遇以伸其說, 而爲之言曰, 文自文也, 周自周也, 孔自孔也, 則亦終莫之悟也. 今以略言之, '乾'唯具四德, 故雖在潛而德已爲龍, 他陽之在下者莫能擬也. '勿用'者, 以養其元亨利貞之德也. '坤'唯喪朋而後有慶, 故上六處西南極高之位, 以得朋而疑戰. '屯'唯利建侯而勿用攸往, 故九五之屯膏, 而委其利於初九. '蒙'唯瀆則不告, 以貞爲吉, 故六三以近昵而爲不貞之女. 推此而求之, 象爲爻材, 爻爲象效, 以象之經, 求爻之權, 未有不鍼芥相即者也. 至如'履'象不咥人, 而六三咥者, 舍其說以應'乾'之成德而躁以進也, 而象已先示以履虎之危機. '同人'亨'于野', 而六二'于宗'而吝, 亨者在陽, 而吝在陰, 兩相同而得失固殊也. '豫'建侯行師之利, 九四當之, 非餘爻之所能逮. '咸'備三德, 而爻多咎吝, 以利在'取女'以順, 而妄感皆非. 絫其所以異, 觀其所以同, 豈特思過半哉! 爻之義無不盡於象中, 而何讀『易』者弗之恤邪? 篇中以爻不悖象爲第一義, 故破先儒之說, 而不敢辭其罪. 釋『經』者得句而忘其章, 得章而忘其篇, 古今之通病也. 近世姚江之徒, 拈單辭片語以伸其妄, 皆此術爾, 亦釋氏離鉤得魚之淫辭, 而君子奚取焉!

옛날에 공자께서 「단전」, 「상전」을 통해 이미 괘·효사를 풀이하고서도 세상 사람들이 그 의미를 이해하지 못할까를 염려하였다. 그래서 「계사전」을 지은 것이다. 그러므로 괘·효사의 의미를 이해하고자 하면 반드시 「계사전」의 뜻에 따라야 하며, 이 「계사전」을 제쳐두고서는 『주역』을 이해할 수 없다는 점이 분명할 것이다.

「계사전」에서 말하기를 "그 괘사를 살핀다면, 괘의 의미를 이미 절반 이상을 터득할 수 있을 것이다."라 하고 있으니, 효(爻)의 의미를 이해하고 자 할진대 반드시 괘사에 의거해야 함이 분명한 것이다. 그러므로 "괘는 재질이다. 효는 공효다."[54]라고 한다. 재질이 이루어져 있는 것에서 그것을 분석하면, 수레에 있는 것들은 다 수레니, 수레바퀴와 차상(車上) 이 모두 수레인 것이다. 그리고 그릇에 있는 것들은 다 그릇이니, 그릇의 가운데와 테두리[邊]가 모두 그릇인 것이다. 이들은 각기 그 재질을 공효로 드러내는데, 그 재질을 사용해야만 한다. 그러므로 "같은 곳으로 돌아가면서도 각기 가는 길을 달리하고, 한곳으로 이르면서도 갖가지로 다르게 고려한다."[55]고 하는 것이다. 이 '같은 곳으로 돌아감[同歸]'과 '한곳으로 이름[一致]'의 원리를 제쳐두고 서로 배반하여 다른 것으로 간다면, 길은 갈라지고 고려함은 이치에서 어긋나게 된다. 이러할 경우에 는 비록 술잔에서 술을 따르는 것처럼 끝없이 말이 이어진다고 하더라도, 오히려 가느다란 나뭇가지와 줄기를 가지고 들보와 기둥으로 쓰는 격이 고, 들보와 기둥이 될 훌륭한 재목을 쪼개서 땔나무로 쓰는 격이다. 이래서는 재질이 딱 알맞은 재질이 아니니, 어찌 공효를 발휘하리오! 그런데 『주역』을 풀이하는 이들이 효에서는 효에 국한하여 말할 뿐 괘사에는 관심을 기울이지 않고, 또 괘에서는 괘사에 국한하여 말할 뿐 그 효사들은 전혀 고려하지 않는다. 그리고서는 "의미를 잘 모르겠다." 라고 말하는데, 도대체 이게 무슨 말인가! 『주역』의 괘・효사는 간결하며

---

54) 『주역』, 「계사하전」 편, 제3장에 나오는 말이다. 그런데 원문은 이와 약간 달라서, "象者, 材也; 爻也者, 效天下之動者也.(괘는 재질이다. 효는 천하의 움직임을 드러내는 것이다.)"로 되어 있다.

55) 『주역』, 「계사하전」 편, 제5장에 나오는 말이다.

이치는 은미하다. 그러므로 '같은 곳으로 돌아감[同歸]'과 '한곳으로 이름[一致]'의 원리를 제쳐 둔 채 괘사와 효사를 해체하여 각기 그 풀이하는 말을 만들어내게 되면, 간결한 것은 분별할 수가 없고 은미한 것은 의미가 바뀌어버려서 달라져버리고 만다. 그러면 이들은 또 자신들의 풀이가 맞는다는 것을 강변하기 위해 억지로 말을 만들어서 펼쳐댄다. 그리고는 "문왕의 괘사는 문왕의 괘사 그 자체로 풀어야 하고, 주공의 효사는 주공의 효사 그 자체로 풀어야 하며, 공자의 『역전』은 공자의 『역전』그 자체로 풀어야 한다."고만 하니, 그들로서는 또한 끝끝내 『주역』을 이해할 수 없는 것이다.

이제 이렇게 해서는 안 됨을 보여주기 위해 몇 가지 예를 들어가며 말해 보겠다. 건괘(乾卦)䷀는 오직 사덕(四德)을 갖추고 있다. 그러므로 비록 '물속에 잠겨 있음[潛]'의 단계에 있다 하더라도 그 덕(德)은 이미 용이 되어 있기 때문에, 다른 괘들의 맨 아래 초효에 있는 양(陽)들로서는 이것과 비교할 수가 없다. '쓰지 마라!'는 것은 으뜸됨[元]·형통함[亨]·이로움[利]·올곧음[貞]의 덕을 함양하고 있기 때문이다. 곤괘(坤卦)䷁에서는 오직 '벗을 잃어버림' 이후에 경사가 있다. 그러므로 상육효는 서남쪽의 극히 높은 위(位)에 처하여 벗을 얻었지만 의심한 나머지 싸움을 벌이는 것이다. 준괘(屯卦)䷂는 오직 '제후를 세움에 이로우며' 어디를 가서는 안 된다. 그러므로 구오효에는 베풂을 어렵게 함이 있으며 초구효에 그 이로움을 내맡기고 있다. 몽괘(蒙卦)䷃는 오직 '모독하는 것이면 알려 주지 않음'이니 올곧음을 길함으로 여긴다. 그러므로 육삼효가 상구효와 제대로 응함[正應]의 관계에 있으면서도 가까이 있는 구이효와 친하게 지내는 것이 부정한 여자가 되게 하는 것이다. 이러한 점들로 미루어보면, 괘가 효들의 재질이 되고, 또 효들은 괘의 공효를 드러내는 것임을 알 수 있다. 그리고 괘의 근본됨[經]으로써 시(時)·위(位)의 잠정적 의미[櫂]를 드러내는 효들의 의미를 구한다면, 자석이 침(鍼)을 끌어들이고 호박(琥珀)이 겨자를 흡수하듯 둘이 서로 딱 들어맞지 않음이 없는 것이다.

그런데 이와 비교되는 것들로서 어떤 괘들에서는 괘사와 효사가 서로 모순되어 보이는 것들이 있다. 예컨대 이괘(履卦)䷆의 괘사에서는 '사람을 물지 않는다'고 하는데 육삼효사에서는 '문다'고 하는 따위가 그것이다. 그런데 이괘의 육삼효가 이러한 까닭은, 이 육삼효가 괘사의 '문다'는 말 따위는 제쳐두고 회괘(悔卦)인 건괘☰가 덕을 이루고 있음에 응하여 조급하게 나아가려 하기 때문이다. 그리고 괘사에서는 이미 호랑이 꼬리를 밟을 수도 있는 위기 상황임을 먼저 제시하고 있기도 하다. 동인괘(同人卦)䷌는 '들에서' 다른 사람들과 동화하여 형통하다고 하지만, 육이효는 '종족에게' 동화하여 아쉬워함이 있다고 하고 있다. 그런데 이러함이 모순이 된다고 볼 수 없는 것이, 형통함은 양에게 있고 아쉬워함은 음에게 있기 때문이다. 둘 다 '동화함'에서는 똑같지만 득·실이 본디 다른 것이다. 예괘(豫卦)䷏의 경우, 괘사에서 "제후를 세움과 군대를 동원함에 이롭다."고 한 이로움이 효들에서는 구사효에만 해당한다. 나머지 효들은 이에 대해 미칠 수가 없다. 함괘(咸卦)䷞는 형통함·이로움·올곧음의 세 가지 덕을 갖추었지만 효들에는 허물과 아쉬워함이 많다. 그 까닭은, 이로움이 '여자를 취하여' 순종함에 있고 효들처럼 망령되게 느끼는 것들은 모두 잘못되었기 때문이다. 이러한 것들에서 왜 다른가를 보고 또 왜 같은가를 보면, 어찌 꼭 이미 절반 이상을 터득할 수 있는[思過半] 정도에만 그치리오!

효사들의 뜻이 괘사 속에 완전히 다 드러나 있지 않다. 그런데도『주역』을 읽는 사람들이 어찌 이 점을 감안하지 않는단 말인가! 나는『주역내전』을 풀이하면서 '효사들이 괘사와 어긋나지 않음'을 제1의로 삼았다. 그러므로 이전 유학자들의 설을 깨트리면서, 이렇게 하면 그들에게 죄를 짓는 것일 수도 있다는 점을 감히 사양하지 않았다. 『역경』을 풀이하는 사람들이 구절에만 한정하여 그 의미를 터득하게 되면 그것이 속한 장(章)에 대해서는 망각하고 만다. 그리고 장(章)의 의미를 터득하게 되면 그것이 속한 편(篇)에 대해서는 망각하고 만다. 이는 예나 지금이나 늘 범하는 잘못이다. 근세 요강(姚江)의 무리들이[56] 간단한 조각 말들을 집어 들고 그들의 망령된 설을 펼치는 것이 모두 이러한 짓거리일 따름이다. 그리고 또 불가에서 낚시 없이 물고기를 잡는다고 하는 따위의 겉만 번지르하며 황당하기 짝이 없는 말들을 해대고 있다. 그러나 군자라면 어찌 이를 취하리오!

---

56) 요강학파(姚江學派)를 지칭한다. 요강(姚江)은 이 학파의 창시 인물인 왕수인(王守仁)의 고향 여요(余姚)의 경내를 흐르는 강이다. 여요강(余姚江), 또는 순강(舜江), 순수(舜水)라고도 한다. 여요는 오늘날의 절강성(浙江省)에 속한다. 황종희(黃宗羲)는 그의 주저 『명유학안(明儒學案)』에서 왕수인과 그 후학들을 '요강학안(姚江學案)'으로 분류하여 기술하였다. 이 요강학파의 학설은 나중에 일본으로 건너가 큰 영향을 미쳤으며, 일본에서는 양명학이 주류 학문으로 자리 잡게 되었다. 그리고 이 양명학은 일본의 명치유신(明治維新)을 일으킨 사상이 되었다.

十
10

卦變者, 因「彖傳」往來上下進行內外之旨, 推而見其所自變也. 夫子作「彖傳」, 於卦畫已定・卦象已備・卦德已見於彖辭之後, 而得其理焉, 明此卦之所以異於彼卦者, 以其爻與位之有變易也. 蓋自天化而言之, 則萬象不同之形體, 大化不齊之氣應, 各自爲道, 而非由此而變彼; 而以人事之同異得失言之, 則陰陽各自爲類, 而其相雜以互異者, 唯緣情之動而往來進退於其間, 數有參差, 則性情功效臧否應違以殊, 非忽至無因, 乃其推移之際, 毫釐之差, 千里之謬也.「彖傳」之以卦變言者十五:‘隨’曰“剛來而下柔”,‘蠱’曰“剛上而柔下”,‘噬嗑’曰“柔得中而上行”,‘賁’曰“柔來而文剛, 分剛上而文柔”,‘咸’曰“柔上而剛下”,‘恆’曰“剛上而柔下”,‘損’曰“其道上行”,‘益’曰“自上下下”,‘漸’曰“柔得位”,‘渙’曰“剛來而不窮”, 皆三陰三陽之卦, 故古注以爲自‘否’・‘泰’而變. 而先儒非之, 謂乾・‘坤’合而爲‘否’‘泰’, 豈有‘否’‘泰’復爲他卦之理! 程子因謂皆自‘乾’・‘坤’而變. 然此二說相競, 以名之異, 而非實之有異也. 若汎言自‘乾’・‘坤’而變, 則六十二卦皆‘乾’・‘坤’所摩盪而成. 若以‘隨’・‘蠱’之屬剛柔之上下言之, 則所謂自‘乾’・‘坤’變者, 亦下‘乾’上‘坤’, 下‘坤’上‘乾’之謂. 從三畫而言則謂之‘乾’・‘坤’, 從六畫而言則爲‘否’‘泰’, 其實一也. 三畫之‘乾’・‘坤’, 或成象於內, 或成象於外, 各從其類而不雜者, 則爲‘否’・‘泰’, 離其類而相雜, 則爲‘隨’・‘蠱’. 以下十八卦, 純者其常, 雜者其變, 故‘否’・‘泰’非變, 而餘卦爲變. 故「彖傳」之理, 多以‘否’

之變爲得, ‘泰’之變爲失. 玩「傳」自見其義, 不當疑‘否’‧‘泰’之不足於
變也. 變者, 象卜也. 象不成乎‘否’‧‘泰’卽其變, 非謂旣泰旣否而又變
爲他也. 以揲蓍求之, 其理自見. 乃若‘无妄’曰“剛自外來而爲主於內”,
‘大畜’曰“剛上”, ‘晉’‧‘睽’‧‘鼎’皆曰“柔進而上行”, 則又非‘乾’‧‘坤’也,
非‘否’‧‘泰’也. ‘无妄’者, ‘遯’之剛自外來也. ‘大畜’者, ‘大壯’之剛上也.
‘晉’者, ‘觀’之柔進五也. ‘睽’者, ‘大畜’之柔上進也. ‘鼎’者, ‘巽’之柔上行
也. 此又一義. 爲‘遯’, 爲‘大壯’, 爲‘觀’, 則陰陽雖畸勝, 而猶從其類, 亦純
象也. 爲‘无妄’, 爲‘大畜’, 爲‘晉’, 則雜也. 唯‘睽’爲‘大畜’之變, 其義稍遠;
而‘鼎’‧‘革’爲‘巽’‧‘離’之變, 又別爲一義. 要此諸卦, 皆相雜而難乎取
象. 變易之極, 非固然之體撰, 則有彼卦稍有移易而又別爲一道之理.
從其變而觀之, 以審進退升降於幾微, 窮人情物理之致, 『易』之所爲
屢遷而憂其介也. 若上下秩然而成章, 陰陽相比而定位, 則道之常也,
象之有定也, 不復論其變矣. 乃朱子謂一卦而六十三卦皆可變, 其說
本自焦贛. 贛之爲術, 博衍著策, 九‧六變動而爲四千九十六之占辭,
繁冗重複, 而究不足以盡天道人事無窮之理數, 以爲憂悔吝而補過之
明鑒, 姑不具論; 卽其所云變者, 以筮法動爻言之, 非謂卦之固有此也.
且如‘賁’之「彖」曰“柔來而文剛”‧“分剛上而文柔”, 言‘賁’也, 非言‘泰’
也. 『周易啟蒙』謂六爻不變則占本卦, 彖辭是‘賁’之象, 非以占‘泰’二‧
上兩爻之變也明甚, 而惡得謂一卦之變六十四卦乎? 此焦氏之說與
『啓蒙』固相矛盾, 奈之何曲徇而兩存之也? 一卦而六十三變, 『春秋傳』
有其文. 蓋夏‧商之季, 『易』道衰, 而筮氏以其小智, 爲游移不定之占,
以求億中. 文王演『易』, 盡廢日者之術, 歸之易簡. 孔子所傳者, 文王之
『易』也. 焦贛所演者, 夏‧商日者之『易』也. 論文‧周‧孔子之『易』,
而以日者之術亂之, 奚可哉! 篇中於‘隨’‧‘蠱’諸卦言‘泰’‧‘否’之變, ‘无

妄・‘大畜’・‘晉’・‘睽’・‘鼎’・‘革’各殊其說, 玩爻象而宗二聖之指, 不
知其餘也.

괘변(卦變)이란 「단전」에서 위・아래로 왔다 갔다 하고 내괘[貞卦]와
외괘[悔卦] 사이에서 진행한다고 한 취지를 근간으로 하여, 괘의 효들이
저절로 변함을 미루어서 살펴보는 것이다. 공자께서 「단전」을 지은
것은, 괘의 획들이 이미 정해지고 괘의 상들이 이미 갖추어지며 괘의
덕들이 괘사에 이미 드러난 뒤의 일이다. 공자께서는 이러한 것들에서
그 이치를 터득하여 특정 괘가 다른 괘들과 달라지는 근본 까닭이 효(爻)
와 위(位)에 변역이 있기 때문임을 밝혔다. 하늘의 지어냄[天化]에서
온갖 상(象)들의 각기 다른 형체 및 거대한 지어냄 속에서 다 다른
기(氣)로 응함이 각기 자체의 법칙에 의한다. 결코 이것으로 말미암아
저것으로 변하지 않는다. 이에 비해 사람 일의 동(同)・이(異)와 득・실은
다르다. 이것들의 경우에는, 음・양이 각기 저절로 부류를 이루고 뒤섞여
서 서로 다름을 이루는 것들이, 오직 상황[情]의 움직임으로 인해 그
사이에서 왔다 갔다 하고 나아갔다 물러났다 한다. 그리고 수(數)에도
들쭉날쭉함이 있다. 그래서 성정(性情)과 공효(功效), 착함과 그렇지
않음 및 응함과 어김에 따라 달라진다. 결코 아무런 까닭 없이 홀연히
이르는 것이 아니다. 그러나 밀려서 옮겨가는 즈음에 털끝만 했던 차이가
종국에는 천리만큼이나 달라지고 만다.
「단전」에서 괘변에 관해 말한 것에는 15개가 있다. 수괘(隨卦)에서
“굳셈이 와서 부드러움의 밑에 자리 잡았다(剛來而下柔).”고 한 것, 고괘
(蠱卦)에서 “굳셈은 위로 올라가고 부드러움은 아래로 내려왔다(剛上
而柔下).”고 한 것, 서합괘(噬嗑卦)에서 “부드러움이 득중하여 위로
갔다(柔得中而上行).”고 한 것, 비괘(賁卦)에서 “부드러움이 와서 굳셈

을 빛내주고 있으며, 나뉜 굳셈은 위로 올라가서 부드러움을 빛나게 하고 있다(柔來而文剛, 分剛上而文柔).", 함괘(咸卦)䷞에서 "부드러움은 위로 올라가고 굳셈은 아래로 내려왔다(柔上而剛下)."고 한 것, 항괘䷟에서 "굳셈이 위로 가고 부드러움이 내렸왔다(剛上而柔下)."고 한 것, 손괘(損卦)䷨에서 "그 원리는 위에 있는 것이 감이다.(其道上行)"이라 한 것, 익괘䷩에서 "위로부터 아래의 밑으로 내려왔다(自上下下)."고 한 것, 점괘(漸卦)䷴에서 "부드러움이 제자리를 얻었다.(柔得位)"라고 한 것[57], 환괘䷺에서 "굳셈이 와서 없어져 버리지 않았다(剛來而不窮).",라고 한 것 등이 그것이다. 이들은 모두 음효 셋·양효 셋[三陰三陽]의 괘들이다. 그러므로 옛 주석에서는 이것들이 비괘(否卦)䷋·태괘(泰卦)䷊로부터 변한 것이라 여겼다. 그러나 선유(先儒)들은 이를 잘못이라 하며 "건괘·곤괘가 합하여 비괘(否卦)·태괘(泰卦)가 되는 것이거늘, 어찌 비괘·태괘가 다시 다른 괘로 되는 이치가 있으리오!"[58]라 하였다. 정자

---

57) 그러나 점괘(漸卦)에서는 "부드러움이 제자리를 얻었다."고 하지 않고, 정확하게는 "나아가서 제자리를 얻었다(進得位)."고만 하고 있다. 그러나 여기서는 주어에 해당하는 '부드러움[柔]'이 생략되었다고 할 수 있다. 그래서 왕부지는 「잡괘전」에서 이 점괘(漸卦)에 대해 "여자가 4효의 위(位)에 멈추어 있음으로써 부드러움[柔]이 제자리를 차지하여 거처함이 편안하니, 이것이 여자의 도(道)의 길함이라는 의미다.(女止於四, 柔得位而居之安, 女道之吉也.)"라고 풀이하고 있다.

58) 이 말은 주희가 한 말이다. 따라서 여기서의 '선유(先儒)'는 정이(程頤)를 가리킨다고 보아야 할 것이다. 주희는 "옛 주석에서는 말하기를 비괘(賁卦)䷕는 태괘(泰卦)䷊로부터 왔다고 하였는데, 선유께서 이를 잘못이라 하며 '건괘·곤괘가 합해서 태괘(泰卦)가 되었는데, 어찌 이 태괘(泰卦)가 다시 변해서 비괘(賁卦)가 되는 이치가 있으리오!'라고 하였다.(古注説, '賁卦自泰卦而來, 先儒非之, 以爲'乾'·'坤'合而爲泰, 豈有泰復變爲賁之理!)"라 하였다. 이는 『문공역설(文公

(程子; 程頤)는 이를 근거로 하여 모든 괘들이 건괘·곤괘 두 괘로부터 변한 것이라 하였다.

그러나 이 두 설이 서로 다투면서 다른 것처럼 불리고 있지만 실제로는 이들 사이에 다름이 있는 것이 아니다. 일반적으로 뭉뚱그려서 건괘·곤괘 두 괘로부터 변했다고 한다면, 62괘가 모두 건괘·곤괘 두 괘가 서로 비비대며 자극하여 이루어낸 것이라 할 수 있다. 이와는 달리 수괘(隨卦)䷐·고괘(蠱卦)䷑의 붙이처럼 굳셈[剛]·부드러움[柔]이 위로 올라갔다거나 아래로 내려갔다고 하는 관점에서 말한다면, 이른바 '건괘·곤괘 두 괘로부터 변함'이란 또한 '아래는 건괘☰·위는 곤괘☷', 또는 '아래는 곤괘☷·위는 건괘☰'라고 말하는 것이기도 하다. 3획괘의 관점에서 말하여서는 '건괘☰'·'곤괘☷'라 하는 것이고, 6획괘의 관점에서 말하여서는 '비괘(否卦)䷋'·'태괘(泰卦)䷊'라 하는 것이니, 사실은 똑같은 것이다. 3획의 건괘☰·곤괘☷가 내괘에서 상(象)을 이루든가 외괘에서 상을 이루든가 하여 각기 그 부류를 좇으면서 뒤섞이지 않은 것이 비괘(否卦)䷋·태괘(泰卦)䷊가 된다. 그리고 그 부류를 떠나 서로 뒤섞인 것은 수괘(隨卦)䷐·고괘(蠱卦)䷑가 된다. 이하의 18괘에서 순수한 것은 상(常)이고 뒤섞인 것은 변(變)이다. 그러므로 비괘(否卦)·태괘(泰卦)는 변하지 않고 나머지 괘들이 변함이 된다.

변함이란 상(象)이 변한 것이다. 상이 비괘(否卦)·태괘(泰卦)를 이루지 아니하면 그것은 곧 변한 것이다. 그렇다고 하여 이미 태괘(泰卦)·비괘

易説)』(卷2), 『주역전의대전(周易傳義大全)』(「周易朱子圖說」), 『어찬(御撰) 주자전서(朱子全書)』(卷28), 『회암집(晦庵集)』(卷54) 등에 모두 똑같은 말로 실려 있다.

(否卦)이던 것이 또 다른 것으로 변했다는 말은 아니다. 설시법(揲蓍法)에서 본다면 그 이치는 저절로 드러난다.

그런데 무망괘☳☰에서 "굳셈[剛]이 밖에서 와서 안에서 주인이 되어 있음이다."라고 한 것, 대축괘☰☶에서 "굳셈[剛]이 위에 있다."라고 한 것, 진괘(晉卦)☷☲·규괘(睽卦)☱☲·정괘(鼎卦)☴☲에서 모두 "부드러움들이 나아가며 위로 올라간다."라고 한 것 등은 또한 건괘☰·곤괘☷로부터 변한 것도 아니고, 비괘(否卦)☰☷·태괘(泰卦)☷☰로부터 변한 것도 아니다. 무망괘☳☰의 경우는 둔괘(遯卦)☰☶의 굳셈이 밖에서 온 것이고, 대축괘☰☶의 경우는 대장괘☳☰의 굳셈이 위로 간 것이다. 그리고 진괘(晉卦)☷☲의 경우는 관괘(觀卦)☴☷의 부드러움이 5효의 위(位)로 나아간 것이고, 규괘(睽卦)☱☲의 경우는 대축괘☰☶의 부드러움이 위로 나아간 것이며, 정괘(鼎卦)☴☲의 경우는 손괘(巽卦)☴☴의 부드러움이 위로 나아간 것이다. 이들의 경우는 또 하나의 의미를 이룬다.

둔괘☰☶, 대장괘☳☰, 관괘☴☷를 이루고 있는 것들은 음·양이 비록 기이하게 이기고는 있지만 오히려 제 부류들을 좇고 있다. 그래서 또한 순수한 상이다. 이에 비해 무망괘☳☰, 대축괘☰☶, 진괘(晉卦)☷☲를 이루고 있는 것들은 홀수·짝수의 효들이 뒤섞여서 이루어진 잡된 상이다. 이들에서는 오직 규괘☱☲만이 대축괘☰☶에서 변한 것이어서 그 의미가 좀 멀다. 그러나 정괘(鼎卦)☴☲·혁괘☲☱는 손괘(巽卦)☴☴·이괘(離卦)☲☲가 변한 것이어서 또 다른 의미를 이룬다. 요컨대 이들 여러 괘들은 모두가 서로 뒤섞여 있어서, 딱히 어떤 괘의 상(象)이라 하기 어렵다.

변역의 극에 있는 괘들은 본디의 체(體)도 아니고 본디의 작용[撰]도 아니다. 그래서 저 괘들에 조금이라도 옮겨감이나 바뀜이 있으면 별도로 하나의 원리를 이루게 된다. 이 변함의 관점에서 보되, 극히 미세한 기미[幾]에서 나아감과 물러남, 올라감과 내려감을 살피고 사람들의 실정과 물(物)들의 이치를 궁구해야 한다. 『주역』의 운용원리는 자주 바뀌니 막 싹터 나와 갈리는 경계점에서 우려해야 한다.[59]

이에 비해 위·아래로 질서정연하게 완정한 틀을 이루고 음·양이 서로 비례를 이루며 제자리를 잡고 있는 것은 도(道)의 상(常)이고 상(象)의 정해져 있음이다. 이러함에서는 다시는 변함을 논하지 않는다. 그런데도 주자(朱子; 朱熹)는 하나의 괘이면서 다른 63괘 모두로 변할 수 있다고 한다. 이 설은 본래 초공(焦贛)에게서 나왔다. 초공의 술(術)에서는 시책(蓍策)을 널리 연역하고 있는데, 9·6이 변하고 움직여서 4,096개의 점사(占辭)를 만들어낸다. 그래서 대단히 번잡스럽고 복잡하다. 그러나 초공의 이 방식에서는 아무리 궁구해보아도 천도(天道)와 인사(人事)의 무궁한 이치와 수를 다 담아낼 수가 없고, 후회함[悔]·아쉬워함[吝]을 근심하며 과오를 보완하는 밝은 거울로 삼을 수가 없다. 그래서 나는 이에 대해서는 논의하지 않으려 한다. 다만 거기에서 말하는 '변함'은 서법(筮法)의 동효(動爻)로써 말하는 것이지 괘에 이러한 변함이 있음을 말하는 것이 아니라는 사실만 밝혀두고자 한다.

또 비괘(賁卦)☶의 「단전」에서는 "부드러움[柔]이 와서 굳셈[剛]을 빛나게 한다"·"나뉜 굳셈이 올라가서 부드러움을 빛나게 한다."라고 하는데 이는 비괘(賁卦)에 대해서 말하는 것이지 태괘(泰卦)☷에 대해서 말하는 것이 아니다. 『역학계몽』에서는 "여섯 효의 아무 것도 변하지 않으면 본괘(本卦)로 점을 친다."고 한다. 그러나 이 괘사는 비괘(賁卦)의 괘사지 태괘(泰卦)의 육이·상구 두 효의 변함을 점치는 것이 아님이 너무나

---

59) 「계사상전」 제2장의 "후회함·아쉬워함을 우려함은 막 싹터 나와 갈리는 경계점에 있다(憂悔吝者存乎介)."는 말을 원용한 것이다.

2048 • 주역내전 ❻

분명하다. 그렇다면 어떻게 1괘가 64괘로 변한다고 말할 수 있겠는가? 이는 초씨(焦贛)의 설과 『역학계몽』이 본디 서로 모순을 일으키는 부분이다. 그런데 어찌 잘못된 것을 그대로 따르면서 둘 다 보존한다는 말인가! 한 괘이면서 다른 63괘로 변하는 경우에 대해서는 『춘추전』에 그 예가 있기는 하다. 그런데 이것들은 아마 하・상나라의 말기에 『역』의 도(道)가 쇠미해진 상황에서 시초점을 주관하던 이들이 내세운 것으로 보인다. 이들은 그 작은 지혜로써 당시까지 확정되지 않고 있던 점(占)에 대해 이렇게 저렇게 갖다 맞추며 자신들의 억측이 맞는다는 것을 입증하기 위해 이렇게 하였던 것 같다. 문왕이 『역』을 연역하면서는 이러한 점쟁이들의 술(術)을 완전히 폐기해버리고 평이함과 간략함으로만 귀결하였다. 공자가 그 풀이 글인 『역전』을 붙인 것은 바로 이 문왕의 『역』에 대해서다. 이에 비해 초공이 연역한 것은 하・상나라 점쟁이들의 『역』이다. 그런데 문왕・주공・공자의 『역』을 논하면서 점쟁이들의 술(術)로써 이를 어지럽히고 있으니, 도대체 될 법이나 한 일인가!

『주역내전』에서는 수괘(隨卦)䷐・고괘(蠱卦)䷑ 등의 괘에서 태괘(泰卦)䷊・비괘(否卦)䷋의 변함을 말했다. 무망괘(无妄卦)䷘・대축괘(大畜卦)䷙・진괘(晉卦)䷢・규괘(睽卦)䷥・정괘(鼎卦)䷱・혁괘(革卦)䷰ᅟ등에서는 각기 그 설을 달리하고 있다. 이는 효상(爻象)을 완미하며 두 성인들의 뜻을 마루로 삼은 것이다. 이 밖의 이런저런 설들은 나로서도 무슨 말인지 모르겠다.

十一
11

唯'乾'·'坤'以純爲道, 故'乾'曰"時乘六龍以御天", 又曰"天德不可爲首", 九五雖尊, 不任爲群陽之主, 而各以時乘; '坤'曰"德合无疆, 承天而時行", 六二雖正, 而下不能釋初六之凝陰, 上不能息上六之龍戰. 自此而外, 則卦各有主. 或專主一爻行乎衆爻之中, 則卦象·卦名·卦德及爻之所占, 皆依所主之爻而立義. 或貞悔兩體相應, 或因卦變而剛柔互相往來, 則即以相應·相往來者爲主. 或卦象同, 而中四爻之升降異位, 或初·上之爲功異道, 則即以其升降剛柔之用爻爲主. 非在此一卦, 而六爻皆有其一德也. 一爻行乎衆爻之間, 如'履'唯六三爲柔履剛, 則餘爻之陽皆其所履, 不可於外三爻而言履他爻; 初·二與三同爲'兌'體, 雖有'履'道而未履乎剛, 故咥不咥不與焉. '復'卦唯初九爲能復, '大有'唯六五爲有乎大, 而餘爻皆聽復而爲柔所有. '姤'·'同人'·'豫'·'小畜'之類, 其義皆然. 二爻相往來, 而以所往來者爲主, 如'損'之損三而益上, '益'之損四而益初, 則唯所損, 所益之兩爻爲主, 而餘爻皆受損·益者也. '恆'之初與四固藏以持久, 餘爻非有恆道; '需'·'晉'之五居尊而遙相待, 上與四爲隔絕, 所繇以俟'需'·'晉'者, 則'需'與所需·'晉'與所晉者異矣. 以相應不相應爲主者, 中四爻之合離有得失之異, 如'中孚'之二·五得中, 相合而孚其類, 以感三·四, 故三·四非能孚者, 初·上則尤不與於孚者也. 或卦象略同而三·四之升降異, 如'賁'柔來二以飾陽, 故'賁'須終不得爲大文; '噬嗑'剛自五而來初, 以齧合交雜之陰陽而非道; 則'賁'柔二與上爲致飾, '噬嗑'唯初與上爲强合; 有賁者, 有受賁者, 有噬者, 有受噬者, 不得槪言飾與合也. 中四爻象同而初·上爲功異者, 如'家人'以剛閑得位之貞, 而'蹇'以柔用; '解'以柔解失位之悖, 而'睽'以剛爭; 則中四爻之得失皆聽乎初·上, 不自爲合離行止矣; 有閑者, 有受閑者, 有解者, 有受解者, 有啓其疑以睽者, 有致其愼而蹇者, 未可無辨以離爻於全卦之象也. 觀其象以玩其象, 則得失之所由與其所著, 吉凶之所生與其所受, 六爻合一, 而爻之義大明矣. 舊說槪云當某卦之世則皆有某卦之道, 主輔不分, 施受不別, 遇'履'則皆履物, 遇'畜'則皆畜彼, 至於說不可伸, 則旁立一義, 如'訟'九五爲聽訟, 而不問所訟者爲何人之類, 揆之卦畫, 參之彖辭, 絶不相當, 非義所安, 審矣. 篇內疏其滯, 會其通, 非求異於先儒, 庶弪獲於三聖耳.

오직 건괘·곤괘 두 괘만이 순수함을 원리로 삼고 있다. 그러므로 건괘에서는 "때에 맞게 여섯 마리의 용이 끄는 탈것을 타고서 하늘을 제어한다."고 하고, 또 "하늘의 덕은 머리가 될 수 없다."고 한다. 구오효가 비록 존귀하다 하더라도 그에게 뭇 양(陽)들의 군주 임무를 주지 않고 여섯 효가 각기 때에 맞게 타는 것이다. 곤괘에서는 또 "덕이 무궁함과 합치하고, …… 하늘을 받들어 때에 맞게 행하도다!"라고 하니, 그 육이효가 비록 올바르다고는 하더라도 아래로 초육효의 차갑게 엉긴 음을 풀어줄 수 없고 위로 상육효의 용들 싸움을 멈추게 할 수가 없는 것이다. 이들 외 나머지 62괘에는 각각 주(主)가 되는 것이 있다. 그래서 어떤 괘들은 전제 군주에 해당하는 한 효가 나머지 효들 속에서 행하고 있으니, 이러한 괘들에서는 괘상, 괘명, 괘덕 및 각 효에서 점치고 있는 것들이 모두 그 주가 되는 효에 의거하여 뜻이 세워진다. 또 어떤 괘들에서는 정(貞)·회(悔)[60] 두 체(體)가 서로 응하기도 하고, 또 어떤 괘들에서는 괘가 변함에 따라 굳셈[剛]·부드러움[柔]이 서로 왕래하기도 한다. 그래서 이러한 괘들에서는 곧 서로 응하고 서로 왕래하는 효가 주효가 된다. 그리고 어떤 괘들에서는 괘상은 같으나 가운데 네 효가 다른 위(位)들을 오르내리기도 하고, 초효·상효가 공(功)을 세움이 다른 원리에 따르기도 한다. 그래서 이들 괘에서는 바로 그 오르내리면서 쓰인 굳셈[剛]·부드러움[柔]의 효가 주효가 된다. 이와 같은 관점에서 볼 적에, 한 괘 속에 있다고 하여 여섯 효들이 모두 그 하나의 덕(德)만을 갖는 것은 아님을 알 수 있다.

하나의 효가 다른 효들 사이를 운행하는 경우를 보자. 예컨대 이괘(履卦)䷉에서는 유일한 부드러움[柔]인 육삼효가 굳셈[剛]들을 밟고 있으니, 굳셈 효들의 양은 모두 이 부드러움의 효에 의해 밟히고 있다. 그래서 외괘의 세 양효에 대해 다른 효들을 밟고 있다고 말할 수가 없다. 그리고 초구·구이효는 육삼효와 함께 태괘☱의 몸을 이루고 있는데, 비록 이괘(履卦)의 도(道)가 있다고 하더라도 이들 두 굳셈들을 아직 밟지 못한다. 그러므로 이들 두 양효에서는 '밞음[履]'과 '물지 않음[不咥]'에 함께 하지 않는다. 복괘(復卦)䷗에서도 오직 초구효만이 스스로 돌아 올 수 있고, 나머지 효들은 타력에 의해 돌아와진다. 대유괘䷍에서도 오직 육오효만이 크게 소유할 수 있고, 나머지 효들은 이 부드러움[柔]에게 소유된다. 이 밖에 구괘(姤卦)䷫·동인괘䷌·예괘䷏·소축괘䷈ 따위도 그 의미가 모두 이와 같다.

두 효가 서로 오고 가는 경우에서는 이렇게 오고 가는 효들이 주(主)가 된다. 예컨대 손괘(損卦)䷨는 3효를 덜어내서 상효에 보태준 것이고,

60) 정(貞)·회(悔)는 각기 내소성괘(內小成卦)와 외소성괘(外小成卦)를 가리킨다.

2052 ● 주역내전 ❻

익괘(益卦)䷩는 4효를 덜어내서 초효에게 보태준 것이다. 그래서 이들 두 괘에서는 덜리고 보태진 두 효가 주효가 된다. 그리고 나머지 효들은 모두 이들에게 덜림·보태짐을 받는다. 항괘䷟에서는 초육효와 구사효가 본디 감추어진 채 오래감을 유지하고 있고, 나머지 효들에게는 항구함의 도가 있지 않다. 수괘(需卦)䷄·진괘(晉卦)䷢에서도 기다리는 것과 기다려지는 것들·나아가는 것과 나아가지는 것들이 다르다.

정(貞)·회(悔) 두 체(體)가 서로 응함과 응하지 않음을 주(主)로 하고 있는 것들을 보자. 가운데 네 효들이 합치하기도 하고 분리하기도 함에 득·실의 다름이 있는 것들이 있다. 예컨대 중부괘䷼의 구이·구오효는 득중한 채 서로 합하여 동류(同類)에 대한 믿음을 나누고 있다. 그러면서 육삼·육사효에게 느낌을 주고 있다. 그러므로 육삼·육사효는 더불어 믿음을 나눌 수 있는 것들이 아니다. 초구·상구효는 더욱 믿음에 함께할 수 있는 것들이 아니다.

괘상은 대략 같은데 3효·4효의 오르내림이 다른 것들이 있다. 예컨대 비괘(賁卦)䷕의 경우, 부드러움[柔]이 2효의 위(位)로 와서 양들(초구·구삼효)을 꾸며주고 있다. 그러므로 이 꾸며줌은 필연코 끝내 크게 빛날 수가 없다.[61] 서합괘䷔의 경우는 굳셈[剛]이 5효의 위(位)로부터 초효로 와서, 교접하며 뒤섞고 있는 음과 양들을[62] 꽉 깨물며 닫고 있으니 올바른 도가 아니다. 그래서 비괘(賁卦)䷕에서는 오직 육이효와 상구효만이 꾸밈을 행하고 있고, 서합괘䷔에서는 오직 초구효와 상구효만이 강하게 합하고 있다. 이렇게 비괘에서는 꾸며주고 있는 것들이 있고

---

61) 이 부드러움[柔]이 두 굳셈[剛]의 가운데 끼어 있기 때문이다.
62) 가운데 네 효들을 가리킨다.

그 꾸밈을 받는 것들이 있으며, 서합괘에서는 깨물고 있는 것들이 있고 그 깨묾을 받고 있는 것들이 있다. 그래서 이들 괘에서는 '꾸밈'과 '합함'으로 개괄하여 말할 수가 없다.

가운데 네 효들의 상(象)은 같은데 초·상효의 공(功)이 다른 괘들이 있다. 예컨대 가인괘(家人卦)䷤에서 제자리를 옳게 차지하고 있는 부드러움[柔]들[63]의 올곧음을 굳셈[剛]으로써 막고 있다. 그런데 건괘(蹇卦)䷦에서는 부드러움들(柔; 초육·상육효)로써 이 역할을 수행하고 있다. 또 해괘(解卦)䷧에서는 제 위(位)를 잃어버린 가운데 네 효들의 어그러짐을 초육·상육효의 부드러움으로써 풀어버리고 있다. 그리고 규괘(睽卦)䷥에서는 초구·상구효가 굳셈[剛]들로서 서로 마음이 틀어져서 다투고 있다. 이들 괘에서는 가운데 네 효들의 득(得)·실(失)이 모두 초·상효에 의해 결정된다. 그래서 이들 가운데 네 효들은 스스로는 합하지도, 분리하지도, 가지도, 멈추지도 못한다. 이처럼 이들 괘에는 막는 것들이 있고, 그 막음을 받고 있는 것들이 있다. 그리고 풀어버리는 것들이 있고, 그 풀어버림을 받아들이는 것들이 있다. 또 의심하며 마음이 틀어지는 이에게 그 의심을 해소해주는 이가 있고, 온 마음을 기울여 삼가는 나머지 행동이 자유스럽지 않은 이가 있다. 그래서 이들 괘에서는 어느 효든 분별하지 않은 채 전체 괘의 상(象)에서 분리함이 가능하지 않다. 결국 그 괘를 살피며 그 상을 완미하면, 어떻게 해서 득(得)·실(失)이 생겨나고 어느 효가 이를 드러내고 있는지, 길·흉이 어떻게 해서 생겨나고 그것을 받는 것은 어느 효인지를 알 수 있는데, 여섯 효의 합일이라는 유기적 연관 속에서 효들의 의미가 크게 밝아진다.

---

63) 육이·육사효를 가리킨다.

그런데도 이전의 설들에서는 이렇게 보지 않았다. 그저 개괄적으로 "어떤 괘의 세상에는 모두 그 어떤 괘의 도가 있다."고 하였다. 주(主)와 보(輔)를 나누지도 않고, 주는 이[施] 받는 이[受]를 구별하지도 않은 것이다. 즉 시초점을 쳐서 이괘(履卦)☰를 얻으면 모두 뭉뚱그려 다른 것을 밟는다고 여겼고, 소축괘☰든 대축괘☱든 '축(畜)' 자가 들어간 괘를 얻으면 모두 상대방을 길러준다고 여겼다. 그러다 자신이 점쳐 물은 상황에 대한 답이 없는 괘를 얻어 무어라 할 말이 없는 경우에는 곁가지로 또 하나의 의미를 세웠다. 예컨대 송괘(訟卦)☰의 구오효는 소송을 당하는 것으로 되어 있는데, 소송을 건 이가 어떤 사람의 부류인지를 따져보지 않고서는 아무리 괘의 획들을 살펴보고 괘사를 참고한다고 하더라도 절대로 괘·효사들이 이에 상당하지 않는다. 그래서 이 뜻을 어떻게도 처리할 수 없음이 분명하다. 그런데 내가 『주역내전』에서 그 막힘을 소통시키고 통함에서 만나게 한 것은, 굳이 내가 이전의 유학자들과 다른 풀이를 내겠다고 한 것에서 그렇게 한 것이 아니다. 단지 세 분 성인들로부터 인정을 받기만을 바랄 따름이다.

●●●

十二

12

以筮言之, 則由三變以得一畫以爲初, 漸積至十八變而成卦, 疑初爲始而上爲終. 然成卦者, 天地固有之化, 萬物固有之理, 人事固有之情,

筮而遇之則占存焉, 非因筮而後有卦也. 如天之健, 非漸次以盛而嚮
於弱; 地之順, 非馴習以至而且將逆. 至於'夬'·'剝'之屬, 非上不成, 其
初則未嘗決陰而剝陽也. 即以筮言, 初爻得奇者三十有二, 豈必初九
爲'乾'之始? 得偶者三十有二, 豈必初六爲'坤'之始? 即至五爻得陽, 而
爲'乾'爲'夬', 尙未可知; 五爻得陰, 而爲'坤'爲'剝', 尙未可知. 無上不成
乎初, 亦陰陽無始·動靜無端之理也. 卦有以初·終爲時位者, 然而
僅矣. 即如'乾'以時言, 而豈必一人焉由潛而見·而躍·而飛亢, 閱歷
盡而不爽乎? 孔子終於潛, 周公終於見, 文王終於躍, 堯始即飛, 比干·
伯夷始即亢. 人事如此, 物之變·天之化, 尤其不可測者. '需'非九五,
始固亟進而誰需? '訟'非九二, 五自居尊而無與訟. 然則何所據於時與
地, 爲卦之始·卦之終也? 未嘗觀象觀變以玩其占與辭, 而初則曰當
某卦之始, 上則曰當某卦之終, 奚足以研幾而精義乎? 其尤異者, 於'泰'
則曰泰極且否, 於'否'則曰否極而泰, 於'畜'則曰畜極而通, 然則'明夷'
之終夷極而必無傷, '解'之終解極而復悖乎? 以天下治亂·夫人進退
而言之, 泰極而否, 則堯·舜之後當即繼以桀·紂, 而禹何以嗣興? 否
極而泰, 則永嘉·靖康之餘何以南北瓜分, 人民離散, 昏暴相踵, 華夷
相持, 百餘年而後寧? '畜'極而通, 則苟懷才抱德者憤起一旦, 不必問時
之宜否, 可以唯所欲爲, 而志無不快. 以天化言之, 則盛夏炎風酷暑之
明日, 當即報以冰雪, 山常畜而必流, 水常通而必塞矣. 故泰極者當益
泰也, 否極者當益否也. '泰'上之復隍, '否'上之傾否, 自別有旨, 而不可
云極則必反也. 極則必反者, 筮人以慰不得志於時者之佞辭, 何足以
窮天地之藏, 盡人物之變, 貞君仔之常乎? 故舊說言始言終者, 槪不敢
從, 而求諸爻象之實. 卦或有初而不必有終, 不計其終; 或有終而不必
有初, 不追其始. 合渾淪之全體, 以知變化之大用, 斯得之矣.

시초점법으로 말하면 3변을 통해 1개의 획을 얻어 그것을 초효로 하고, 점점 누적해 나아가 18변에 이르러 하나의 괘를 이룬다. 이렇게 보면 초효가 시작이고 상효가 마지막이지 않을까 하는 의심이 들 수도 있다. 그러나 괘를 이루는 것은 하늘과 땅의 고유한 지어냄[造化]이고, 만물의 고유한 이치이며, 사람 일의 고유한 실정이다. 시초점을 쳐서 무슨 괘를 얻었으면 거기에 점(占)이 존재하는 것이지, 시초점으로 말미암은 뒤에 괘가 있는 것이 아니다. 예컨대 하늘의 씩씩함은 점차 왕성해졌다가 약함으로 향하는 것이 아니고, 땅의 순종함도 숙련에 의해 점차 이르렀다가 다시 거슬러 가는 것이 아니다. 쾌괘(夬卦)䷪와 박괘(剝卦)䷖의 붙이를 보더라도 상효가 아니면 완전히 이루어지지 않으니, 그 초효만으로는 음(陰)을 툭 터서 내보내거나 양(陽)을 박탈하지 못한다. 이를 시초점에 입각하여 말하면, 초효에서 홀수 획(—)을 얻는 것이 32개의 괘다.[64] 그런데 이 초구효가 어찌 꼭 건괘(乾卦)䷀의 시작만 되겠는가? 그리고 짝수 획(--)을 얻은 것도 32개의 괘인데 이 초육효가 어찌 꼭 곤괘(坤卦)䷁의 시작만 되겠는가? 아울러 5효에 이르기까지 모두 양을 얻었다 하더라도 이것이 건괘(乾卦)䷀가 될지 쾌괘(夬卦)䷪가 될지는 아직 알 수가 없다. 또 5효에 이르기까지 모두 음을 얻었다 하더라도 이것이 곤괘(坤卦)䷁가 될지 박괘(剝卦)䷖가 될지는 아직 알 수가 없다. 상효가 없으면 초효도 이루어지지 않는 것이니, 이 또한 음·양은 시작함이 없고[陰陽無始] 움직임·고요함은 단초가 없다[動靜無端]는 이치다.

괘에 처음과 끝이 있음을 가지고 시(時)와 위(位)를 삼기는 한다. 그러나

---

64) 『주역』 64괘 중에 초효가 양효인 것이 그 절반에 해당하는 32괘이고, 음효인 것이 역시 절반에 해당하는 32괘이다.

이는 최소한의 의미다. 바로 이것을 건괘(乾卦)에서 말해 본다면, 어찌 꼭 한 사람이 '물속에 잠겨 있음'·'드러남'·'도약함'·'낢'·'목을 뻣뻣이 세움'의 단계를 완전히 거치며 꼭 이대로의 단계에 어김이 없겠는가? 공자는 '물속에 잠겨 있음'의 단계에서 끝났고, 주공은 '드러남'의 단계에서 끝났으며, 문왕은 '도약함'의 단계에서 끝났다. 요임금은 '낢'의 단계에서 끝났고, 비간(比干)·백이(伯夷)는 시작부터가 곧 '목을 뻣뻣이 세움'이었다. 사람의 일만 해도 이러하거늘, 물(物)들의 변화와 하늘의 지어냄[造化]은 더욱 가늠할 수가 없는 것이다.

수괘(需卦)를 보면, 시초에는 본디 재빠르게 나아가니 구오효가 아니면 누가 기다리겠는가? 송괘(訟卦)에서도 구오효는 스스로 존귀한 지위를 차지하고 있어서, 구이효가 아니면 송사를 벌임이 없는 것이다. 그렇다면 시(時)와 지(地)에서 무엇을 근거로 하여 괘의 시작과 괘의 끝을 삼는단 말인가? 상(象)과 변함을 살피며 그 점(占)과 사(辭)를 완미하지 않고서 초효에 대해 그저 "어떤 괘의 시작에 해당한다."고 말하고 상효에 대해서는 그저 "어떤 괘의 끝에 해당한다."고 말한다면, 어찌 충분히 기미[幾]를 연구하고 뜻을 정심(精深)히 살폈다고 하겠는가!

더욱 이상하다고 할 것은, 태괘(泰卦)에서는 "태평함이 극에 이르러 또한 비색해지다."라 하고, 비괘(否卦)에서는 "비색함이 극에 이르러 태평해지다."라고 하며, 소축(小畜)·대축괘(大畜卦)에서는 "축적함이 극에 이르러 통하다."라고 하는 것들이다. 이렇다고 할 것 같으면 명이괘(明夷卦)의 끝남에서는 상처입음이 극에 이르러 반드시 상처입지 않음이 될 것이고, 해괘(解卦)의 끝남에서는 해결됨이 극에 이르러 다시 어그러진다는 말인가?

이를 맞는다고 치고 천하의 태평함과 혼란함, 사람의 나아감과 물러남에 적용하여 말해보자. 그러면 태평함이 극에 이르러 비색해진다는 것이니,

요·순임금의 뒤에 마땅히 걸(桀)왕·주(紂)왕이 계승해야 할 것이거늘, 어찌 우(禹)임금이 이들에 이어서 일어났다는 것인가? 또 비색함이 극에 이르러 태평함이 된다고 할 것 같으면, 영가(永嘉)의 난[65]과 정강(靖康)의 변[66] 이후에도 어찌 남과 북이 오이가 쪼개지듯 나뉘어졌단 말인가. 그래서 백성들이 뿔뿔이 흩어지고 어둡고 포악한 세상이 꼬리에 꼬리를 물고 이어지며 하화(夏華)족과 이(夷)족이 서로 대치하다 100년 넘게 지난 뒤에야 겨우 안정을 이루었단 말인가? 또 축적함이 극에 이르러 통하게 된다면, 진실로 재질과 덕을 지닌 사람이 죽 누르고 있다가 일단 분기(奮起)하였을 경우, 꼭 그것이 시의적절(時宜適切)한가를 따지지 않고서라도 오로지 그가 하고자 하는 대로 할 수 있으며 뜻함에 통쾌하지 않음이 없을 것이다. 또 하늘의 조화함을 가지고 말해 보면, 한여름 열풍과 혹서가 온 세상을 찜통 속에 몰아넣던 바로 다음날 마땅히 얼음이 얼고 눈이 내려야 할 것이다. 그리고 산은 늘 축적하였다가 반드시 흘러내려야 할 것이고, 물은 늘 통하다 반드시 막혀야 할 것이다. 이러하지 않으리라는 것은 너무나 당연하니, 태평함의 극은 마땅히 더욱 태평해야 하고 비색함의 극은 마땅히 더욱 비색해야 한다. 태괘(泰卦)䷊ 상육효의 '성을 쌓은 흙이 무너져 성 밑의 물 없는 해자로 돌아감(復

---

65) 영가(永嘉)의 난은 서진(西晉) 말년의 대란을 가리킨다. 흉노족인 유총(劉聰)이 낙양을 함락시키고 회제(懷帝)를 사로잡았다가 살해한 사건을 말한다. 자세한 것은 『주역내전』의 주719)를 참고하기 바란다.

66) 정강(靖康)의 변은 북송(北宋) 정강(靖康) 2년(1127) 금(金)나라 군대가 남하여 당시 송나라의 수도인 변경(卞京)을 함락시키고 휘종(徽宗)과 흠종(欽宗)을 사로잡아 간 사건을 말한다. 자세한 것은 『주역내전』의 주655), 720)을 참고하기 바란다.

隍)'과 비괘(否卦)▒ 상구효의 '이미 기운 비색함(傾否)'에 대해서는 나름 대로 다른 뜻이 있으니 결코 '물(物)이 극에 이르면 반드시 돌이킴(物極必反)'을 적용하여 운위해서는 안 된다.

'극에 이르러서는 반드시 돌이킨다.'는 것은 점쟁이들이 시대에 뜻을 펴지 못하는 이들을 위무하기 위해 하는 듣기 좋은 말일지니, 어찌 그것이 족히 천지의 감추어진 것들을 다 밝혀내고 사람과 만물의 변화를 다 드러내며 군자의 항상됨을 한결같이 지키게 할 수 있는 것이리오! 그러므로『주역내전』에서 나는 이전의 설들에서 '시작'으로 삼고 '끝남'으로 삼던 것들을 일괄적으로는 감히 좇지 않았다. 그리고 여러 효상(爻象)의 구체적인 실질에서 의미를 찾고자 하였다. 어떤 괘들에는 처음은 있지만 꼭 끝남이 있지는 않아서 그 끝남을 계산하지 않기도 하였고, 어떤 괘들은 끝남은 있지만 꼭 처음이 있지는 않아서 그 시초를 추구하지 않기도 하였다. 아직 이것저것으로 나뉘지 않은 상태 그대로[渾淪]의 전체를 합하여 변화의 대용(大用)을 안다면, 나의 말을 깨달을 수 있을 것이다.

十三
13

『本義』繪邵子諸圖於卷首, 不爲之釋而盡去之, 何也? 曰: 周流六虛, 不可爲典要;『易』之道, 『易』之所以神也, 不行而至也, 陰陽不測者也.

邵子方圓二圖, 典要也, 非周流也, 行而至者也, 測陰陽而意其然者也. 『易』自下生, 而邵子之圖自上變. 自下生者, 立本以趣時者也; 自上變者, 趣時而忘本者也. 天地之化, 至精至密. 一卉一木, 一禽一蟲, 察於至小者皆以不測而妙盡其理; 或寒或暑, 或雨或晴, 應以其候者抑不可豫測其候. 故『易』體之, 以使人行法俟命, 無時不懼, 以受天之祐. 故乾"坤竝建, 即繼以屯: 陰陽始交而難生, 險阻在易簡之中, 示天命之靡常也. '泰而旋否', '剝而旋復', 有恆而遯', 明已夷而可閑於有家: 神之格不可度, 而矧可射也? 故曰百物不廢, 懼以終始. 君子之學『易』, 學此焉耳; 有疑焉而以問, 問此焉耳; 固法象自然必有之變化也. 邵子之圖, 如織如繪, 如斵如砌, 以意計揣度, 域大化於規圓矩方之中. 嘗試博覽於天地之間, 何者而相肖也? 且君子之有作也, 以顯天道, 即以昭人道, 使崇德而廣業焉. 如邵子之圖, 一切皆自然排比, 乘除增減, 不可推移, 則亦何用勤勤於德業爲耶? 疎節闊目, 一覽而盡, 天地之設施, 聖人之所不敢言, 而言之如數家珍, 此術數家擧萬事萬理而歸之前定, 使人無懼而聽其自始自終之術也. 將無爲偸安而不知命者之勸耶? 於象無其象, 於爻無其序, 於『大象』無其理, 文王・周公・孔子之所不道, 非聖之書也. 而挾古聖以抑三聖, 曰伏羲之『易』; 美其名以臨之, 曰先天. 伏羲何授? 邵子何受? 不能以告人也. 先天者, 黃冠祖炁之說也. 故其圖乾順坤逆, 而相遇於姤・復', 一不越於龍虎交媾之術, 而邵子之藏見矣. 程子忽之而不學, 韙矣哉! 朱子錄之於『周易』之前, 竊所不解. 學『易』者, 學之聖人之言而不給, 奚暇至於黃冠日者之說爲? 占『易』者, 以占得失也, 非以知其吉而驕, 知其凶而忘者也, 又奚以前知一定之數爲? 篇中詳辨之.

『주역본의』에서는 소자(邵子; 邵雍)의 여러 도(圖)들을 책의 앞머리에다 실어놓았다. 그런데 나는 이『주역내전』에서 이것들을 풀이하지 않고 죄다 제거해버렸다. 그 까닭은 무엇인가.『주역』에서 "비어 있는 여섯 위(位)에 두루 유행한다[周流六虛]." "일정불변한 틀을 만들어 다른 괘들에도 일률적으로 적용해서는 안 된다[不可爲典要]."고 하기 때문이다. 『주역』의 원리는『주역』을 신묘하게 하는 까닭 그 자체이고, '다니지 않더라도 이름[不行而至]'이며, 음·양은 가늠할 수 없는 것이기 때문이다. 그런데 소자의 방도(方圖)와 원도(圓圖) 두 도(圖)는 일정한 틀이다. 그리고 두루 유행함도 아니며, 다녀야 이르는 것이다. 또 음·양을 가늠하여 그러하리라는 것을 머릿속에서 그려낸 것이다. 뿐만 아니라『주역』은 밑에서부터 생기는 것을 원리로 삼고 있는데, 소자의 도(圖)들은 위에서부터 변하는 것을 원리로 삼고 있다. 밑에서부터 생기는 것은 근본을 세워서 때에 맞추어 나아감이다. 그런데 위에서부터 변하는 것은 때에 맞추어 나아간다 하더라도 근본을 망각한 것이다.

천지의 지어냄[造化]은 지극히 정심(精深)하고 은밀하다. 한 포기 풀과 한 그루 나무, 한 마리 새와 한 마리 벌레 등 지극히 작은 것에서 살피더라도 모두들 가늠할 수 없는 차원에서 그 이치(理)를 신묘하게 다하고 있다. 혹은 춥기도 하고 덥기도 하며 혹은 비가 오기도 하고 개기도 하며 그 절후에 응하기도 하지만, 때로는 예측할 수 없는 날씨를 드러내기도 한다. 그러므로『주역』은 이러함을 체현하여 사람들로 하여금 법을 행하고 명(命)을 기다리게 하되, 한 시(時)라도 두려워하지 않음이 없도록 함으로써 하늘의 도움을 받도록 한다.

그러므로『주역』은 건괘▆·곤괘▆ 두 괘를 아울러 세우고서는 곧바로 준괘(屯卦)▆로 이어받고 있다. 이는 음·양이 처음으로 교접하여 어려움이 생기고 평이·간략함 속에 험난함과 가로막힘이 있음을 드러내는 것이다. 그리고 이것은 바로 하늘의 명(命)이 일정불변하지 않다는 것을 보여주는 것이다. 아울러 『주역』에서는 태괘(泰卦)▤였다가 비괘(否卦)▤로 돌이키고, 박괘(剝卦)▤였다가 복괘(復卦)▤로 돌이키며, 항괘(恒卦)▤였다가 둔괘(遯卦)▤이기도 한다. 또 밝음이 이미 상처를 입었으나[明夷卦▤] 가정을 호위할 수 있기도[家人卦▤] 하다. 그래서 신(神)이 이르는 것을 헤아릴 수조차 없는데 하물며 알아맞힐 수가 있겠는가? 그러므로 "온갖 것들을 폐하지 않게 하며, 두려움으로 시종일관하여 허물없음으로 귀결하게 한다."[67]고 하는 것이다. 군자가 『주역』을 배운다는 것은 바로 이러함을 배우는 것일 따름이다. 그리고 의심나는 점이 있으면 시초점에 묻되, 바로 이러한 점을 묻는 것일 따름이다. 이것들은 본디 하늘과 땅의 현상이 자체적으로 작동함에서 반드시 있게 마련인 변함[變]이요 화함[化]인 것이다.

그런데 소자(邵子)의 도식들은 마치 베를 짜거나 그림을 그리듯, 또 제사상에 음식을 차려 놓거나 돌담을 쌓아올리듯, 의도적으로 계산하고 헤아려 동그라미와 네모의 틀 속에다 위대한 천지의 조화를 구획지어 놓았다. 그러나 하늘과 땅 사이에 있는 것들에 한 번 시험 삼아 널리 징험해 보라. 도대체 무엇이 이와 닮았다는 말인가! 또한 군자가 해야 할 일이란 하늘의 도를 드러내는 것이고 이를 바탕으로 하여 사람의 도를 밝히는 것이며, 자신의 덕을 높이고 사업을 넓히는 것이다. 그러나 소자의 이 도(圖)들은 일체가 모두 이것 나름대로 정연한 배열을 이루며 곱셈·나눗셈·더하기·빼기의 논리를 담고 있을 뿐, 이것으로부터 미루어 나아가 자연의 이치에 적용할 수가 없다. 그러니 이를 가지고

---

67) 「계사하전」 제11장에 나오는 말이다.

어찌 덕행을 쌓고 사업을 넓히는 데 지극정성으로 힘쓰게 할 수 있겠는가?
소자(邵子)의 도(圖)들에 드러나 있는 성기고 드문드문한 절목들은 한
번 죽 훑어보면 그것으로 끝일뿐이다. 그러나 하늘과 땅이 펼치고 베푸는
것에 대해서는 성인들로서도 감히 말하지 않는 것인데, 이들 도(圖)에서
는 마치 술수가들이 소장하고 있는 보물처럼 이렇게 명백하고 조리가
있다. 이 도(圖)들은 술수가들이 만사(萬事)·만리(萬理)를 다 몰아다
'미리 확정되어 있음[前定]'으로 귀결시킴으로써, 사람으로 하여금 도대
체 거리낌이란 없이 그것 자체로 시작하고 끝나는 술수에나 귀 기울이게
하는 것이다. 그렇다면 장차 하는 일 없이 그저 편안함이나 탐할 뿐,
자신의 명(命)이 스스로에게 권하는 것이 무엇인지를 알지 못할 것으로
다! 괘에도 이러한 상(象)이 없고, 효(爻)에도 이러한 순서가 없으며,
「대상전」에도 이러한 이치가 없다. 이는 문왕·주공·공자가 말하지
않은 것이며, 성인들의 글에 있는 것도 아니다. 그런데 옛 성인이라는
이름으로 이들 세 분 성인을 억누르면서 "이것이 복희씨의 『역』이다."라
하고, 이들에 미명을 들씌워서 '선천(先天)'이라 한다. 그러나 복희가
무엇을 주었다는 것인가? 그리고 소자는 무엇을 받았다는 것인가? 이들로
서는 결코 사람들에게 이에 대해 밝힐 수 없을 뿐이다. '선천'이란 머리에
노란 관을 쓴 도사(道士)들이 만물의 기원이랍시고 설명하면서 하는
말이다. 그러므로 이들 도(圖)에서는 건괘(乾卦)▤는 순방향으로 진행하
고 곤괘(坤卦)▤는 역방향으로 진행하여 구괘(姤卦)▤·복괘(復卦)▤에
서 만나니, 하나같이 용과 호랑이가 교합한다는 술(術)[68]을 넘어서지

---

[68] 도교(道敎)에서 내단(內丹)을 설명하는 가운데 나오는 말이다. 용은 이괘▤를
말하고 불을 상징한다. 호랑이는 감괘▤를 말하고 물을 상징한다. 이들 화기(火

못한다. 소자가 감추고 있는 것이 여기서 드러난다.

그래서 정자(程子; 程頤)는 소자(邵子)의 도(圖)들을 홀시하고 배우지 않았던 것이니, 이야말로 올바른 태도다. 그런데 주자(朱子)는『주역』의 앞머리에다 가만히 수록해놓고는 풀이하지 않고 있다.『주역』으로 배움을 삼는 사람들이 성인들의 말씀을 배우기에도 여의치 않거늘, 어느 겨를에 이들 도사들이나 점쟁이들의 설까지 배워야 한단 말인가!『주역』으로 점을 친다는 것은 그 득·실을 점치는 것이다. 결코 그 길함을 알고는 목에 힘을 주거나 흉함을 알고는 내 알 바 아니라고 태만히 있고자 하는 것이 아니다. 그러니『주역』이 또한 어찌 이렇게 일정함을 미리 아는 수(數)로써 하겠는가! 이러한 것들에 대해서는『주역내전』에서 상세하게 분별해 놓았다.

● ● ●

十四
14

唯『易』不可爲典要, 故玩象·爻之辭者, 亦不可執一以求之. 有卽爻之得失而象占在者, 如"潛龍勿用", 則龍者初九之德, '潛'者初九之時,

---

氣)와 수기(水氣)의 결합으로 황아(黃芽)가 나오고 여기서 연홍(鉛汞)으로 나뉜다고 한다.

'勿用'則示修龍德而在潛者當以藏爲道之類是也. 乃執此以槪其不然者, 則於爻無義, 於象相違者多矣. 有爻中之象占, 有爻外之象占. 而爻外之象占復有二. 其一如'坤'初六"履霜堅冰至", 雖初六之且有此象, 而所戒者在君子之辨之於早, 非爲初六言也; 又如'噬嗑'初九"履校滅趾无咎", 雖初九之自致, 而言无咎者, 謂君子施薄刑於小人以弭其惡, 則可寡民之過, 非謂履校而可无咎也. 其一如'大有'上九"自天祐之吉无不利", 上九即天也, 祐者非祐上也, 乃六五履信思順而上祐之, 即其福之至以歸本於六五之德也; 又如'解'六五"君子維有解", 解者, 非五之能解也, 上六藏器待時而解六三之悖, 故五可孚三而解之, 此原本上六之德以知六五之吉也. 蓋讀書者一句而求一句之義, 則句義必忒, 況於『易』之爲學, 以求知天人之全體大用; 於一爻而求一爻之義, 則爻義必不可知. 且如潛龍勿用, 義固盡於爻中矣, 而非六陽純成・自彊不息, 則無以見一陽初動之即爲龍, 況其會通於爻外之爻以互相應求, 與立一占者・學者於卦爻之外, 以垂訓戒者乎! 通其變而不倦於玩, 君子之所以行乎疊疊也. 執一句一義而論先聖之書, 微言隱, 大義乖, 他經且然, 奚況『易』哉!

오직 『주역』만큼은 일정불변한 틀을 만들어 모든 괘들에 개괄적으로 적용해서는 안 된다. 그러므로 괘・효사를 완미하는 이들도 한 가지 해석 틀만을 고집하며 의미를 찾으려 해서는 안 된다. 『주역』에는 효(爻)의 득・실 자체에 상(象)과 점(占)이 있는 것들이 있다. 예컨대 "물속에 잠긴 용이니 쓰지 마라!"라고 한 것에서 '용'은 건괘(乾卦)䷀ 초구효의 덕이다. '물속에 잠김'은 초구효의 시(時)다. '쓰지 마라!'는 용의 덕을 닦아야 함을 제시하는 것이고, 자신의 때가 물속에 잠김에 해당하는 사람은 마땅히 숨어 있음을 도(道)로 삼아야 한다는 것이다. 그러나 이것에만 집착하여 그렇지 않은 다른 괘들까지 개괄한다면, 효(爻)에 그러한 의미가 없고 괘에서도 서로 어긋나는 것들이 많을 것이다. 『주역』에는 효(爻) 속에 상(象)과 점(占)이 있는 것도 있고, 효의 밖에 상과 점이 있는 것이 있다. 그리고 효의 밖에 상과 점이 있는 것에는 다시 두 가지가 있다. 그 하나는 곤괘(坤卦)☷의 초육효사 "서리를 밟았으니 이제 곧 두꺼운 얼음이 얼 것이다."와 같은 것으로서, 비록 곤괘의 초육효 자체에 이러한 상이 있기는 하지만, 이는 군자에게 일찌감치 분별해야 함을 경계하는 것이지 결코 초육효에게 말하는 것이 아니다. 또 서합괘(噬嗑卦)☲의 "발에 차꼬를 씌워 발가락을 가려버림이다. 허물이 없다."고 함도 마찬가지다. 여기서 말하는 것이 비록 서합괘의 초구효가 스스로 초래한 것이기는 하지만, '허물이 없다'는 말은 군자가 소인들에게 가볍게 형벌을 내려 그 악을 그치게 하니 백성들의 허물을 적게 할 수 있다는 의미. 결코 발에 차꼬를 씌웠지만 허물이 없을 수 있다는 말이 아니다.

또 하나는 대유괘(大有卦)☲의 상구효사에서 "하늘이 복을 줌이니 길하며 이롭지 않음이 없다."고 함이다. 이 대유괘에서 상구효는 바로 하늘을 상징한다. 그리고 복은 상구효에게 주는 것이 아니라 육오효가 하는 짓이 믿음직스럽고 생각함이 순종적이어서 상구효가 그에게 복을 주는 것이다. 다시 말해서 그 복이 이를 수 있는 근본을 육오효의 덕으로 돌리는 것이다. 또 해괘(解卦)☵의 육오효사에서 "군자는 동여매고 있던 밧줄이 풀리는 격이니"라 한 것이 이에 해당한다. 여기서 푸는 것은 육오효가 풀 수 있다는 것이 아니라, 상육효가 기구(器具)를 감추고서 때를 기다리고 있다가 육삼효의 패악함을 풀어버리는 것이다. 그러므로 육오효는 육삼효를 믿고서 풀어버리는 것이다. 이는 원래 상육효의 덕을 근본으로 하여 육오효의 길함을 앎이다.

글을 읽을 적에 한 구절에 한정하여 그 구절의 의미를 찾고자 하면 구절의 의미가 틀림없이 잘못되고 마는데, 하물며 『주역』을 배움으로 삼아서 하늘과 사람의 전체·대용을 알고자 함에서야! 한 효의 의미를 그 한 효에 한정하여 찾고자 한다면, 효의 의미를 틀림없이 알 수 없을 것이다. 예컨대 "물속에 잠긴 용이니 쓰지 마라!"라는 것을 보자. 이 뜻은 본디 효 속에 다 드러나 있기는 하지만, 여섯 양(陽)들이 순수하게 이루어 쉼 없이 스스로 수양에 힘씀이 아니라면, 하나의 양이 처음 발동하는 데서 그것이 곧 용(龍)이라는 것을 알 수가 없는 것이다. 하물며 효 밖의 효와 회통하기 때문에 서로 맞추어서 의미를 찾아야 하는 것이나, 하나의 점(占)과 학(學)을 괘·효의 밖에다 세우고서 가르침과 경계함을 드리우고 있는 것들이야!

그 변함에 통하며 완미함을 게을리하지 않는 것이 바로 군자로서 부지런히 행해야 할 것이다. 그렇지 않고 한 구절에 한정하여 한 구절의 의미를 찾으면서 옛 성인들의 글을 논함에서는 은미한 말들이 숨어버리고 거대한 의미가 어그러지고 만다. 다른 경전들도 그러하거늘, 어찌 하물며 『주역』에서 이렇게 할 수 있으리오!

● ● ●

十五
15

爻辭爲筮得九六動爻而設, 故於象有變通, 如'履'六三·'復'上六之類.

乃動爻之取義有二, 一爲値其動之時者言也, 一爲於其時位而有動之
情者言也. 値其動之時, 不必有動之情, 而動應之. 如乾'初九, 非有欲
潛之情, 時爲之也, 示占者當其時則道宜如是, 非有欲用之意, 而固不
可用也. 凡此類, 以所値之時位言也. 一則卦德本如是矣, 非其吉凶之
必然也, 乃忽情動於中, 而與此爻得失之理相應, 則爻因其情之動而
告之以動之吉凶. 如同人'以一陰應群陽, 本有于野'之亨, 而六二以應
而動其情, 以私合於五, 非其時位然也, 情之動也. 凡此類, 以人之情專
於此而遺其全體, 則以情之動而告以動之得失也. 占者非有其情, 則
當其時而趣之; 苟有其情, 則因其情之得失而愼之; 此所以明於憂患
之故, 而爲通志成務之道. 卽占卽學, 豈有二理哉!

효사는 시초점을 쳐서 얻은 9·6 동효(動爻)를 위해 마련해 놓은 것이다.
그러므로 괘에는 변함과 통함이 있는 것이다. 예컨대 리괘(履卦)䷉의
육삼효와 복괘(復卦)䷗의 상육효와 같은 따위가 그것이다. 이들 동효가
의미를 취함에는 두 가지 부류가 있다. 하나는 그 움직임의 때[時]를
만났다는 것으로써 말하는 것이고, 또 하나는 그 때[時]와 위치[位]에서
움직이고자 하는 마음씀이 있음을 가지고 말하는 것이다. 우선 첫째
부류를 보면, 그 움직임의 때[時]를 만나 꼭 움직이고자 하는 마음씀이
있지 않더라도 움직여서 그것에 응한다. 예컨대 건괘(乾卦)䷀ 초구효의
경우, 물속에 잠겨 있고자 하는 마음씀이 있어서 그렇게 하는 것이
아니라 때가 그래서 그렇게 하는 것이다. 이러한 경우에는 점친 사람에게
이러한 때를 만나서는 원리상 마땅히 이와 같이 된다는 것을 알려준다.
이 경우에는 세상에 나아가 쓰이고자 하는 의욕도 있지 않으며, 본디
쓰일 수도 없다. 무릇 이와 같은 부류는 만난 때[時]와 위치[位]를 가지고서
말한다.

또 하나의 부류는 괘의 특성이 본래 이와 같기는 하여도, 그 길·흉이 꼭 그러하지만은 않은 경우다. 말하자면 홀연히 그 상황 속에서 마음씀이 움직여서 이들 효 속에 담긴 득·실의 이치와 상응하면, 효사는 그 마음씀의 움직임으로 말미암아 움직인 데서 오는 길·흉을 말해주는 것이다. 예컨대 동인괘(同人卦)☲에서는 하나의 음이 뭇 양들에게 응하고 있어서 이 괘에는 본래 '들판에서'의 형통함이 있다. 그런데 육이효가 이 형통하다는 것에 응하여 그 마음씀을 움직여서 사사로이 구오효에게 영합하니, 이는 그 때[時]와 위치[位]가 그러한 것이 아니라 마음씀이 움직인 것이다. 무릇 이러한 부류들은 사람의 마음씀이 이러함에 푹 빠져 그 전체를 못 보기 때문에 마음씀의 움직임으로써 움직인 결과의 득·실을 알려주는 것이다.

점친 사람에게 그 마음씀이 없다면 때에 맞추어 그대로 나아간다. 그런데 진실로 그러한 마음씀이 있다면, 그 마음씀으로 말미암아 초래할 득·실을 보고 신중해야 한다. 이것이 바로 우환을 불러오는 까닭에 밝은 것이며, 뜻함을 통하게 하고 애씀을 이루어주는 원리다. 이렇게 보면 『주역』으로 점을 치든 『주역』으로 배움을 삼든, 이들에 어찌 서로 다른 이치가 있겠는가!

十六

16

『易』爲君子謀, 不爲小人謀. 君子之謀於『易』, 非欲知吉凶而已, 所以知憂, 知懼, 而知所擇執也. 故曰: "无有師保, 如臨父母." 『本義』往往有戒占者之言, 韙矣. 然所戒者, 剛柔之節, 進退之度, 王者之刑賞因革, 君子之出處語黙, 兩俱近道, 而戒以愼擇而固執之. 若夫貞之爲言正也, 出乎正則入乎邪, 即微『易』之戒, 豈有不貞而可以徼利者哉! 貞之爲利也, 不相離也, 貞則利, 利必貞也, 故有貞凶, 而無不利之貞, 無不貞之利. 且『易』之所謂利者, 非小人之利, 求榮而榮, 求富而富, 欲焉而遂, 忿焉而逞者也. 故曰"利物", 非私利於己之謂也; 曰"合義", 合於義即利, 所謂不以利爲利, 以義爲利也. 故凡言貞吉者, 言既得其正而又吉. 或謂所吉者在正, 而非不正者之可幸吉, 此即戒矣. 若利貞, 則謂其合義而可固守, 即有戒焉, 亦謂其義之合不以權而以正也. 儻云利於貞, 不利於不貞, 此又豈待『易』之言而後戒乎! 況如乾'言利貞, 在天者即爲道之正, 胡容責天以正, 而唯恐不正之不利耶! 元 · 亨 · 利 · 貞, 分言之則四德, 合言之則二理. 復禮爲仁, 禮者仁之秩敍; 信必近義, 信者義之始終. 文王合四德而順言之, 孔子分四德而合言之, 義固兩存, 不可云孔子之言非文王之意也. 篇中亟正之.

『주역』은 군자의 도모함을 위한 것이지 소인들의 도모함을 위한 것이 아니다. 군자가 『주역』에서 도모함은 그저 길・흉을 알고자 할 따름이 아니라, 우환을 알고 두려워해야 할 것을 알며 무엇을 선택하여 굳게 지켜야할지를 알고자 함이다. 그러므로 "태사(太師)·태보(太保)가 있지 않다 하더라도, 마치 부모가 우리들 곁에 있듯이 『주역』을 가까이 두고 가르침과 이끎을 받음이 된다."[69]고 하는 것이다. 이러한 관점에서 볼 적에, 『주역본의』에서 군데군데 점을 친 사람들에게 경계하는 말을 두고 있는 것은 옳은 것이다. 그러나 경계하는 바는, 군셈[剛]과 부드러움[柔]이 상황에 딱 들어맞아야 한다는 것이고, 나아감과 물러남이 원칙에 맞아야 한다는 것이다. 아울러 왕들이 형벌을 줌과 상을 내림에 관한 것이고, 국가 경영을 그대로 계속해 나아가야 할지 아니면 개혁해야 할지에 관한 것이다. 또 군자가 세상에 나아가 도(道)를 실현해야 할지 아니면 산림에 묻혀 살아야 할지, 말해야 할지 침묵해야 할지에 관한 것이다. 이러한 것들이 둘 중 어느 것이든 도(道)에 가까우니 신중하게 선택하여 굳게 지킬 것을 경계하고 있는 것이다.

'올곧음[貞]'이라는 말은 '올바름[正]'을 의미한다. 올바름에서 벗어났으면 곧 사악함에 들어간 것이니, 바로 은미한 『주역』의 계고(戒告)를 마주하고서도 어찌 올곧지 않은 채 이로움을 요행으로 기대할 수 있으리오! 그리고 올곧음 자체가 곧 이로움이기도 하여 이들 둘은 서로 분리되지 않는다. 그래서 올곧으면 이롭고, 이로움은 반드시 올곧아야 이루어진다. 그러므로 '올곧지만 흉함'은 있으나 '이롭지 아니한 올곧음'은 없고, '올곧지 아니한 이로움'도 없다.[70] 또한 『주역』에서 말하는 '이로움'이란 소인

69) 「계사하전」 제8장에 나오는 말이다.
70) 여기서 '올곧지만 흉함'이라 한 말은 그 의미가 부자연스럽다. 특히 지금 논하고 있는 의리역학의 논지와 모순되는 것처럼 보인다고 할 수도 있다. 올곧게

사는 사람이 흉한 경우가 있다는 것이기 때문이다. 그 궁극적인 까닭은 전통 역학에서 이 '貞(정)' 자의 원래 의미를 인간이 갖추어야 할 덕목 가운데 하나로 본 데 있다. 왕부지 역시 그가 처한 역사적 국한성 때문에 이를 당연시하며 그의 철학을 전개하고 있다. 그러나 이것은 '貞(정)' 자의 원래 의미를 오해한 것이다. 이 '貞(정)' 자에 대하여 『설문해자(說文解字)』에서는 '점쳐 물음이다 (貞, 卜問也)'라 하고 있다. 그리고 그 주(注)를 쓴 청대의 단옥재(段玉裁)는, "국가에 결정하기 어려운 큰일이 있을 때 시초와 거북이를 이용해 점쳐 물었다." (貞, 問也. 國有大疑, 問於蓍龜)라 한 한대 정중(鄭衆)의 말(鄭玄 注, 賈公彦 疏, 『周禮注疏』, 重刊宋本, 臺北, 藝文印書館, 372쪽)을 인용하여 이 글자에 대해 풀이하고 있다(段玉裁, 『說文解字注』, 臺北, 藝文印書館, 128쪽, '貞字 條). 따라서 전통 역학에서도 이러한 의미에 주의를 기울였다면 이렇게까지 오해의 골이 깊어지지는 않았을 것이다. 그러나 『역전』 십익(十翼)과 『춘추좌씨 전(春秋左氏傳)』류를 좇는 해석이 주류를 이루는 바람에 이 '貞(정)' 字의 의미는 인간의 한 덕목을 의미하는 것으로 고착되고 말았다. 왕부지는 이것을 바탕으로 이처럼 뛰어난 의리역학 체계를 세웠다. 따라서 오늘날의 관점에서 왕부지의 이러한 『주역』 풀이를 꼭 비판만 할 수는 없을 것이다. 학문의 패러다임이 다르기 때문이다. 오히려 전통 역학 속에서 그가 보이고 있는 역학적 천재성을 높이 살 수 있다.

그런데 이 '貞(정)' 字의 의의가 '점쳐 물음[卜問]'이라는 결정적 증거는 20세기 들어 갑골문 해석이 거의 완료됨으로써 제시되었다. 갑골문 대부분이 은대(殷 代)의 점복(占卜) 상황을 기록한 것으로 드러났는데, 그것들 거의 매 조(條)에 모두 이 '정(정)' 자가 들어 있음이 밝혀졌기 때문이다(容肇祖, 「占卜的源流」, 顧頡剛 編著, 『古史辨』 제3책 上, 上海古籍出版社, 1982, 252쪽). 이처럼 貞(정) 자의 의미를 '점쳐 물음이다(貞, 卜問也)'라 할 때 이곳에서의 '貞凶(정흉)'이라 한 말은 쉽게 이해할 수 있다. 점쳐 물은 결과가 '흉(凶)'으로 나왔다는 의미이기 때문이다. '利貞(이정)'도 점쳐 물은 일에 이롭다는 의미다. 『역경』 괘·효사의 '貞(정)' 자들은 모두 이러한 의미로 해석될 수 있다. 바로 이것이 『주역』의 사실적 면모에 접근한 해석이다. 20세기 들어와 이러한 관점에서 『주역』을 해석한 사람 가운데 대표적인 학자가 바로 까오형(高亨)이다. 그는 두 개의

의 이로움이 아니니, 영화(榮華)를 구한다고 해서 영화로워지거나, 부유함을 구한다고 해서 부유해지거나, 바란다고 해서 이루어지거나, 분풀이를 한다고 해서 속 시원해지거나 하는 그러한 것이 아니다. 그러므로 '만물을 이롭게 함[利物]'은 자기 자신에게 사사로운 이로움을 말하는 것이 아니다. 그리고 '의로움에 합치함[合義]'은 의로움에 합치함이 곧 이로움이라는 의미다. 말하자면 '이로움'을 이로움으로 여기지 않고 '의로움'을 이로움으로 여긴다는 뜻이다. 그러므로 무릇 '올곧으며 길함'은 이미 올곧을 뿐만 아니라 또한 길하다는 의미다.

어떤 사람은 "길한 바는 올바름에 있으니, 올바르지 않은 사람이 요행으로 길할 수 있는 것이 아니다."라고 한다. 이는 자체가 바로 사람들에게 경계하는 것이다. 이에 비해 '이롭고 올곧음'이란 의로움에 합치하여 굳게 지킬 수 있다는 말이니, 이 말 자체에 곧 경계함이 있다. 뿐만 아니라 이 말은 의로움에 합치함이 권도(權道)로써 합치하는 것이 아니라 정도(正道)로써 합치한다는 의미다. 그런데 만약에 "올곧음에 이롭고, 올곧지 않음에 이롭지 않다."고 할 것 같으면, 이것이 또한 어찌 『주역』의 말에 의거하여서 경계하는 것이리오! 하물며 건괘(乾卦)▤에서 말하는 '이롭고 올곧음' 같은 것은 하늘에 있는 것이 바로 도(道)의 올바름이라는 의미이거늘, 어떻게 하늘을 올바름으로써 꾸짖을 수 있으리오. 오직 올바르지 않음이 이롭지 않음만을 두려워해야 하리로다!

으뜸됨[元]・형통함[亨]・이로움[利]・올곧음[貞]은 나누어서 말하면 네 개의 덕이지만, 합해서 말하면 두 개의 이치를 드러내고 있다. '예를 회복함[復禮]'이 어짊[仁]이니, 예는 어짊의 질서를 의미한다. 그리고 믿음은 반드시

『주역』 풀이 책(『周易古經今注』, 『周易大傳今注』)들을 이 관점에서 주석하였다.

의로움에 가까우니, 믿음은 의로움의 시작과 끝이다. 괘사를 쓴 문왕은 이들 네 덕을 합해서 말하였고, 이에 대한 풀이 긐易傳을 쓴 공자는 이들을 네 덕으로 나누고는 함께 말하였다. 그 뜻에는 본디 이들 두 가지가 다 존재한다. 그래서 공자의 말은 문왕의 뜻을 담고 있지 않다고 말할 수가 없다. 나는 『주역내전』 속에서 재빨리 이를 바로잡았다.

●●●

十七

17

當位之吉, 不當位之凶, 其恆也. 應之利, 不應之不利, 其恆也. 使有恆之可執, 而據之爲典要, 則「火珠林」一類技術之書, 相生相尅之成局, 足以與於聖人之道義・天地之德業矣. 故有不當位而吉, 當位而不吉, 應而不利, 不應而利者. 以人事徵之: 紂以世嫡而爲君, 三桓以公族而爲卿, 當位者也; 文王之爲臣, 孔子之爲下大夫, 不當位者也; 飛廉・惡來, 柔以應剛者也; 微子之決於去, 比干之懇於諫, 不應者也. 得失豈有定哉! 耕者之雨, 行者之病也. 豐艸之茂, 良苗之瘠也. 位無恆, 應必視其可應, 以爲趨時之妙用, 其可以典要求之乎! '乾・'坤・'震・'巽・'坎・'離・'艮・'兌', 位皆其位, 不待應而自合者也. '泰・'否・'益・'恆・'既濟・'未濟・'咸・'損', 固相應而無關於得失也. '既濟無不當之位, '未濟無相當之位, 位不足言也. 推此而言變動無常之旨, 類可知矣.

당위(當位)가 길하고 부당위(不當位)가 흉함은 '늘 그러함[恒]'이기는 하다. 짝이 되는 효가 응(應)하면 이롭고 응하지 않으면 이롭지 않다는 것도 '늘 그러함'이기는 하다. 그러나 설사 이 '늘 그러함'에 잡을 만한 것이 있다고 하더라도, 이에 의거하여 일정불변의 틀[典要]로 삼아서는 안 된다. 이렇게 한다면, 「화주림」 따위의 술수 서적들에서 상생(相生)·상극(相剋)의 원리로써 틀을 이루고 있는 것들도 성인들의 도(道)와 의리 및 하늘과 땅이 지닌 덕(德)과 사업을 충분히 드러낼 수 있다고 함이 될 것이다. 그러므로 당위(當位)가 아니더라도 길한 것이 있고, 당위(當位)이더라도 길하지 않은 것이 있으며, 짝이 응하더라도 이롭지 않은 것이 있고 응하지 않더라도 이로운 것이 있다.

사람의 일을 가지고 이를 따져보자. 주왕(紂王)은 적자로서 왕위를 계승하여 임금이 되었고, 삼환(三桓)[71]은 공족(公族)으로서 경(卿)이 되었다. 이들은 모두 당위(當位)에 있던 자들이다. 이에 비해 문왕은 신하였고 공자는 하층의 대부였다. 그래서 이들은 당위(當位)에 있지 않은 자들이었다. 그리고 또 비렴(飛廉)·악래(惡來)[72]는 부드러움[柔]으로써 굳셈

---

71) '삼환'은 춘추시대 노(魯)나라의 경대부(卿大夫)인 맹손씨(孟孫氏)·숙손씨(叔孫氏)·계손씨(季孫氏) 셋을 가리킨다. 모두 환공(桓公)의 후예들이기 때문에 '삼환(三桓)'이라 부른다. 문공이 죽은 뒤 이들의 세력은 날로 강해져서 삼군(三軍)을 나누어서 지휘하며 실제적으로 노나라의 권력을 장악하였다. 자세한 것은 『주역내전』의 주297을 참고하기 바란다.

72) 비렴과 악래는 부자 사이라고 한다. 비렴은 중국의 신화에서 동물신으로 전해진다. 그 모습은 새의 몸에 사슴의 머리를 하였다고도 하고, 사슴의 몸에 새의 머리를 하였다고도 한다. 바람을 관장하여 '풍백(風伯)'으로도 불린다. 그러나 동일한 비렴이 『맹자』에 나오는데(『孟子』, 「滕文公下」: 驅飛廉於海隅而戮之) 조기(趙岐)는 이에 대한 주석에서 비렴을 주왕(紂王)에게 아첨을 잘하였던

[剛]에게 응했던 자들이다. 미자(微子)는 떠나는 것으로 결단하고[73], 비간(比干)은 어리석게도 고집을 부려 간언하였다.[74] 그래서 미자·비간은 모두 짝이 응하지 않음에 해당하는 이들이다. 이들을 놓고 볼

신하라고 주해하고 있다. 악래 역시 성격이 간사하고 화려한 언변에 능했던 인물인데, 주왕에게 시종일관 아첨을 떨어 그의 학정을 조장한 인물로 전해진다.

73) 미자는 이름이 계(啓)다. 주왕(紂王)의 배다른 형이었는데 주왕의 음란함 때문에 나라가 망할 것을 염려하여 수차례 간하였으나 듣지 않자 그를 떠났던 인물이다. 나중에 주(周)의 무왕이 은나라를 멸망시키고 그의 관직을 회복하여 주었고, 주공은 성왕(成王)의 명을 받아 무경의 반란을 진압한 뒤 그에게 명을 내려 은나라 후예들을 통솔하게 하며 은나라의 제사를 받들게 하였다. 그리고 주나라의 부속국인 '송(宋)' 땅에 그를 봉하였다. 그래서 미자는 이 송나라의 시조가 되었다. 『상서(尙書)』에 「미자(微子)」 편이 있을 정도로 뛰어난 인물이다.

74) 비간은 은나라 왕 태정(太丁)의 둘째 아들이며 마지막 왕인 주왕(紂王)의 숙부다. 그는 어려서부터 매우 총명하였으며 20세에 벌써 태사(太師)의 지위에 올라 왕 제을(帝乙)을 보좌했다. 그리고 제을로부터 나중에 자신이 죽은 뒤 주왕(紂王)을 잘 보좌해 달라는 부탁을 받았다. 비간은 40여 년 동안 정치에 종사하면서 백성들의 부세(賦稅)와 요역(徭役)을 줄여주고, 농업생산을 발전시키며, 청동기와 철기의 주조에서도 일정한 성과를 거둠으로써 은나라를 부국강병으로 이끌었다. 다만 주왕이 달기(妲己)와의 애정행각에 빠져 그녀의 말만을 받아들이고 갖은 음란한 짓을 다하며, 학정을 베풀어 백성을 도탄에 빠지게 한 것이 문제였다. 이에 비간은 사흘 밤낮을 궁궐을 떠나지 않고 직접 주왕을 대면하여 간언(諫言)하였다. 그 내용은 달기가 천하를 어지럽히고 있다는 것과 주왕(紂王)이 새로워져서 조정의 기강을 바로잡지 않으면 은나라의 미래는 없다는 것이었다. 그런데 이것이 역효과를 내서 주왕의 기억 속에 미움으로 자리 잡았다. 그래서 훗날 주왕은 비간에게 "내 듣자하니 성인의 심장에는 구멍이 7개가 있다는데!(『史記』, 「殷本紀」: 吾聞聖人心有七竅)"라고 조롱하며 비간의 심장을 도려내어 죽였다. 공자는 미자(微子)·기자(箕子)와 함께 이 비간을 은나라의 '세 분의 어진 사람(三仁)'으로 꼽았다.(『論語』, 「微子」: 微子去之, 箕子爲之奴, 比干諫而死. 孔子曰, "殷有三仁焉.")

적에, 득·실에 어찌 일정함이 있다 하리오!

농사짓는 사람들에게는 단비인 것이 길 가는 사람에게는 고통을 주고, 풍성하게 자라나는 풀들이 농작물에게는 영양분을 다 빼앗아 말라비틀어지게 하는 것이 된다. 그래서 위(位)에는 '늘 그러함[恒]'이 없고, 응함에 대해서도 응할 수 있는 것인지를 반드시 살펴야 한다. 이러함을 시(時)에 따라 나아감의 묘용(妙用)으로 여겨야 한다. 그런데도 일정불변의 틀[典要]로써 의미를 찾을 수 있으리오!

건괘(乾卦)䷀, 곤괘(坤卦)䷁, 진괘(震卦)䷲, 손괘(巽卦)䷸, 감괘(坎卦)䷜, 이괘(離卦)䷝, 간괘(艮卦)䷳, 태괘(兌卦)䷹ 등에서 주효(主爻)들은 모두 제 위(位)를 차지하고 있으니, 굳이 응함에 의거하지 않더라도 스스로 합치한다. 그리고 태괘(泰卦)䷊, 비괘(否卦)䷋, 익괘(益卦)䷩, 항괘(恒卦)䷟, 기제괘(旣濟卦)䷾, 미제괘(未濟卦)䷿, 함괘(咸卦)䷞, 손괘(損卦)䷨ㅤ등에서는 본디 효들이 서로 응하지만 이것이 득·실과는 무관하다. 그런데 기제괘에는 당위(當位)에 있지 않은 효가 없고 미제괘에는 당위(當位)에 있는 효가 하나도 없으니, 위(位)만 가지고 말할 수는 없는 것이다. 이러한 점으로 미루어 보아 효(爻)들의 변하고 움직임에 일정불변함은 없다는 뜻을 말하니, 이와 같은 부류를 알 수 있을 것이다.

●●●

十八

18

『易』之難知者, 三陰三陽相雜之卦, 此所謂險阻也. '咸'·'恆'·'損'· '益'之旨, 微矣. '隨'·'蠱'·'噬嗑'·'賁'·'困'·'井'·'鼎'·'革'·'豐'· '旅'·'節'·'渙', 於象於德, 尤爲隱而難知. 舊說通於爻, 則不通於象辭; 通於象辭, 抑不通於卦畫. 蓋陰陽相半, 以遞相乘, 乃天化之流行於物 理人事者, 不能皆如'泰'·'否'之秩然成章; 而聖人觀其變與象以窮萬 變之理, 自非可以論易簡之道論險阻也. '損'·'益'之義大矣. 其曰"損 上益下, 民說无疆"者, 孔子推而徵之君民之間, 而著其一理耳. 舊說據 此以盡'損'·'益'之理, 則損爲暴君汙吏之朘削, 而何以云"有孚无咎" 而可貞? 天施地生·與時偕行之說, 又何以稱焉? '隨'爲陽隨陰也, 明矣. '蠱'陰順承陽, 正也. 『春秋傳』女惑男之說, 術人因事而支離, 非 '蠱'之象也. 既云蠱壞矣, 既壞, 則治不治未可知也. 若得壞極必治, 而 可名之爲治, 則否可以謂之泰·困可以謂之通乎? '困'之剛揜, 易知也. '井'亦剛揜, 而奚以異於'困'? 不即井之象以合卦之象, 則爻之言'漏'· 言'泥'·言'汲'·言'甃'·言'食'·言'收'者何所取? 而'往來不改'之義又 何以云? '豐', 蔽也, 陰蔽陽也, 爻之訓明矣; 而謂爲盛大, 故蔡京得以豐 亨豫大'之說惑其君. 使即象徵爻, 知'豐'之爲蔽而'豫'之爲怠, 邪說不 足以立矣. 天·地·雷·風·水·火·山·澤, 八卦之象也. 八卦之 德, 不限於此. 舍卦畫所著之德, 僅求之所取之象, 是得枝葉而忘其本 根; 於是雷火盛而爲'豐', 山風厲而爲'蠱', 一偏之說, 遂以蔽卦之全體,

而象與爻之大義微言皆隱矣. 但以天·地·雷·風·水·火·山·
澤曲就卦之名義, 則雷·風至無恆者, 而何以爲恆? 又將爲之說曰: 無
恆而有恆. 則亦泰可謂否·乾可謂之坤矣. 今釋數卦, 皆硏審畫象·
會通象爻以明其旨, 盡異於先儒之言, 非敢求異, 求其通而已矣.

『주역』에서 알기 어려운 것들은 3음·3양이 뒤섞인 괘들인데, 이것이
이른바 '험난함·가로막힘'이다. 함괘▤·항괘▤, 손괘(損卦)▤·익괘▤
의 뜻은 은미하다. 수괘(隨卦)▤·고괘▤, 서합괘▤·비괘(賁卦)▤, 곤괘
(困卦)▤·정괘(井卦)▤, 정괘(鼎卦)▤·혁괘▤, 풍괘▤·여괘▤, 절괘▤
·환괘▤ 등은 상(象)의 측면에서도 덕(德)의 측면에서도 더욱 은미하여
알기 어렵다.

그런데 이전의 설들은 효에 대해 통하면 괘사에 대해서는 통하지 않고,
괘사에 대해 통하면 또한 괘의 획에는 통하지 않기도 하였다. 생각건대
이들 괘에서처럼 음과 양의 효들이 절반씩인 채 번갈아 서로 올라탐은
하늘의 지어냄(造化)이 물(物)들의 이치와 사람의 일에서 두루 행해짐인
데, 이들 모두가 태괘(泰卦)▤·비괘(否卦)▤처럼 질서정연하게 하나의
장(章)을 이룰 수는 없다. 성인들께서는 그 변함과 상(象)을 관찰하여
수만 가지로 변하는 모든 변함들의 이치를 궁구하였는데, 벌써 평이·간
략함의 원리를 논하는 것으로써는 이 험난함·가로막힘을 논할 수 있는
것이 아니다.

손괘(損卦)▤·익괘▤의 의미는 크다. 손괘에서 "위에서 덜어내어 아래
에 보태준다는 의미니 백성들이 기뻐함이 끝이 없다."라고 한 말은,
공자가 손괘(損卦)의 의미를 임금과 백성들 사이에 갖다가 적용하여
그 하나의 이치를 드러낸 것일 따름이다.[75] 그런데 이전 설들에서는
이것에만 의거하여 손괘▤·익괘▤의 이치를 다 드러낸다고 보았으니,

손괘가 폭군·탐관오리의 가렴주구(苛斂誅求)가 되는데도 어찌 "믿음이
있고, 허물이 없다"고 운운하며 올곧음을 밀고 갈 수 있을까? '하늘은
베풀고 땅은 낳는다'·'때와 더불어 함께 간다'는 설을 또한 어찌 입에
올릴 수 있을까?

수괘(隨卦)☳에서는 양들이 음을 따라감이 분명하다. 그리고 고괘☶에서
는 음들이 양들에게 순종하며 받들고 있는데, 이는 올바른 것이다. 그런데
『춘추좌씨전』에서는 이를 끌어다 '여자가 남자를 유혹함'이라고 풀이하
였는데, 이는 전문 직업인이 그때의 일과 관련하여 허황하게 지어낸
말일 뿐, 결코 이 고괘의 상을 옳게 보았다고 할 수 없다.76) 이미 "고괘(蠱

---

75) 「단전」을 공자의 저작으로 보기 때문에 이렇게 말하는 것이다.
76) 이 『춘추좌씨전』의 고괘(蠱卦)☶ 풀이는, 당시 저명한 의사였던 화(和)가 풀이
한 것이다. 그때 진(晉)나라의 평공(平公)이 중병이 들었는데 진(晉)나라의
의사들로서는 치료할 수가 없었다. 그래서 진(秦)나라의 경공(景公)에게 특별히
요청하여 초빙해온 명의(名醫)가 이 화(和)다. 이 명의 화(和)는 환자인 평공을
보고서 그의 병이 너무나 위중하여 손을 쓸 수가 없다고 하며, 이러한 지경에
이른 까닭이 그가 여자를 너무 가까이하고 방사(房事)를 문란히 하였기 때문이
라고 하였다. 그리고 이것이 『주역』의 고괘(蠱卦)와 같다고 하였다. 그래서
당시의 실권자였던 대신 조맹(趙孟)이 고괘의 의미에 대해서 묻자, 화(和)는
고괘의 상·하괘를 분석하며 그 까닭을 밝혔다. 즉 고괘의 상괘는 간괘☶로서
이는 나이 어린 사내를 의미하고 하괘는 손괘☴로서 나이 많은 여성을 상징하는
데, 이것은 나이 어린 사내가 나이 많은 여성의 유혹에 넘어가 문제가 생긴
상을 드러내고 있다는 것이다. 그리고 또 간괘☶는 산을 상징하고 손괘☴는
바람을 상징하는데, 이는 산의 쓸 만한 재목이 바람에 꺾인 상이라 하고 있다.(『
春秋左氏傳』, 「昭公」元年 條: 晉侯求醫於秦, 秦伯使醫和視之, 曰, "疾不可爲也,
是謂近女室, 疾如蠱. 非鬼非食, 惑以喪志. 良臣將死, 天命不祐. …… 趙孟曰,
"何謂蠱?" 對曰, "淫溺惑亂之所生也. 於文, 皿蟲爲蠱. 穀之飛亦爲蠱. 在『周易』,
女惑男, 風落山謂之蠱, 皆同物也.") 그런데 왕부지는 이 명의(名醫)인 화(和)의

卦)는 괴란(壞爛)됨을 드러낸다."라고 한다면, 이미 괴란되었으니 치료가
될지 안 될지는 알 수가 없는 것이다. 그런데 만약에 이 괴란됨이 극에
이르러 반드시 치료가 될 수 있으니 '治(치)'라고 이름 지을 수 있다면,
비색됨을 의미하는 '否(비)'를 소통이 잘 되어 태평함을 의미하는 '泰(태)'
라고도 할 수 있을 것이며, '困(곤)'을 '通(통)'이라 할 수도 있을 것이다.
그런가? 그러나 곤괘(困卦)☰☵에서 굳셈[剛; 구이효]이 엄폐되어 있음은
쉽게 알 수 있다.

그런데 정괘(井卦)☵☴에서도 굳셈이 엄폐되어 있는데, 어째서 이것이
곤괘(困卦)와는 다를까? 우물[井]의 상을 곧 괘의 상(象)과 합쳐 보지
않는다면, 이 정괘의 효들에서 말하고 있는 '우물의 독이 깨져 줄줄
샘[漏]'·'우물 밑바닥에 쌓인 진흙 앙금[泥]'·'길러다 마심[汲]'·'우물
벽을 빙 둘러 친 벽돌[甃]'·'길러다 먹음[食]'·'우물의 도르래 설치용
두 기둥[收]' 등을 어디에서 취할 것인가? 그리고 '오고 가며 바뀌지
않는다'의 뜻을 어떻게 말할 수 있겠는가?

풍괘☵☳는 '가리고 있음[蔽]'을 드러내고 있다. 음이 양을 가리고 있는
것이다. 풍괘 효들의 뜻에서 이는 분명히 드러나 있다. 그럼에도 불구하고
글자 그대로에 집착하여 '성대하다'고 말하기 때문에, 채경(蔡京)이 "풍괘
는 형통함을 드러내고 예괘는 즐겁고 성대함을 드러낸다."[77]는 설을
만들어 그 임금을 미혹시켰던 것이다. 만약에 상을 바로 앞에 두고
효들을 징험해 본다면, 풍괘는 '가리고 있음'을 드러내고 예괘☷☳는 나태함

　풀이를 비판적으로 보기 때문에 이렇게 말하고 있는 것이다.
77)　채경이 풍괘(豐卦)와 예괘(豫卦)를 조합하여 이렇게 한 말이다. 자세한 것은
　　『주역내전』의 주284), 285)를 참고하기 바란다.

을 드러내고 있음을 알 것이니, 사설(邪說)이 생겨날 수가 없을 것이다. 하늘, 땅, 우레, 바람, 물, 불, 산, 연못 등은 팔괘의 상이다. 그러나 팔괘의 덕은 여기에 국한되지 않는다. 그러니 괘의 획에서 드러내고 있는 덕을 제쳐두고 구차하게 겨우 이들 8개의 상에서만 취하려 한다면, 이는 나무에서 가지와 잎사귀만을 얻은 것일 뿐 줄기와 뿌리는 잊은 것이 된다. 그 결과 우레와 불이 왕성함이 풍괘(豐卦)䷶가 된다는 둥, 산에 바람이 매섭게 몰아침이 고괘(蠱卦)䷑가 된다는 둥, 한 부분만을 편벽되게 드러내는 설들이 세워져서 마침내 괘의 전체를 덮어버리게 된다. 그리하여 괘와 효에 '은미하게 드러나 있는 큰 뜻(微言大義)'들이 모두 숨어버리게 된다. 단지 하늘, 땅, 우레, 바람, 물, 불, 산, 연못 등으로써 괘의 이름과 뜻에 단편적으로 다가가면, 우레와 바람은 무엇보다도 항구함이 없는데 어떻게 항괘䷟의 '항(恒)'이 되겠는가? 그렇다고 하여 억지로 꿰맞추어 말하기를, "항구함이 없지만 항구함이 있다."고 한다면, 태괘(泰卦)䷊를 비괘(否卦)䷋라 할 수도 있고, 건괘(乾卦)䷀를 곤괘(坤卦)䷁라 할 수도 있을 것이다.

지금 여기서 예로 든 몇 개의 괘들은 모두 나 자신이 그 획과 상을 정심(精深)히 연구한 결과, 이들의 괘·효를 회통하여 그 뜻을 분명히 이해한 것들이다. 그런데 이것들이 이전 학자들의 풀이와는 완전히 다르다. 그러나 이러한 풀이는 내가 감히 이전 학자들과 다른 풀이를 구하고자 하여 얻은 것이 아니라, 그 통함을 추구한 결과일 따름이다.

十九
19

「大象」之與彖・爻, 自別爲一義. 取「大象」以釋彖・爻, 必齟齬不合, 而强欲合之, 此『易』學之所緐晦也. 『易』以筮, 而學存焉, 唯「大象」則純乎學『易』之理, 而不與於筮. 蓋筮者, 知天之事也; 知天者, 以俟命而立命也. 樂天知命而不憂以俟命, 安土敦仁而能愛以立命, 則卦有小有大・有險有易・有順有逆, 知其吉凶而明於憂患之故, 吉還其吉, 凶還其凶, 利害交著於情僞之感, 以窮天化物情之變, 學『易』之道雖寓其中, 而固有所從違, 以研幾而趣時, 所謂"動則玩其占"也. 若夫學『易』者, 盡人之事也. 盡人而求合乎天德, 則在天者即爲理. 天下無窮之變, 陰陽雜用之幾, 察乎至小・至險・至逆, 而皆天道之所必察. 苟精其義・窮其理, 但爲一陰一陽所繼而成象者, 君子無不可用之以爲靜存動察・修己治人・撥亂反正之道. 故'否'而可以'儉德辟難', '剝'而可以'厚下安宅', '歸妹'而可以'永終知敝', '姤'而可以'施命誥四方'; 略其德之凶危, 而反諸誠之通復, 則統天・地・雷・風・電・木・水・火・日・月・山・澤已成之法象, 而體其各得既常. 故'乾'大矣而但法其行, '坤'至矣而但效其勢, 分審於六十四象之性情以求其功效, 乃以精義入神, 而隨時處中, 天無不可學, 物無不可用, 事無不可爲, 緐是以上達, 則聖人耳順從心之德也. 故子曰: "五十以學『易』, 可以無大過矣."「大象」, 聖人之所以學『易』也. '無大過'者, 謙辭也. 聖人之集大成, 以時中而參天地, 無過之盡者也, 聖學之無所擇而皆固執者也, 非但

爲筮者言也. 君子學聖人之學, 未能至焉, 而欲罷不能, 竭才以從, 遺其
一象而卽爲過, 豈待筮哉! 所謂居則觀其象也. 嗚呼! 此孔子之師文王
而益精其義者, 豈求異於文王乎! 神而明之, 存乎其人, 非聖人而孰能
與於斯! 讀『易』者分別玩之, 勿强相牽附, 以亂爻・象之說, 庶幾得之.

「대상전」은 괘・효와는 또 다른 의미 체계를 이루고 있다. 그래서 「대상
전」을 가지고 괘・효사를 풀이하면, 반드시 이가 들어맞지 않는 것처럼
합치하지 않는다. 그런데도 이전의 설들에서는 억지로 합치시키려 하였
으니, 역학(易學)이 이렇게 해서 그만 어두워져 버리고 말았다. 『주역』은
시초점을 치는 것이기는 하지만 '배움[學]'이 거기에 존재하고 있다.
그런데 오직 「대상전」만큼은 순수하게 학역(學『易』)의 이치를 담고
있으며, 시초점과는 함께하지 않는다.

시초점이란 하늘을 아는 일이다. 그리고 하늘을 안다는 것은 나의 명(命)
을 기다렸다가 그것에 맞추어 주체적으로 살아감[立命]을 의미한다.
즉 하늘의 운행에 의한 세상 돌아감을 즐기며 나의 명(命)을 알고서도
근심하지 않는 채 그 명(命)을 기다리는 것이다. 그리고 어디에서 살아가
든 자기가 있는 곳에서 편안해 하고 어짊을 돈독히 실현하며 남들을
사랑할 수 있음으로써 나의 명(命)에 맞추어 주체적으로 살아가는 것이
다. 이렇게 하면, 괘에 작은 것도 있고 큰 것도 있고, 험난함도 있고
평이함도 있고, 순탄함도 있고 역경도 있지만, 그 길・흉을 알아서 우환을
일으키는 까닭에 대해 환하기 때문에, 길함은 그대로 길함 그대로 받아들
이고 흉함은 흉함 그대로 받아들인다. 자신에게 오는 이로움과 해로움이
효들의 참됨과 허위를 느끼는 데서 서로 붙어 있지만, 이들을 또 그대로
받아들인다. 이러한 자세로 하늘의 지어냄[造化]・만물의 실정에서 드러
나는 변함을 궁구하는 것이다. 그래서 비록 『주역』을 배움으로 삼는[學

『易』 원리가 이러함 속에 담겨 있기는 하지만, 따라야 할 바와 어겨야 할 바가 본디 있으니, 기미[幾]를 잘 파악하여 때에 맞추어 나아가는 것이다. 이것이 이른바 "행동해야 할 적에는 그 점(占)을 완미한다."[78]고 함이다.

'『주역』으로 배움을 삼는 것[學『易』]'은 사람의 도(道)를 다하는 일이다. 그래서 사람의 도를 다하고서 하늘의 덕에 합치함을 구하니, 하늘에 있는 것들은 바로 이치(理)다. 이 세상의 무궁한 변함과 음·양이 뒤섞여 작용하는 기미(幾)들에 대해서 가장 작고 가장 험하며 가장 거스르는 것들까지 살피는데, 이것들은 모두 하늘의 도를 담고 있는 것들로서 반드시 살펴야만 할 것들이다. 진실로 그 의미를 정심(精深)히 살피고 그 이치를 궁극까지 다 알아내야 한다. 이것들이 단지 '한 번은 음이었다 한 번은 양이었다 함(一陰一陽)'에 의해 계속 이어지며 상(象)을 이루는 것들이지만, 이것들 가운데 군자가 '한가함에서는 함양하고 행동함에서는 살핌(靜存動察)', '먼저 사람됨을 이루고 나서 사회적 활동을 함(修己治人)', '혼란을 수습하여 올바름으로 돌림(撥亂反正)'의 원리로 삼을 수 없는 것이란 없다.

그러므로 비괘(否卦)䷋에서도 '검소함의 덕으로써 험난함을 피해갈' 수 있는 원리를 살필수 있고, 박괘(剝卦)䷖에서도 '아랫사람들을 두텁게 보살펴주고 현재의 살아가는 것에 편안해 할' 수 있는 원리를 살필 수 있다. 귀매괘(歸妹卦)䷵에서는 '끝남을 영원하게 하고 무엇이든 결국

---

78)「계사상전」제2장에 나오는 말이다. 원래는 "행동해야 할 적에는 그 변함을 살피며 그 점(占)을 완미한다.(動則觀其變而玩其占)"라 하였는데, 가운데 부분을 생략한 것이다.

다함이 있다는 것을 알 수 있는 원리를 살필수 있고, 구괘(姤卦)☰에서는
'조칙과 명령을 내려 온 세상에 널리 알릴' 수 있는 원리를 살필 수
있다.

그리고 괘덕의 흉함과 위태로움을 다스리고 하늘의 성실함[誠79)]의 통함
·돌이킴으로 돌리면, 하늘, 땅, 우레, 바람, 물, 불, 해, 달, 산, 연못
등 이미 이루어진 현상들을 통괄하고 이것들이 각기 얻은 항상됨[常]을
체현하게 된다. 그러므로 건(乾)은 거대하지만 그것에서는 단지 그 행함
만을 본보기로 삼고, 곤(坤)은 지극하지만 그것에서는 단지 그 추세만을
본받는다. 이렇게 64상의 성(性)·정(情)을 나누어 살핌으로써 이들이
드러내고 있는 공효들을 탐구한다. 그러나 『주역』의 의미를 정심(精深)
히 살피고 신묘함의 경지에 들어가 때에 맞추어서 중도를 실현하게
된다. 하늘에서 배울 수 없는 것이란 없고, 만물에서 사용할 수 없는
것이란 없으며, 사람 일에서 행할 수 없는 것이란 없다. 이렇게 하여
지극한 경지에 이르게 되면[上達], 성인께서 귀에 들리는 것마다 거스름이
없이 순조롭고, 내 맘 내키는 대로 하여도 공동체를 유지하기 위해 설정해
놓은 규범을 어기지 않았던80) 덕을 갖추게 된다. 이는 곧 공자가 "쉰 살에

---

79) 이는 『중용』의 "그 자체로 성실함은 하늘의 도이고, 성실하려 함은 사람의
   도이다.(誠者, 天之道也; 誠之者, 人之道也.)"라는 구절을 원용한 말이다.

80) 『논어』, 「위정(爲政)」 편에 나오는 말이다. 공자는 여기서 60세가 되면서는
   어떤 말을 들어도 귀에 거슬리지 않았다고 하였고, 70세가 되면서는 아무리
   내 맘 내키는 대로 하여도 공동체를 유지하기 위해 설정해 놓은 규범을 어기지
   않게 되었다고 토로하고 있다.(子曰, "吾十有五而志于學, 三十而立, 四十而不
   惑, 五十而知天命, 六十而耳順, 七十而從心所欲, 不踰矩.) 사람됨이 이미 극치를
   이루어서 욕구와 규범이 서로 마찰을 일으키지 않는 정도에까지 이른 것이다.
   유가에서는 이를 최고의 수양 경지로 꼽는다.

『주역』을 배움으로써 큰 허물이 없게 할 수 있었다.'81)라고 하였던 덕이다.
「대상전」은 성인께서 『주역』으로 배움을 삼던 것이다. 그리고 '큰 허물이
없다'고 한 것은 사실 겸손한 표현이다. 성인의 집대성의 경지는 시중(時
中)의 덕으로써 하늘과 땅에 함께 참여하며 전혀 과오가 없이 다하는
것이다. 이는 우리 성학(聖學)에서 구태여 가리지 않고 모든 것을 굳게
지킴이다.82) 이는 꼭 시초점을 치는 이들만을 위해서 한 말이 아니다.
군자가 성인의 학문을 배움에서는 궁극에까지 이를 수 없다 하여 중간에
그만두고자 하여도 그렇게 할 수 없는 것이니, 모든 자질을 다해 좇아가되
하나의 상이라도 빠트림이 있으면 이것이 곧 과오가 되는 것이다. 그러니
어찌 시초점에 의거하리오! 이는 이른바 "군자가 평소 생활할 적에는
괘·효상을 살핀다."83)고 함이다.

오호라! 이는 공자가 문왕을 본보기로 삼으면서 그 의미를 더욱 정심(精
深)히 한 것이거늘, 어찌 문왕과 다름을 구한 것이겠는가! 신명스러우며
환히 덕을 이루어냄은 그 사람에게 달려 있다고 하는데84), 성인이 아니고

---

81) 『논어』, 「술이」 편에 나오는 내용이다. 앞에서도 여러 번 나온 말이다.
82) 이는 『중용』에 나오는 말을 원용한 것이다. 『중용』에서는 "그 자체로 성실함은
　　하늘의 도이고, 성실하려 함은 사람의 도이다."라고 하여 하늘과 사람의 경지
　　및 하는 일을 구분하고 있다. 그리고는 '그 자체로 성실함'에 대해, 구태여
　　힘쓰지 않아도 다 들어맞고 구태여 골몰하지 않아도 터득하며, 조용히 도에
　　다 들어맞게 행동함이라 설명하고 있다. 이 경지를 성인에게 귀속시킨다.
　　이에 비해 자체로는 성실하지 못해 성실해지려 노력함에 대해서는, 선함을
　　골라서 굳게 지킴이라 하고 있다. 이것은 보통 사람의 경우에 해당하는 것이다.
　　(誠者, 天之道也; 誠之者, 人之道也. 誠者, 不勉而中, 不思而得, 從容中道, 聖人
　　也; 誠之者, 擇善而固執之者也.)
83) 「계사상전」 제3장에 나오는 말이다.

서야 그 누가 이렇게 할 수 있겠는가!『주역』을 읽는 사람들로서는 이를 분별하여 완미하되, 억지로 끌어다 효(爻)와 괘상에 대한 설을 어지럽혀서는 안 된다. 그래야만『주역』의 의미를 어느 정도 깨달을 수 있을 것이다.

● ● ●

二十

20

「序卦」非聖人之書, 愚於「外傳」辨之詳矣.『易』之爲道, 自以錯綜相易爲變化之經, 而以陰陽之消長屈伸・變動不居者爲不測之神. 間嘗分經緯二道, 以爲三十六象・六十四卦之次序, 亦未敢信爲必然, 故不次之此篇. 然'需'・'訟'可以繼'屯'・'蒙', 而'訟'之繼'蒙', 以象以數・無一可者, 於理尤爲不順. 故確信「序卦」一傳非聖人之書, 而此篇置之不論. 且上・下經之目, 非必孔子之所立也. 六經之書, 在孔子但謂之藝, 其稱經者, 始見於戴氏「經解」之文, 後人之所稱也. 其分上下也有二. 古之簡策, 以韋編之, 猶今之卷帙也. 簡多而不可編爲一, 故分上下爲二, 其簡之多少必相稱也. 上經乾・坤二卦獨有文言, 則損其二卦以爲下篇, 而文與簡相均. 下經之始咸・恆, 不過如此而已. 又以

---

84)「계사하전」제12장에 나오는 말이다.

錯綜之象言之, 上經錯卦六, 爲象六; 綜卦二十四, 爲象十二; 共十有八. 下經錯卦二, 綜卦三十二, 爲象亦十有八, 偶相合也, 亦可分爲二而均者也. 乃曲爲之說曰: "有夫婦然後有父子, 有父子然後有君臣", 安所得無道之言而稱之哉! 父子君臣者, 自有人道以來, 與禽獸之大別者此也. 有男女則有夫婦, 天化之自然; 鳥之雌雄, 獸之牝牡, 與人同焉者也. 即曰夫婦者, 非配合之謂爾, 以禮相合之謂也, 而抑不然: 父子之仁・君臣之義, 聖人因人心之固有順導之, 而愛敬之眞不待聖人之裁成; 若夫婦之以禮相接, 則聖人於旣有配合之後, 裁成之以正人紀者也. 故黃帝以前, 昏姻未正, 而父子君臣之倫早已大定, 何得以爲父子君臣俱待此以成, 而推爲人倫之本耶! 況所云有男女然後有夫婦者, 又僅自其配合而言乎! '乾'者, 萬物之資始也, 父吾乾也, '坤'者, 萬物之資生也, 母吾坤也. '乾'・'坤'二十八變而後有'咸'・'恆', 則詎可曰有夫婦然後有父子哉! 故曰: 非聖人之書也. 且欲取卦以象夫婦, 則'泰'・'否'爲陰陽內外之象, '損'・'益'・'旣濟'・'未濟'皆男女相諧匹之象, 而奚獨'咸'・'恆'? 若曰'乾'道至'艮'而成男, '坤'道至'兌'而成女, 則'損'何殊於'咸'? 若以男下女爲昏禮之象, 則'恆'抑不如'益'矣. '咸'者, 感也. 天下之感豈徒夫婦! 故爻辭不及焉, 「大象」不及焉. 「象」言'取女', 亦擧一事以通其餘, 如'屯'之'建侯', '益'之'涉川', 非必定此爲夫婦也. '恆'與'咸'綜, 義實相反. 如云夫婦必久, 則父子・君臣・兄弟・朋友可暫合而終離乎? 以'咸'・'恆'擬'乾'・'坤', 分「上」・「下經」之首, 無一而可者也. 「上」・「下經」之分, 文與簡之多少相稱爾, 十有八象之偶均爾, 聖人何容心焉! 故曰: 「序卦」非聖人之書也. 若夫「十翼」之說, 旣未足據; 即云「十翼」, 「文言」一, 「上下象傳」二, 「大象」一, 「上下象傳」二, 「繫辭上下傳」二, 「說卦傳」一, 「雜卦傳」一, 「序卦」固贅餘矣.

「서괘전」은 성인의 저작이 아니다. 나는 『주역외전』에서 이를 자세히 밝혀 놓았다. 『주역』의 원리는 '착(錯)으로 종(綜)으로 서로 바꿈'을 변화의 근본으로 삼는다. 그리고 음·양이 사라졌다 자라났다 함과 굽혔다 폈다 함, '한곳에 일정하게 거처하지 않고 변하며 움직임'을 가늠할 길 없는 신묘함으로 삼는다. 그 사이에 일찍이 나는 이 「서괘전」의 순서와는 달리 경(經)·위(緯) 두 가지 길로 나누어 36상·64괘의 순서를 잡아보기도 하였지만, 꼭 그러하리라고 감히 자신할 수 없었기 때문에 이 『주역내전』에는 집어넣지 않았다. 그런데 수괘(需卦)䷄·송괘(訟卦)䷅가 준괘(屯卦)䷂·몽괘(蒙卦)䷃를 이어받을 수는 있지만, 송괘(訟卦)가 준괘(屯卦)를 이어받음에 대해서는 상(象)으로도 수(數)로도 어느 것 하나 가능한 것이 없다. 이치상으로는 더욱더 순조롭지 않다. 그러므로 나는 「서괘전」만큼은 성인의 작품이 아니라고 확신하며 이것을 그대로 둔 채 논하지 않았다.

그리고 『주역』의 「상경」·「하경」이라는 명목은 꼭 공자가 세운 것이 아니라고 본다. 육경(六經)이라는 서적들에 대해 공자는 단지 '예(藝)'라고만 하였다. 이들에 대해 '경(經)'으로 부른 것은 대씨(戴氏)의 「경해(經解)」[85]라는 글에서 처음으로 보인다. 이는 후인들에 의해 불린 것이다.

---

85) 『예기』의 제26편으로 분류되는 「경해(經解)」 편을 가리킨다. 이 『예기』는 고대의 『예(禮)』에 관한 기록들인데, 전한(前漢) 때의 대덕(戴德)과 대성(戴聖)에 의해 세상에 그 모습을 드러냈다. 이들은 숙질간이다. 대덕이 『대대례기(大戴禮記)』(85편)를, 대성이 「소대례기(小戴禮記)」(49편)를 전했다. 오늘날 전하는 『예기』의 저본이 된 것은 『소대례기』이고 『대대례기』는 대부분 일실되었거나 일부가 『예기』 속에 포함된 것으로 본다. 그런데 이 『예기』의 제26편에서 편제를 '경해(經解)'라 하고는, 여섯 전적(『詩』, 『書』, 『樂』, 『易』, 『禮』, 『春秋』)의

이『주역』을 상·하 둘로 나눈 것에도 두 가지 이유가 있다. 옛날에는
간책(簡策)을 무두질한 가죽[韋]으로 엮었다. 이것은 오늘날의 권질(卷
帙)과 비슷하다. 그런데 이『주역』의 간책이 많아서 하나로 엮을 수가
없기 때문에 나누어서 상·하 둘로 한 것이다. 그 간책의 분량은 반드시
서로 맞아떨어져야 한다. 그런데『상경』의 건괘·곤괘 두 괘에만「문언
전」이 있다. 그래서『상경』에서 두 괘를 덜어내어 하편으로 하면, 글과
간책의 분량이 서로 균형을 이룬다.『주역』의『하경』을 함괘·항괘에서
시작하는 까닭은 이러한 이유에 지나지 않을 따름이다.

그리고 착(錯)·종(綜)의 상(象)을 가지고 보면,『상경』에는 착(錯)의
관계를 이루는 괘가 여섯 괘여서 상이 여섯 개가 되고, 종(綜)의 관계를
이루고 있는 괘들은 24괘이니 이들이 상으로는 12개가 된다. 이들을
합하면 모두 18상이 된다.『하경』에는 착(錯)의 관계를 이루는 괘가
2괘이고, 종(綜)의 관계를 이루고 있는 괘가 32개다. 그래서 상은 역시
18개가 된다.[86] 그래서『상』·『하경』의 분량이 용케 딱 들어맞으니
또한 나누어 둘로 하여도 균형을 이룰 수가 있다.

그런데「서괘전」에서는 왜곡해서 말하기를, "부부가 있은 뒤에 부자가
있고, 부자가 있은 뒤에 군신이 있다."고 하는데, 어디에서 이렇게 이치에
맞지 않는 말을 얻어 와서 입에 올린단 말인가! 부자·군신이라는 것은
인류가 공동체를 꾸려가며 그 운용의 근본 요소로서 설정한 것인데,

의미에 대해 풀이하고 있다. 왕부지는 이것이 곧 육경(六經)을 '경(經)'으로
칭한 효시라 보는 것이다.
86) 착(錯)의 관계에 있는 괘들은 각기 하나의 상을 갖는다. 이에 비해 종(綜)의
관계에 있는 괘들은 2괘가 하나의 상을 이룬다. 그래서『하경』은 2상+16상=18상
이 되는 것이다.

짐승들과 크게 구별되는 것이 바로 이것이다. 이에 비해 남성·여성이 있으면 부부가 있다는 것은 천지조화의 자연스러움이다. 그래서 날짐승에도 암컷·수컷이 있고, 들짐승들에게도 암컷·수컷이 있으니, 이는 사람과 똑같은 것이다. 그러나 '부부'라 하면 벌써 단순히 짝을 이루고 있다는 것을 말하는 것이 아니라, 예(禮)로써 서로 함께하고 있다는 의미다. 그렇지 않으면 안 되는 것이다. 부모와 자식 사이의 어짊[仁], 임금과 신하 사이에 의로움[義] 등은 성인들께서 사람 마음에 고유한 것을 바탕으로 하여 그것에 맞추어 이끌어낸 것들이다. 이에 비해 부부 사이의 사랑과 공경의 진실함은 꼭 성인이 마름질함에 의거하지 않아도 된다. 그런데 부부 사이에 예(禮)로써 서로 교접함은 이미 이들이 짝을 이룬 뒤에 성인이 마름질하여 인륜의 기강을 바로잡은 것이다. 그러므로 황제(黃帝) 이전에는 혼인이 아직 올바르지 않았지만, 부자·군신 사이의 인륜은 일찌감치 벌써 크게 정해졌던 것이다. 그런데 어찌 부자·군신이 모두 부부 사이의 올바름에 의거하여 이루어지며, 이 부부 사이의 올바름을 인륜의 근본으로 삼는다는 말인가! 하물며 "남녀가 있은 뒤에 부부가 있다."는 말은 겨우 짝을 이룸이라는 관점에서만 말한 것 아닌가! 건(乾)☰은 만물이 비롯함에서 바탕이 되는 것이다. 아버지는 우리들에게서 이 건(乾)에 해당한다. 그리고 곤(坤)☷은 만물이 생겨남에서 바탕이 되는 것이다. 어머니는 우리들에게서 이 곤(坤)에 해당한다. 그런데 『주역』에서는 건괘☰·곤괘☷ 두 괘로부터 28번이나 변한 뒤에 함괘☱·항괘☳가 있다. 그러니 어찌 "부부가 있은 뒤에 부자가 있다."고 말할 수 있는가! 그러므로 나는 "「서괘전」은 성인의 작품이 아니다"라고 말하는 것이다.

그리고 꼭 괘를 취하여 부부를 상징하고자 한다면, 태괘☱·비괘☶는 음·양이 안팎을 이룬 상이고, 손괘☴·익괘☳, 기제괘☵·미제괘☲는 모두 남녀가 서로 어울리며 배필을 이루고 있는 상이니 이들에서 취해도 될 텐데, 어찌 꼭 함괘·항괘에서만 취한단 말인가? 또 "건(乾)의 원리가 간괘☶에 이르러 남성을 이루고, 곤(坤)의 원리가 태괘☱에 이르러 여성을 이룬다."[87]고 할 것 같으면, 손괘☴라고 하여 함괘☶와 다를 것이 무엇이 겠는가?[88] 또 남자가 여자의 밑에 있는 것이 혼례의 상이라 할 것 같으면, 항괘☶는 익괘☴보다 훨씬 못하다.[89]

그리고 함괘의 덕은 느낌[感]이다. 그런데 이 세상의 느낌이 어찌 꼭 부부에게만 있겠는가! 그러므로 함괘는 효사에서도 이 부부에 관해서는 언급하지 않았고, 「대상전」에서도 이에 대해 언급하지 않은 것이다. 단지 「단전」에서 '여자를 취함'이라 한 것도 한 가지 일을 들어서 다른 것들에도 통함을 보여주는 것이다. 이는 예컨대 준괘(屯卦)에서 '제후를 세움'이라 한 것, 익괘에서 '하천을 건넘'이라 한 것 등과 같으니, 함괘 「단전」의 이 말은 꼭 부부로만 한정하는 것이 아니다.

그리고 항괘와 함괘는 종(綜)의 관계를 이루고 있다. 그래서 의미가 실로 상반된다. 그런데도 "부부는 반드시 오래간다."고 할 것 같으면, 부자·군신·형제·붕우 등은 잠깐 결합하였다가 끝내는 이별할 수라도 있는 관계란 말인가?

---

87) 함괘☶가 이렇게 되어 있다. 즉 함괘는 간괘☶가 정괘(貞卦)를 이루고 있으니 이것이 남성을 이루고, 태괘☱가 회괘(悔卦)를 이루고 있으니 이것이 여성을 이룬다고 할 수 있다는 것이다.

88) 손괘☴도 간괘☶와 태괘☱의 조합으로 이루어져 있다는 의미다.

89) 익괘☴는 장남이 장녀의 밑에 있는 상을 이루고 있어서 남자가 여자의 밑에 있음에 부합하지만, 항괘☶는 장녀가 장남의 밑에 있는 상을 이루고 있어서 그렇지 못하다는 의미다.

이상과 같은 관점에서 볼 적에, 함괘☷·항괘☳를 건괘☰·곤괘☷에 비기면서 『주역』을 『상』·『하경』으로 나눈 머리로 삼고 있는 것이, 어느 것 하나라도 가능한 것이 없다. 『상』·『하경』으로 나눈 것은 그저 글과 간책의 분량이 서로 맞아떨어지기 때문일 따름이고, 18상(象)이 균형을 이루고 있기 때문일 따름이다. 성인이 어찌 이러한 일에 마음을 썼으리오! 그러므로 나는 "「서괘전」은 성인의 작품이 아니다."라고 말하는 것이다.

이에 대해 '십익(十翼)'이라는 말을 갖다 대더라도 벌써 충분한 근거가 되지 못한다. '십익'이라 하면, 「문언전」 1편, 「단전 상·하」 2편, 「대상전」 1편, 「상전 상·하」 2편, 「계사전 상·하」 2편, 「설괘전」 1편, 「잡괘전」 1편으로 10편이 모두 꽉 차니, 「서괘전」은 본디 군더더기일 뿐이다.

●●●

二十一
21

以『易』爲學者問道之書而略筮占之法, 自王弼始. 嗣是言『易』者不一家, 雖各有所偏倚, 而隨事以見得失之幾, 要未大遠於『易』理. 唯是專於言理, 廢筮占之法於不講, 聽其授受於筮人, 則以筮玩占之道, 不能得先聖人謀鬼謀·百姓與能之要. 至朱子作『啓蒙』, 始詳焉. 乃朱子之法, 一本之沙隨程氏, 其三爻變以上無所適從, 但以晉文公之筮貞'屯'悔'豫'爲證, 至五爻變則據穆姜之筮'隨', 而又謂史妄引'隨'之象辭.

今按三爻變, 則占本卦及之卦之彖辭. 假令筮得'乾', 而三·五·上變爲歸妹, '乾'彖曰'元亨利貞', 而'歸妹'曰'征凶无攸利'; 又令筮得'家人', 初·二·四變爲姤, '家人'「彖」曰'利女貞', '姤'曰'女壯勿用取女'; 得失吉凶, 相反懸絶, 占者將何所折衷耶? 其四爻·五爻·六爻變, 皆舍本卦而專取之卦, 本之不立, 急於趣時, 以靜爲動, 以動爲靜, 於理不安之甚. 蓋所謂之卦者, 一出於筮人, 而極於焦贛四千九十六之繇辭. 若以易簡而知險阻言之, 則三百八十四之爻辭通合於六十四象之中, 已足盡天人之變. 如以爲少而益之, 則天化物理事變之日新, 又豈但四千九十六而已哉! 故贛之『易林』, 詭於吉凶, 而無得失之理以爲樞機, 率與流俗所傳『靈棋經』·『一撮金』, 同爲小人細事之所取用, 褻天悖理, 君子不屑過而問焉. 是之卦之說, 三聖之所不用, 亦已審矣. 唯『春秋傳』晉文·穆姜之占, 以之卦爲說, 乃皆曰八, 則疑爲「連山」·「歸藏」之法, 而非『周易』之所取. 其他『傳』之所載, 雖曰某卦之某, 所占者抑唯本卦動爻之辭, 且槪取本卦一爻以爲占, 未必其筮皆一爻動而五爻不動. 意古之占法, 動爻雖不一, 但因事之所取象·位之與相當者, 一爻以爲主而略其餘. 特自王弼以來, 言『易』者置之不論, 遂失其傳, 而沙隨程氏以臆見爲占法, 則固未足信也.

『주역』을 학자들이 도를 묻는[道問學] 서적으로 여기며 시초점 치는 법을 생략해버린 것은 왕필로부터 비롯되었다. 이후 이를 이어받아 『주역』을 말하는 이들이 한두 가(家)가 아니었는데, 이들이 비록 각기 편중하고 치우친 점이 있기는 하지만, 자신들이 종사하는 일에 따라서 득·실의 기미[幾]를 살핀 요체는 『주역』의 이치로부터 크게 멀지 않았다. 그런데 이들은 오로지 『주역』의 이치를 말하는 것에만 온 힘을 쏟았고, 시초점을 치는 법은 폐기한 채 전혀 강구하지 않았으며, 그 전승(傳承)을 점치는 이들인 서인(筮人)들에게 내맡겼다. 그래서 시초(蓍草)로 점(占)을 완미하는 방법으로서는 그 이전 성인들께서 창안한 인모(人謀)·귀모(鬼謀) 및 백성들이 함께하며 능한 요체를 터득할 수 없었다. 그러다가 주자(朱子)가 『역학계몽』을 발표함에 이르러서야 비로소 상세해졌다. 그러나 주자의 시초점 법은 한결같이 사수정씨(沙隨程氏)의 것에 근본을 두고 있다.90) 그리고 세 효가 변한 것 이상에 대해서는 그 근거가 될

---

90) 정형(程迥)을 가리킨다. 정형은 송나라 응천부(應天府; 오늘날의 하남성 성구시商丘市) 영릉(寧陵) 출신이다. 옛날에는 이곳을 '사수(沙隨)'라 하였기 때문에 그의 호를 '사수(沙隨)'라 한다. 그리고 그를 '사수정씨(沙隨程氏)'라고도 부른다. 자는 가구(可久)였다. 그의 생몰 연대는 모두 미상이다. 그는 어려서 고아가 되어 이곳저곳을 떠돌다 20세가 넘어서야 비로소 공부를 하기 시작하였고, 융흥(隆興) 원년(1163)에 진사시에 급제하였다. 그리고 태흥(泰興)·덕흥(德興)·진현(進賢)·상요(上饒) 등 여러 현(縣)의 수령을 지냈는데, 훌륭하게 임무를 수행한 것으로 알려져 있다. 이때 그는 정사를 관대하게 하면서 강한 이들에게는 엄하게 대하고 약한 이들은 어루만져 줌으로써 가는 곳마다 치적을 남겼다고 한다. 그는 일찍이 왕보(王葆), 무덕(茂德), 유우(喩樗) 등에게서 경학을 전수받았는데, 알고자 하는 욕구가 강해 분야를 가리지 않고 섭렵하여 매우 박학한 경지에 이르렀다. 특히 경전을 풀이하고 역사적 사실을 바로잡는 데 탁월하였다. 그래서 주자는 정형의 아들 정현에게 보내는 편지에서 "존경하는 선덕(先德)의 박학다식(博學多識)과 지고한 행실은 옛사람들에게까지 거슬러서 비견될 만하며, 경전을 풀이하고 사실(史實)을 바로잡는 데서 보여주신 능력은 우리들 후학을 틔워줍니다. 선덕께서는 당시에 필요한 시무(時務)에 다 통하였으니, 그저 장구(章句)에만 몰입하였던 유학자가 아닐 따름입니다.(『宋史』권437, 「儒林列傳, 程迥傳」: 朱熹以書告迥子絢曰, "敬惟先德, 博聞至行, 追配古人, 釋經訂史, 開悟後學, 當世之務又所通該, 非獨章句之儒而已.")"라고 칭송하였다. 원대(元代)의 오징(吳澄)은, "사수(沙隨) 선생은 경학에 정통하였으며 심오한 경지에 이르렀다. 주자(朱子)는 그의 설에서 많은 것을 취하였다. 그리고 주자에게 아버지뻘이기 때문에 주자는 그를 스승의 예로 섬겼다.(吳澄, 『吳文正集』권

만한 것이 없는 채 따르고 있다. 다만 진문공(晉文公)이 시초점을 쳐서
정괘(貞卦)로는 준괘(屯卦)▤·회괘(悔卦)로는 예괘(豫卦)▤를 얻은
것91)을 증거로 들고 있다. 그리고 다섯 효가 변한 것에 대해서는 목강(穆
姜)이 시초점을 쳐서 수괘(隨卦)▤를 얻은 것을 근거로 들고 있다. 그런데
목강은 이 괘를 놓고 도망치라고 풀이한 사관(史官)에게 또한 망령되이
수괘(隨卦)의 괘사를 인용하여 말하고 있다.92)

62, 「題跋, 跋朱文公與程沙隨帖」: 沙隨先生經學精深, 朱子多取其說. 於朱爲丈
人行, 故朱子以師禮事之.)"라고 평하였다. 정형은 『고역고(古易考)』, 『주역고
점법(周易古占法)』, 『고주역장구(古周易章句)』, 『고주역장구외편(古周易章
句外篇)』, 『의경정본서(醫經正本書)』, 『삼기도의(三器圖義)』, 『남재소집(南齋
小集』 등의 많은 저술을 남겼다. 이 가운데 『주역고점법』은 소옹의 가일배법(加
一倍法)을 근본으로 하면서도, 「계사전」·「설괘전」 등에 의거하여 그가 새롭게
의미를 밝힌 것이 많았다. 그래서 나중에 주자는 『역학계몽』을 쓰면서 여기서
많은 것을 인용한 것이다.

91) 『국어』, 「진어(晉語)」 편에 나온다. 진문공(晉文公; 진헌공의 둘째 아들. 왕자
때 이름은 중이重耳였다.)은 부왕의 계비인 여희(驪姬)의 난 때문에 장장 19년을
나라밖으로 떠돌았다. 그리고 진목공(秦穆公)의 도움으로 귀국하여 왕위에
올라 문공이 된 인물이다. 그런데 그는 망명생활을 하고 있던 중, 고국 진(晉)나라
에 벌어진 새로운 상황을 맞이하여 입국을 할 것인지에 대해 친히 시초점을
쳐 보았다. 그래서 여기서 인용하고 있는 결과를 얻었다. 이에 대해 서인(筮人)과
사관(史官)은 모두 '불길(不吉)'로 해석하며 귀국할 수 없다고 한 반면, 사공계자
(司空季子)는 이것이 준괘(屯卦)▤와 예괘(豫卦)▤의 괘사 모두에 해당하며,
이것들에 모두 '제후를 세움에 이롭다'는 구절이 있음을 근거로 하여 '대길(大吉)'
로 풀이하고 있다. 그리고 귀국을 종용하고 있다.(『國語』, 「晉語」: 公子親筮之
曰, "尙有晉國." 得貞屯悔豫皆八也. 筮史占之皆曰, "不吉. 閉而不通, 爻無爲也."
司空季子曰, "吉. 是在『周易』皆利建侯, 不有晉國以輔王室, 安能建侯? 我命筮
曰, '尙有晉國, 筮告我曰, '利建侯', 得國之務也. 吉孰大焉.")
92) 목강(穆姜)은 노(魯)나라 선공(宣公; B.C.608~B.C.591)의 부인이며 성공(成公)

이제 세 효가 변한 경우를 보자. 이 경우에는 본괘(本卦) 및 지괘(之卦)의 괘사를 가지고 점을 친다고 한다. 가령 시초점을 쳐서 건괘(乾卦)▤를 얻었는데 3·5·상효가 변하여 귀매괘(歸妹卦)▤가 되는 경우, 건괘의 괘사인 "으뜸되고, 형통하고, 이롭고, 올곧다(元, 亨, 利, 貞)."와 귀매괘의 괘사인 "원정을 나가서는 흉하다. 이로울 것이 없다(征凶, 无攸利)."가 이에 해당한다는 것이다. 또 가인괘(家人卦)▤를 얻었는데 초·2·4효가 변하여 구괘(姤卦)▤가 되는 경우, 가인괘의 괘사 "여자가 올곧음에 이롭다(利女貞)."와 구괘(姤卦)의 괘사 "여자가 드셀 정도로 왕성하니,

---

의 어머니다. 이 여인은 머리는 비상하게 좋았지만 행실이 음란하였다. 아들 성공이 집정하고 있을 때 목강은 그 중신인 숙손교여(叔孫僑如)와 사통(私通)하면서 성공의 주변에 그의 사람들로 채우려 하였다. 그런데 성공이 말을 듣지 않자 목강은 성공을 폐위하려 들었다. 그러나 실패하여 동궁(東宮)에 유폐되는 처벌을 받게 된다. 동궁으로 압송될 날이 임박하자 목강이 점을 쳐서 이 괘를 얻었다. 이는 간괘▤에 해당하는데, 육이효 하나만 불변효이고 나머지 다섯효는 모두 다 변효였다. 그래서 "艮之八(간지팔)"이라 한 것이다. 그리고 그 지괘(之卦)가 수괘(隨卦)▤가 된다. 그러자 사관(史官)은 '隨(수)' 자의 의미를 풀이하며 목강에게 빨리 도망가라고 권유하였다. 그러나 목강은 수괘의 괘사인 '으뜸되고, 형통하고, 이롭고, 올곧아서 허물이 없다.'를 거론하며 자신에게는 이러한 네 가지 덕이 없으니, 이 괘가 자신에게 해당되지 않으며 도망갈 수도 없다고 하였다. 그리고는 결국 죽을 때까지 동궁에 유폐되어 있다가 생을 마쳤다.(『春秋左氏傳』, 襄公 9년 조: 穆姜薨於東宮. 始往而筮之, 遇艮之八. 史曰, "是謂艮之'隨'. 隨, 其出也. 君必速出!" 姜曰, "亡! 是於『周易』曰, '隨, 元·亨·利·貞, 無咎.' 元, 體之長也; 亨, 嘉之會也; 利, 義之和也; 貞, 事之幹也. 體仁足以長人, 嘉德足以合禮, 利物足以和義, 貞固足以幹事. 然, 故不可誣也, 是以雖隨無咎. 今我婦人而與於亂, 固在下位, 而有不仁, 不可謂元. 不靖國家, 不可謂亨. 作而害身, 不可謂利. 棄位而姣, 不可謂貞. 有四德者, 隨而無咎. 我皆無之, 豈隨也哉? 我則取惡, 能無咎乎? 必死於此, 弗得出矣.")

자신의 여자로 취하지 말라!(女壯, 勿用取女!)"가 이에 해당한다는 것이다. 그런데 이것들을 보면 득·실과 길·흉이 상반되어 현격하게 모순을 일으키고 있다. 그렇다면 점친 사람이 무엇을 가지고 절충을 할 수 있다는 것인가?

아울러 네 효가 변하고, 다섯 효가 변하고, 여섯 효가 변한 경우에는 모두 본괘는 아예 제쳐 두고 오로지 지괘만을 취한다. 그러나 이는 본괘가 서지도 않았는데 때에 맞추어 나아감에 급급하여, 고요함을 움직임으로 여기고 움직임을 고요함으로 여긴 것이다. 그래서 이치에 맞지 않음이 너무 심하다. '지괘(之卦)'라는 말은 아마 서인(筮人)들에게서 한번 나온 것으로 보인다. 그리고 이것이 초공(焦贛)[93]이 내세운 4,096개의 점사(占辭)에서 극에 이른다. 그런데 '평이함·간단함[易簡]'으로써 '험난함·막힘[險阻]'을 안다는 관점에서 말하자면, 384효사가 64괘 속에서 통하고 합치하여 벌써 하늘과 사람의 변함들을 충분히 드러내고 있다. 그런데도 이것이 점사의 수(數)로는 적다고 여겨 더보태야 한다면, 하늘의 지어냄[造化]·물(物)들의 이치·일의 변함이 날마다 새로워지니 어찌 또한 단지 이 4,096에서 그치리오!

그러므로 초공의 『역림(易林)』은 길·흉에 대해 기만하고 있다. 그리고 득·실의 이치가 없음을 핵심으로 한다. 이 『역림』은 세속에서 전해지고 있는 『영기경(靈棋經)』[94], 일촬금(一撮金)[95] 등과 대강 같아서, 소인들

---

93) 초공(焦贛)에 대해서는 『주역내전』의 주73), 1045) 등을 참고하라.

94) 『영기경(靈棋經)』은 옛날부터 중국에서 전해 내려오는 점복(占卜) 관련 책이다. 점치는 방식은 문왕과(文王課; 3개의 동전을 여섯 번 던지는 방식과 손으로 쌀을 비벼서 점을 치는 방식)와 비슷하다. 모두 2권으로 되어 있는데, 동방삭(東方朔)이 지었다고도 하고 장량(張良)이 지었다고도 하나 믿을 수 없다.

의 자질구레한 일들을 점치는 데나 사용될 뿐이다. 그리고 하늘을 더럽히는 것으로서 이치에 어긋난다. 그래서 군자는 『역림』에 대해 지나가며 묻는 것조차 달갑게 여기지 않는다.[96)

이 지괘(之卦)설은 세 성인들께서 사용한 것이 아님이 또한 벌써 이렇게

---

95) 『일촬금(一撮金)』은 송대의 소옹(邵雍)이 지었다고 알려져 있는데, 일종의 점법의 참고서다. 이 점법에서는 아무 글자나 두 글자를 머릿속으로 상상하여 위 글자를 내괘(內卦), 아래 글자를 외괘(外卦)로 하여 점을 친다. 이들 글자가 1획인 것은 건괘(乾卦)☰, 2획인 것은 태괘(兌卦)☱, 3획인 것은 이괘(離卦)☲, 4획인 것은 진괘(震卦)☳, 5획인 것은 손괘(巽卦)☴, 6획인 것은 감괘(坎卦)☵, 7획인 것은 간괘(艮卦)☶, 8획인 것은 곤괘(坤卦)☷가 된다. 이는 소옹의 '가일배법(加一倍法)'에 의한 팔괘의 생성 순서와 일치한다. 8과 그 배수(16, 24. 32, 40획 등)를 단위로 하여 획수가 이것들을 넘으면 다시 건괘부터 시작하는 방식이다. 이렇게 하여 내·외괘를 뽑은 뒤, 또 이들 두 글자의 총획수를 가지고 변효(變爻)를 따진다. 즉 두 글자의 획수를 합한 총획수를 6으로 나눈 나머지 수가 변효가 된다. 예컨대 '천칙(天則)'이라는 두 글자를 생각해냈을 경우를 보자. '天(천)'은 내괘가 되고, '則(칙)'은 외괘가 된다. 그러면 내괘는 4획으로서 진괘(震卦)☳가 되고, 외괘는 9획으로서 1획과 같으니 건괘(乾卦)☰가 된다. 그래서 6획 전체로는 무망괘(无妄卦)䷘가 된다. 그리고 내괘의 획수 4와 외괘의 획수 9를 더한 총획수 13을 6으로 나누면 1이 되니, 초효가 변효가 된다. 그래서 이 경우에는 무망괘의 초효로 점을 친다. 이들 각각의 점사에 대해서는 이 『일촬금(一撮金)』에서 이미 다 배열해 놓고 있다.

96) 『장자』의 「외물(外物)」 편에 나오는 말을 인용한 것이다. 거기에서는 '지나가며 묻는다(過而問焉)'는 구절이 반복되며 부정적인 의미로 쓰이고 있는데, 특히 "소인들이 시대에 영합하는 것에 대해 군자는 일찍이 지나가며 묻는 것조차 하지 않았다."고 하고 있다.(『莊子』, 「外物」: 靜默可以補病, 眥搣可以休老, 寧可以止遽. 雖然, 若是, 勞者之務也, 非佚者之所未嘗過而問焉. 聖人之所以駴天下, 神人未嘗過而問焉; 賢人所以駴世, 聖人未嘗過而問焉; 君子所以駴國, 賢人未嘗過而問焉; 小人所以合時, 君子未嘗過而問焉.)

분명하다. 오직『춘추좌씨전』에 실린 진문공(晉文公)과 목강(穆姜)의 점(占)에서 이 지괘설을 가지고 말하고는 있다. 그런데 여기서는 모두 '팔(八)'이라 하고 있으니, 이는 아마「연산」이나「귀장」의 법이지『주역』에서 취한 것은 아닌 것으로 보인다. 다른「전(傳)」들에 실린 것들에서는 비록 '어떤 괘의 어떤 것(某卦之某)'이라 하고 있지만, 취하여 점을 치고 있는 점사(占辭)는 오직 본괘 동효(動爻)의 사(辭)다. 그래서 일반적으로 본괘의 한 효(爻)를 취하여 점을 치는데, 그 점(占)들이 꼭 모두 한 효만 동효이고 나머지 다섯 효들은 동효가 아닌 것은 아니다. 아마 옛날의 점법은 동효가 비록 하나가 아니라 하더라도, 단지 점치는 일이 취하고 있는 상(象)과 위(位)가 서로 맞아떨어짐 등을 바탕으로 하여 한 효(爻)를 위주로 하고 나머지는 생략한 것이 아닌가 한다. 다만 왕필 이후로는『주역』을 말하는 이들이 이 점법에 대해서는 도외시한 채 논하지 않았기 때문에 마침내 그 법이 유실되고 말았다. 사수정씨(沙隨程氏)가 자신의 억견으로 점법을 만들어내기는 하였지만, 이는 본디 믿을 만한 것이 못된다.

●●●

二十二
22

『易』三畫而八卦小成, 一函三之數, 三才之位也; 重而爲六, 陰陽・柔剛・仁義之道, 參兩之數也. 象數一依於道, 故曰"『易』與天地準", 故

能彌綸天地之道. 邵子挾其加一倍之術以求天數, 作二畫之卦四‧四
畫之卦十六‧五畫之卦三十二, 於道無合, 於數無則, 無名無象, 無得
失之理, 無吉凶之應, 竊所不解. 加一倍之術, 無所底止之說也. 可二
畫, 可四畫, 可五畫, 則亦可遞增而七‧八‧九畫, 然則將有七畫之卦
百二十八‧八畫之卦二百五十六‧九畫之卦五百一十二, 漸而加之
以無窮無極, 而亦奚不可哉! 邵子之學如此類者, 窮大失居而引人於
荒忽不可知之域, 如言始終之數, 自乾一而以十二‧三十相乘, 放坤
之三十一萬‧三千四百五十六萬‧六千五百六十三萬‧八千四百
萬, 運算終日而得之, 不知將以何爲?『易』曰: 易簡而天下之理得矣.
故學『易』者知其數: 一函三爲體, 陽九陰六爲用, 極於萬二千五百而
止. 畏聖人之言, 不敢侮也.

『주역』은 3획 팔괘로 작게 이룬다.(小成卦) 그리고 한 괘에 세 획을
함유하고 있는 수(數)는 삼재(三才)의 위(位)를 의미한다. 이것들을 각각
중첩하면 6획이 되는데, 이는 음‧양, 부드러움[柔]‧굳셈[剛], 어즮[仁]‧
의로움[義]의 도(道)를 나타내는 것으로서 삼재를 둘로 하는 수다.[97]
상(象)과 수(數)는 하나같이 도에 의거한다. 그러므로 "『주역』은 천지와
부합한다."고 말하는 것이니,『주역』은 하늘과 땅의 도를 포괄할 수가
있는 것이다.
그런데 소자(邵子; 邵雍)는 가일배법(加一倍法)이라는 방식을 가지고

---

97)「설괘전」제2장의 말을 원용하고 있는 구절이다. 거기에서는 하늘의 도를
세우는 것을 음과 양이라 하고, 땅의 도를 세우는 것을 부드러움과 굳셈이라
하며, 사람의 도를 세우는 것을 어즮과 의로움이라 하고 있다.(立天之道, 曰陰與
陽; 立地之道, 曰柔與剛; 立人之道, 曰仁與義.)

하늘의 수(數)를 구하여서는 2획의 괘 네 개, 4획의 괘 16개, 5획의 괘 32개를 만들고 있다. 그러나 이것들은 도(道)에 전혀 부합하지 않고, 수에도 이러한 법칙이 없다. 그리고 종래의 문헌에는 이들에 대한 이름도 없고 상도 없다. 아울러 이들에는 득·실의 이치도 없고 길·흉의 응함도 없다. 그래서 나로서는 도대체 알 수가 없는 것들이다.

가일배법의 방식은 바닥이나 멈춤이 없음을 내포하고 있다. 이 방식에 의하면, 2획으로도 그릴 수 있고, 4획으로도 그릴 수 있고, 5획으로도 그릴 수 있다. 나아가 계속 더하여서는 7·8·9획으로 그릴 수도 있다. 이렇게 하면 7획의 괘 128개를 그릴 수가 있고, 8획의 괘 256개를 그릴 수가 있으며, 9획의 괘 512개를 그릴 수가 있다. 여기서 또 점차 더해 나아가면 끝이 없이 이어지리니, 이렇게 한다고 해서 어찌 안 될 것이 있겠는가! 소자(邵子)의 학문에서 이와 같은 따위의 것들은 너무나 커서 놓일 곳을 잃어버리고 있는데 황홀하여 알 수 없는 영역으로까지 사람을 끌고 간다. 예컨대 시작과 끝을 말하고 있는 수를 보면, 건괘(乾卦)의 1로부터 시작하여 12와 30을 곱해 곤괘(坤卦)의 31만·3,456만·6,563만·8,400만에다 놓는다. 하루 종일 계산하여 계산해 낼 수는 있다 할지라도 도대체 무엇 때문에 이렇게 하는 것인지 알 수가 없구나!

『주역』에서는 "쉽고 간단하게 천하의 이치대로 한다."고 하니, 『주역』으로 배움을 삼는 이들은 그 수를 안다. 다름 아니라 한 괘가 3획을 함유하고 있음은 체(體)가 되고, 양은 9·음은 6인 것은 용(用)이 된다는 것이다. 그리고 12,500에 이르러 극이 되어 멈춘다는 것이다. 나는 성인들의 말씀을 두려워하기 때문에 감히 모욕하지 못한다.

●●●

二十三

23

六經一以夫子所定爲正. 董仲舒言, "道術歸於一, 諸不在六藝之科者, 勿使竝進", 萬世之大法, 爲聖人之徒者勿能越也. 故『尙書』雖有『汲冢周書』, 『詩』雖有傳記所引'少昊'之詩·'白雲'之謠, 『春秋』雖有『竹書紀年』, 『禮』雖有『夏小正』, 無有援古以加於聖經者; 況秦漢制詔之書, '鐃歌'·'淸商'之詩, 王通『元經』之擬『春秋』, 叔孫綿蕞之制朝禮, 其不敢躋而上之以雜聖敎, 正道異端之辨, 嚴矣哉! 何獨至於『易』而前引曠古無徵之伏羲以爲之圖說, 後則有八宮·世應·飛神·伏神·六愼·六親·納甲之邪說, 公然登之聖經之列而不知忌憚? 爲聖人之徒者, 何其誣也! 以康節之先天, 安排巧妙, 且不足以與於天地運行之變化, 況八宮·世應之陋術哉! '乾'之變窮於'剝', 何以反下而爲'晉'? 又全反其所已變而爲'大有'? 無可奈何, 而爲游魂·歸魂之說以文之. 何以游? 何以歸也? 無能言其故也, 窮斯遁也. 其以五行割裂而配八卦也, '坎'·'離', 何以專水·火, 而木·金·土兼攝二卦; '乾'·'坤'爲萬化之本原, 而使與'兌'·'艮'伍, 以分金·土之半; '坤'·'艮'杳不相及, 而使同司土政; 皆蔑理逆天之說耳. 至於納甲取象於月魄之死生, 本出於魏伯陽修鍊之小數, 而下游爲房中妖淫之技, 其惑道誣民, 豈但『元經』之於春秋, 綿蕞之於『三禮』哉! 非聖者無法, 而小人趨利避害, 樂奉之以爲徼幸之媒. 劉熽氏, 儒者也, 爲之說曰: "辭與事不相應, 吉與凶何自而決? 蓋人於辭上會者淺, 於象上會者深; 文王·周公之辭雖以明

卦, 然辭之所該終有限, 故有時而不應." 其非聖無法以崇尚邪說也, 甚
矣! 二聖之辭有限, 而鬻術者推測之小慧爲無窮乎? 其云有時而不應
者, 則自有故. 假令一人就君子而問穿窬之得財與否, 君子豈能以其
所獲之多少而告之? 即令有人以貿販之售不售·求酒索食之有無問,
君子又豈屑役其心以揣其多寡利鈍而告之? 故曰"伐國不問仁人." 仁
人且不可問, 而『易』者天之明赫·誠之形著·幾之明威·鬼神之盛
德, 四聖崇德廣業·洗心藏密之至仁大義, 其屑爲此瑣瑣者謀乎? 象
數者, 天理也, 非天理之必察, 於象數亡當焉, 而惡乎相應? 有時不應,
固其宜也. 其在君子, 則語嘿從心, 苟問非所問, 則隱几而卧, 曳杖而去
之已耳. 若蓍策者, 雖神之所憑, 抑聽人之運焉者也. 神不能掣筮人之
腕指而使勿揲, 則聽其瀆而不禁, 而揲之奇偶自然必合於七八九六,
鬼神不能使妄瀆者之不成乎爻象. 有象則有辭, 亦如孔子之遇陽貨於
塗, 非欲欺之, 而自不與其言相應. 所問不應, 又何疑焉! 即或偶應,
亦偶遇而非神之所形. 怙愚不肖者不能如穆姜之自反以悔其瀆而不
告, 乃歸咎於文王·周公之辭有限而不足以盡象, 悍而愚不可瘳矣.
揣其意, 不過欲伸康節觀梅之術, 與京房世應, 「火珠林」祿馬貴合刑
殺之邪妄, 以毁聖人而已. 孔子曰: "所樂而玩者,『易』之辭也." 篇內推
廣辭中之精義以旁通之, 苟君子以義而筮, 如父母也, 如師保也, 何有
不應之疑耶?

육경은 하나같이 공자가 확정한 것을 표준으로 삼는다. 동중서는 말하기
를, "학술을 하나로 귀결시켜야 하니, 육예(六藝)의 과목에 속하지 않은
것들은 절대로 함께 읽히지 못하도록 해야 한다."[98]라 하였는바, 성인을
배우는 무리들로서 만세의 위대한 법을 뛰어넘을 수 없는 것이다. 그러므
로『상서(尙書)』에 대해 비록『급총주서(汲冢周書)』[99]가 있고,『시경(詩

98) 정확하게 이 말이 어디에 출전이 있는지를 역자로서는 확인하지 못했다. 다만
한무제(漢武帝)의 책문(策問)에 대해 동중서가 답한 내용 속에 이와 같은 취지의
말이 있다. 그것을 인용하면, "춘추의 대일통이란 천지의 항상된 근본이고
고금을 관통하는 옳음입니다. 그런데 오늘날에는 스승이란 이들이 도(道)를
달리하고 일반 사람들은 논의를 달리하며 여러 학파들이 방법을 달리하기
때문에, 가리키는 뜻이 똑같지 않습니다. 그래서 윗사람은 일통(一統)을 잡지
못해 법제가 자주 바뀌고, 아랫사람들은 무엇을 지켜야 할지를 알지 못합니다.
어리석은 신이 생각하옵건대, 육예(六藝)의 과목이자 공자님의 학술에 속하지
않은 것들은 모두 그 길을 끊어버리고 절대 함께 읽지 못하도록 해야 한다고
봅니다. 그래서 사악하고 편벽된 설들이 완전히 자취를 감춘 뒤에야 나라의
기강이 하나가 될 수 있고 법도도 밝아질 수 있습니다. 그러면 백성들로서도
무엇을 좇아야 할지를 알게 됩니다.(班固,『前漢書』卷56,「董仲舒傳漢」: 春秋大
一統者, 天地之常經·古今之通誼也. 今師異道, 人異論, 百家殊方, 指意不同.
是以上亡以持一統, 法制數變, 下不知所守. 臣愚以爲諸不在六藝之科·孔子之
術者, 皆絶其道, 勿使並進. 邪辟之說滅息, 然後統紀可一而法度可明, 民知所從
矣.)"라는 것이다.

99) 『급총주서(汲冢周書)』는 '『일주서(逸周書)』'라고도 한다.『진서(晉書)』의「무
제기(武帝記)」나「속석전(束晳傳)」에 의하면 서진(西晉) 무제(武帝)의 함녕(咸
寧) 5년(279), 급군(汲郡)의 부준(不準)이라는 사람이 급총(汲冢)을 발굴하여
죽서(竹書) 75편을 발굴하였다고 하는데, 이『급총주서』는 그 가운데 일부에
해당한다. 급총(汲冢)에서 발굴되었기 때문에 '급총주서(汲冢周書)'라고 한다.
이 무덤은 전국시대 위(魏)나라 안리왕(安釐王; 일설에는 魏襄王)의 무덤이었
다. 그런데『급총주서』와『일주서』가 동일한 것이 아니라는 설도 유력하게
제기되고 있다.『급총주서』의 내용은 주(周)나라의 문왕(文王), 무왕(武王),
주공(周公), 성왕(成王), 강왕(康王), 목왕(穆王), 여왕(厲王) 및 경왕(景王) 시대
의 관련된 역사적 사건을 기록하고 있는 것이다.『상서(尙書)』속에 이미
「주서(周書)」가 있기 때문에 그것과 비교하여 이것을 '일주서(逸周書)'라고도
한다.『수서(隋書)』,「경적지(經籍志)」편에 의하면, 공자가 오늘날에 전하는
『상서(尙書)』를 산정(刪定)하며 사료의 가치가 없는 것을 버렸는데 이것이

經)』에 대해 전기(傳記)에서 인용하고 있는 소호(少昊)[100]의 시(詩)와
「백운요(白雲謠)」[101]가 있으며, 『춘추』에 대해서는 『죽서기년(竹書紀
年)』이 있다 하더라도[102], 또 『예기』에 대해서는 『하소정(夏小正)』이

그것에 해당하기 때문에 '일주서(逸周書)'라 한다고 하고 있다. 허신(許愼)의
『설문해자(說文解字)』에서 벌써 이 『급총주서』에 대해 언급하고 있다. 그리고
『한서』, 「예문지」 편에서도 '『주서(周書)』'라는 이름으로 부르고 있다.

100) 소호(少昊; B.C.2598~B.C.2525)는 황제(黃帝)의 아들로서 아득한 옛날 희화(羲
和)족의 후예라고 전해진다. 동이족의 수령이다. 그리고 오제(五帝)의 첫째
인물이기도 하다. 이 소호의 나라는 봉황을 숭배하였는데, 소호의 시기에
봉황의 문화가 융성하고 번영하였다. 이는 중국인들이 용(龍)을 섬기는 것과
비교된다. 이 소호국의 도읍은 오늘날의 산동성(山東省) 곡부(曲阜) 부근에
있었으며, 공자의 고향이기도 하다.

101) 「백운요」는 옛 신화 속의 인물인 서왕모(西王母)가 주나라 목왕(穆王)을 위해
서 지었다는 가요(歌謠)를 말한다.

102) 『죽서기년(竹書紀年)』 역시 서진(西晉)의 무제 때 부준(不準)이 도굴한 급총
(汲塚) 죽간의 일부다. 『죽서기년』은 편년체의 역사서로서 '『기년(紀年)』'이라
고도 불린다. 위(魏)의 안리왕(安釐王; 일설에는 위양왕魏襄王)의 무덤에 안장
되어 있었기 때문에 진시황의 분서갱유(焚書坑儒)를 피했다. 이때 『국어』,
『주역』 및 관련 문헌, 『목천자전(穆天子傳)』 등의 문헌도 함께 발굴되었다.
이 『죽서기년』에서는 삼황오제, 하(夏)나라, 주(周)의 유왕(幽王)에 이르러
주나라가 견융(犬戎)에게 멸망하기까지의 주나라 역사 등 3대에 걸친 사건들을
기록하고 있다. 그 이후로도 진(晉)나라의 역사적 사실과 이 진나라가 한(韓)·
위(魏)·조(趙) 세 나라로 나뉜 뒤 위양왕(魏襄王; 일설에는 위애왕魏哀王)에
이르기까지의 중요한 사건들도 기록하고 있다. 그런데 이 『죽서기년』에는
『상서(尙書)』의 기록과는 현격하게 다른 것들이 많다. 예컨대 『상서』, 「태갑(太
甲)」 편에서는 태갑이 너무나 무도(無道)한 짓을 하였기 때문에 당대의 명
재상으로 알려져 있는 이윤(伊尹)이 태갑을 동궁에 3년 동안 유폐하였다가
태갑이 진심으로 뉘우치는 것을 보고는 다시 그를 모셔와 정중하게 왕위를
돌려주었다고 되어 있다. 그러나 이 『죽서기년』에서는 이윤이 태갑을 내쫓고

있다 하더라도[103], 더 오래되었다고 하여 이들 옛것을 끌어다가 성경(聖經)에다 덧붙이지는 않는다. 하물며 진한(秦漢) 시기에 황제의 명령으로 만들어진 서적들이나 '요가(鐃歌)'[104] · '청상(淸商)'[105]의 시 및 왕통(王通)이 『춘추』를 본떠 편찬한 『원경(元經)』[106], 그리고 숙손통이 새로

독자적인 나라를 세워 7년의 세월이 흐른 뒤에 태갑이 몰래 들어와 이윤을 살해하고 자신의 왕위를 되찾은 것으로 기록하고 있다. 그리고 이 『죽서기년』의 기록들은 『춘추』와 대략 비슷하면서도 적지 않은 기록들에서 『춘추』의 기록과는 다름을 보인다. 여기서 왕부지가 지적하고 있는 점은 바로 이 점이다. 『춘추』와는 현격하게 다른 기록들을 담고 있는 『죽서기년』이 출현하였더라도 『춘추』의 권위와 가치는 훼손되거나 무시되지 않으며 여전히 유지한다는 것이다.

103) 『하소정(夏小正)』은 현존 중국 과학 관련 문헌 가운데 가장 오래된 것으로 알려져 있다. 농사와 관련된 역법(曆法)의 문헌이다. 원래는 『대대례기(大戴禮記)』의 제49편에 속한다. 당송시기에 없어졌다가 송나라 때 부숭경(傅嵩卿)이라는 사람이 당시 소장하고 있던 두 판본을 모아서 되살려 놓았다. 『하소정』은 경(經)과 전(傳) 두 부분으로 이루어져 있는데, 모두 400글자가 좀 넘는다. 그 주요 내용을 보면, 1년을 12달로 나누어서 물후(物候). 기상(氣象), 성상(星像) 및 이와 관련된 중요한 정사(政事)를 기록하고 있다. 특히 농업 생산과 관련된 큰일들을 기록하고 있다. 다만 11월, 12월, 2월에 관한 것은 결여되어 있다. 그리고 사계절이나 절기의 개념도 보이지 않는다. 그저 농경, 어렵, 채집, 잠사(蠶事), 목축 등과 관련된 것을 담고 있다.

104) '요가(鐃歌)'는 군대에서 사용하는 악곡이다. 황제(黃帝)와 기백(岐伯)이 만들었다고 전해진다. 한대(漢代) 이후에는 취타(吹打) 곡으로 연주되었는데, 군대의 사기를 북돋기 위해 사용하는 악곡이다. 거대한 가마행차의 반주 악곡이나 공신(功臣)을 기리는 축하연의 악곡으로도 사용되었다고 한다. 그리고 개선음악으로도 사용되었다고 한다.

105) '청상(淸商)'은 상(商)나라의 악곡으로서 고대 오음(五音)의 하나다. 그 곡조가 가을의 쓸쓸함을 느끼게 할 만큼 처량하고 청아하여 '淸(청)' 자를 붙였다고 한다.

제정한 조의(朝儀)[107] 따위로는 감히 뛰어넘어서 위로 올라가 성인들의 가르침에 뒤섞이지 못한다. 정도(正道)와 이단(異端)의 구별됨은 이렇게 엄격한 것이다!

그런데 어찌 유독『주역』에 대해서만 아득한 옛날의 것으로서 징험조차 되지 않는 복희(伏犧)를 앞선 것으로 끌어다가 도설(圖說)을 지어대며, 뒤의 것으로는「팔궁」·「세응(世應)」·「비신(飛神)」·「복신(伏神)」·「육신(六愼)」·「육친(六親)」·「납갑(納甲)」 등의 사설(邪說)을 만들어 공공연히 성경(聖經)의 반열에 올라 거리낄 줄을 모른단 말인가? 성인의

---

106)『원경(元經)』은 수나라의 왕통(王通)이 짓고, 당대(唐代)의 설수(薛收)가 속편과 전(傳)을 지었으며, 송대(宋代)의 완일(阮逸)이 주(注)를 달았다. 그런데 송대의 조공무(晁公武)는 이것이 완일의 위작이라고 의심하고 있으며, 진진손(陳振孫)이라는 인물도 "하분왕씨(河汾王氏; 왕통을 지칭함)의 저서들은『중설』을 제외하고는 모두 당(唐)의「예문지(藝文志)」에 목록이 올라 있지 않다. 그 전(傳)은 완일의 손에 의해 이루어졌는데, 어떤 사람은 모두 완일의 위작이라고 한다."라 하고 있다.『원경』은 모두 9권으로 되어 있다. 그 내용은 서진(西晉)의 태희(太熙) 원년(290)에서 시작하여 수(隋)나라 개황(開皇) 9년(600)까지의 역사를 기록한 것이다. 이 부분은 원서(原書)로서 왕통이『춘추』를 본떠 저술한 것이다. 마지막 1권은 개황 10년(601)부터 당나라 무덕(武德) 원년(618)까지를 기록하고 있는데, 이 부분은 설수가 지은 속편이라 한다.

107) 숙손통(叔孫通)은 한고조(漢高祖)를 위해 조의(朝儀)를 창제하고자 하였다. 그래서 옛 노(魯)나라의 지역으로 가서 그 유생 30여 명을 초빙하여 왔다. 그리고는 자신이 새로 제정한 조의(朝儀)를 제자 100여 명을 데리고 한 달이 넘도록 야외에서 연습시켜서 완성해냈다고 한다. 여기에 나온 '綿蕞(면최)'라는 말은 이들이 연습할 적에 노끈을 끌어서 줄을 맞추고 풀을 묶어서 위치를 표시한 것을 가리킨다. 그래서 이후에는 이것이 전장제도나 경영방침을 새로 만들어내는 것을 의미하게 되었다. 숙손통과 관련해서는『주역내전』의 주288)을 참고하라.

무리라 하면서 어찌 이다지도 속인단 말인가! 강절 선생[邵雍]의 「선천도」
와 같이 안배가 교묘한 것으로서도 오히려 천지 운행의 변화를 담아내기
에 부족한데, 하물며 「팔궁」·「세응」과 같은 꾀죄죄한 설들로써야! 건괘
(乾卦)☰의 변함이 박괘(剝卦)☷에서 궁하였다가 어찌 아래로 돌이켜
내려가 진괘(晉卦)☷가 된다는 것인가? 또 어찌 그 이미 변한 것들을
전체적으로 반대로 하여 대유괘(大有卦)☰가 된다는 것인가? 7획·8획의
것은 『주역』에 없어서 어쩔 도리가 없으니 '유혼(游魂)'·'귀혼(歸魂)'이
라는 말을 갖다 붙여 꾸미고 있는데, 도대체 어째서 '떠돌이[游]'며 어째서
'돌아간다[歸]'는 말인가?[108] 아마 그 까닭에 대한 근거를 댈 수 없을
것이니, 궁하면 숨어야 할 것이다.

이들의 설에서는 또 오행을 찢어발겨서 팔괘에다 짝을 맞추는데, 감괘☵
·이괘☲는 어찌 오로지 수(水)·화(火)에만 해당하며 목(木)·금(金)·
토(土)는 두 괘를 겸하여 통섭한다는 것인가? 그리고 건괘☰·곤괘☷는
모든 지어냄[造化]의 근본이며 으뜸에 해당하거늘 어찌 이들로 하여금
태괘☱·간괘☶와 나란히 대오를 이루면서 금(金)·토(土)의 절반을
가르게 한단 말인가? 또 곤괘☷와 간괘☶는 아득히 멀리 있어서 서로
미칠 수가 없는데도 이들로 하여금 함께 토(土)의 정사를 맡게 한단
말인가? 이러한 측면들은 모두 이치를 능멸하고 하늘을 거역하는 설일
따름이다.

납갑설에서 달의 백(魄)이 죽었다 살아났다 함에서 상을 취하는 것은
본래 위백양의 양생 수련술에서 나온 것이다. 그런데 이것이 아래로

---

108) 이는 팔궁설·세응설을 비판하는 것이다. 왕부지는 이들의 설에서 이렇게
　　주장하는 것들이 이치에 맞지 않다고 공박하고 있다.

떠내려가서는 방중술이라는 음란한 기술이 되었으니, 도(道)를 혼란케
하고 백성들을 속임이 어찌 단지 『원경(元經)』이 『춘추』에 대해서, 면최
(綿蕞)가 삼례(三禮)에 대해서 한 정도에 그치리오! 성인을 비난하는
사람에게는 본보기에 해당하는 이상적 인물이 없는 것이다.[109] 소인들은
이로움으로 나아가고 해로움은 피하고자 하면서 이러한 사설(邪說)들을
기꺼이 신봉하며 자신들에게 행운을 가져다 줄 매개로 삼는다.

유약(劉爚)씨[110]는 유자(儒者)이면서도 말하기를, "괘·효사와 점을 친

---

109) 『효경』에 나오는 말이다. 『효경』에서는 공자의 입을 빌려, "오형(五刑)에
속하는 것이 3천 가지가 되지만 불효보다 더 큰 것이 없다. 임금을 제 마음대로
하려는 것은 윗사람이 없는 짓이고, 성인을 비난하는 것은 본보기에 해당하는
이상적 인물이 없는 것이며, 효도를 비판하는 것은 부모가 없는 것이다. 이것들
은 세상을 크게 어지럽히는 원리다.(子曰, "五刑之屬三千, 而罪莫大於不孝.
要君者無上, 非聖者無法, 非孝者無親, 此人亂之道也.")"라고 하였다.

110) 유약(1144~1216)은 남송의 대신(大臣)이요, 학자다. 자는 회백(晦伯)이다. 후학
들은 그를 '운장 선생(雲莊先生)'이라 불렀다. 건녕(建寧; 오늘날 복건성에
속함) 출신으로서 29세에 진사에 급제하였다. 그 2년 전부터 동생 유병(劉炳)과
함께, 건양(建陽)의 한천정사(寒泉精舍)에서 강학하고 있던 주희에게 가서
배웠다. 나중에 이들 두 사람은 주희의 추천으로 여조겸에게로 가서 배웠다.
순희(淳熙) 12년(1185), 유약은 무이정사(武夷精舍)에서 주희와 상봉하였다.
경원(慶元) 2년(1196), 한탁주(韓侂胄; 1152~1207)의 주도로 경원당금이 일어
주희가 배척당하기에 이르자, 유약은 주희를 좇아 무이산에서 학문 연구를
하고 후학을 가르치며 마음 편안해 하였다. 나중에는 운장산방(雲莊山房)을
짓고 죽을 때까지 거기에서 은거하려 하였다. 유약은 스스로를 '운장거사(雲莊
居士)'라 부르며 주희의 학설을 널리 전했다. 그리고 공부상서(工部尚書)로
있을 적에는 상소를 올려 위학금령(僞學禁令)을 풀어줄 것을 주청(奏請)하였
고, 주희의 『사서집주(四書集注)』를 간행하여 학궁의 교재로 쓸 것을 건의하였
다. 죽은 뒤 그는 한천정사가 있던 건양(建陽)에 묻혔다. 당시의 대신(大臣)
진덕수(眞德秀)가 그의 묘지명을 썼다. 저서에 『주의사고(奏議史稿)』·『운장

일이 상응하지 않으면 무엇을 가지고 길·흉을 판단할 수 있는가? 괘·효
사에서 이해하는 사람은 수준이 얕고, 괘상에서 이해한 사람은 수준이
깊다. 문왕·주공의 괘·효사가 비록 괘를 밝히는 것이기는 하지만,
괘·효사들이 담고 있는 것은 궁극적으로 한계가 있다. 그러므로 때로는
상응하지 않는다."111)라 하고 있다. 이처럼 성인을 비판하며 본보기라

외고(雲莊外稿)』·『운장속고(雲莊續稿)』·『경연고사(經筵故事)』·『강당
고사(講堂故事)』·『동궁시해(東宮詩解)』·『역경설(易經説)』·『예기해(禮
記解)』·『사서집성(四書集成)』 등이 있으며, 이 외에도 『문집(文集)』과 『유록
(遺錄)』이 있다.

111) 『주역전의대전(周易傳義大全)』에 실린 『역오찬(易五贊)』, 「명서(明筮)」 편의
한 구절에 대한 세주(細注)에 나오는 말이다. 여기서 왕부지가 인용하고 있는
것은 일부 구절이 빠져 있다. 이제 그 전문을 소개하면, "시초점이 괘·효사를
가지고 점을 치는 것은 맞다. 그러나 그 괘·효사들이 어느 경우에는 점을
친 일과 서로 응하지 않기도 하는데, 이때는 무엇을 가지고 길·흉을 판단할
수 있는가? 괘·효사에서 이해한 사람은 수준이 얕고, 괘상에서 이해한 사람은
수준이 깊다. 복희씨가 사람들에게 복서(卜筮)를 가르칠 적에도 괘는 있었을
따름이니, 자신들의 경우에 따라서 구한다면, 괘체든, 괘상이든, 괘변이든,
응하지 않음이 없는 것이다. 문왕·주공이 지은 괘·효사들이 담고 있는
것은 궁극적으로 한계가 있다. 그러므로 때로는 응하지 않으니, 반드시 『춘추좌
씨전』·『국어』 등에 실린 것처럼 괘체·괘상·괘변으로 점을 치며 호체까지
미루어보아야 비로소 족히 괘·효사에서 언급하지 않고 있는 것들을 도와
길·흉을 앞서서 알 수 있을 따름이다.(胡廣等, 『周易傳義大全』·『易五贊』,
「明筮」: 雲莊劉氏曰, "筮法占卦爻之辭. 然其辭或有不相應者, 吉凶何自而決?
盖人於辭上會者淺, 於象上會者深. 伏羲教人卜筮亦有卦而已, 隨其所遇求之,
卦體·卦象·卦變无不應矣. 文王·周公之辭所該終有限, 故有時而不應, 必
如『左傳』·『國語』所載占卦體·卦象·卦變, 而推互體, 始足以濟辭之所不及,
而為吉凶之前知耳. 讀易者不可不察也.")"라는 것이다. 즉 유약(劉爚)의 관점
은, 점을 친 일에 대해 괘·효사에서 구체적으로 언급하지 않을 경우, 괘체·괘

할 이상적 인물이 없다 못해 사설(邪說)들을 숭상하기까지 하고 있으니,
심하도다! 이 말대로라면 문왕, 주공 등 두 성인의 괘·효사에는 한계가
있지만, 술수를 팔아먹는 이들이 어림짐작하는 꾀죄죄한 지혜에는 궁함
이 없다는 논리 아닌가?

그가 말하는 '괘·효사와 점을 친 일이 상응하지 않음'에는 그 자체에
까닭이 있는 것이다. 가령 어떤 사람이 군자에게 가서 지금 남의 집
창을 뚫고 들어가 재물을 얻을 수 있느냐의 여부를 물었을 경우, 군자가
어찌 그에게 얼마만큼의 재물을 얻을 수 있는지를 알려줄 수 있겠는가?
또 가령 어떤 사람이 물건을 팔 수 있는지 없는지, 술과 먹을 것을
구할 수 있는지를 물었을 경우, 군자가 또한 어찌 기꺼이 애를 써가면서
얼마나 팔 수 있는지, 구할 수 있는지 없는지를 알려주겠는가? 그러므로
"다른 나라를 정벌하는 일과 관련하여서는 어진 사람에게는 묻지 않는
다."[112]라 하였으니, 이러한 따위의 물음은 어진 사람에게도 물을 수

상·괘변은 물론 심지어 호체(互體)까지도 참고하여 점을 칠 수 있다는 것이다.

112) 이는 동중서(董仲舒)가 류하혜(柳下惠)의 말을 인용하며 한 말이다. 동중서가
한무제와의 천인(天人) 대책(對策)을 끝낸 뒤, 강도(江都)의 재상이 되어 역왕
(易王)을 섬기고 있을 때의 일이다. 본바탕이 교만하고 힘자랑하는 것을 즐겼던
역왕이, 월나라가 복수를 한다는 미명하에 오나라를 정벌하여 섬멸한 것에
대해, 이것을 어질다고 해야 할지를 동중서에게 물었다. 그러자 동중서는
이전에 노(魯)나라의 군주가 류하혜에게 "내가 제(齊)나라를 정벌하려 하는데
그대는 어떻게 생각하는가?"라고 물은 것에 대해 류하혜가 "안됩니다."라고
말한 뒤 집에 돌아가, "내가 듣자하니 다른 나라를 정벌하는 일과 관련하여서는
어진 사람에게는 묻지 않는다고 하는데, 이 말을 어찌 나에게 한단 말인가!"라고
한탄하였던 일을 거론한다. 그리고는 "단순히 묻기만 한 것이었을 따름인데도,
질문 받았다는 그 자체에 대해 이다지도 수치스럽게 여기거늘, 하물며 거짓
명분을 내세워 오나라를 친 것이야 일러 무엇 하겠습니까? 이러한 관점에서

없는 것이다. 그런데 『주역』이란 하늘이 밝게 드러난 것이고, 그 성실함
[誠]이 형체를 드러낸 것이다. 그리고 기미[幾]가 밝게 하늘의 위엄을
드러낸 것이고, 귀신의 융성한 덕이 드러나 있는 것이다. 뿐만 아니라
네 분 성인들께서 덕을 높이고 사업을 넓힌 것이며, 마음을 씻고 은밀한
곳에 몸을 감추었던 지극한 어짊과 위대한 의로움이 담겨 있는 것이다.
이러한 『주역』이 어찌 이 따위 자질구레한 것들을 위해 기꺼이 도모해주
겠는가?

『주역』의 상과 수는 하늘의 이치를 담고 있는 것들이다. 그래서 하늘의
이치를 반드시 살피지 않을 경우에는 상과 수에서 이에 대해 해당하는
것이 없다. 그런데 어찌 상응하겠는가? 그러므로 『주역』이 때로 응하지
않음은 본디 마땅한 것이다. 군자는 『주역』에 대해 말할 때나 침묵할
때나 그저 마음으로 좇을 뿐이며, 진실로 묻지 않아야 할 것에 대해
물음을 받았을 경우에는 책상에 기댄 채 누워버릴113) 따름이다. 그리고

보건대, 월나라에는 한 사람도 어진 사람이 없었습니다. 어진 사람이란 그
의론을 올바르게 할 뿐 이익을 도모하지는 않으며, 그 도를 밝힐 뿐 공을
계산하지는 않습니다."라고 대답하였다.(『漢書』, 「董仲舒傳」: 對旣畢, 天子以
仲舒爲江都相, 事易王. 易王, 帝兄, 素驕, 好勇. 仲舒以禮誼匡正, 王敬重焉.
久之, 王問仲舒曰, "粵王勾踐與大夫泄庸・種・蠡謀伐吳, 遂滅之. 孔子稱殷有
三仁, 寡人亦以爲粵有三仁. 桓公決疑于管仲, 寡人決疑于君." 仲舒對曰, "臣愚
不足以奉大對. 聞昔者魯君問柳下惠, '吾欲伐齊, 何如?' 柳下惠曰, '不可.' 歸而
有憂色, 曰, '吾聞伐國不問仁人, 此言何爲至於我哉!' 徒見問耳, 且猶羞之, 況設
詐以伐吳乎? 由此言之, 粵本無一仁. 夫仁人者, 正其誼不謀其利, 明其道不計
其功.")
113) 맹자가 한 행위를 묘사한 말이다. 맹자가 제(齊)나라를 떠나며 주(晝)라는
곳에서 머물렀는데, 제나라 왕을 위하여 맹자가 떠나는 것을 만류하려는
사람이 있었다. 그런데 이 사람이 앉은 채로 말을 하니, 맹자는 들은 체도

지팡이를 끌고서 떠나버릴 따름이다.

시책(蓍策)들은 비록 신(神)이 빙자하는 것이기는 하지만, 사람이 손으로 경영하는 것을 그대로 받아들일 뿐이다. 신(神)이라 하여 시초점을 치고 있는 그 사람의 팔과 손가락을 잡아당기며 시책들을 헤아리지 못하도록 할 수 있는 것이 아니다. 그래서 시초점을 치는 사람이 모독하더라도 그대로 받아들이며 금지하지 않으니, 시초점을 치는 사람이 홀수·짝수로 헤아리게 되면 저절로 반드시 7·8·9·6에 부합하게 된다. 귀신으로서도 망령되이 모독하는 사람으로 하여금 효상을 이루지 못하도록 할 수가 없는 것이다. 그래서 상이 나왔으면 그것에 대한 괘·효사 있으니, 이는 마치 공자가 길에서 우연히 양화(陽貨)를 만난 것과도 같다. 그래서 속이려 들지 않는다 할지라도 저절로 그 말과 상응하지 않은 것이다.[114]

안 하고 책상에 기댄 채 누워버렸다고 한다. 나이 어린 사람이 앉아서 말하는 것은 제대로 돼먹지 않은 처사라는 이유에서였으며, 이는 결과적으로 만류하는 그 사람이 자신을 거절한 것이라 하였다. 그러므로 맹자는 제나라 왕이 자신을 대접하는 것이 이전에 목공(繆公)이 자사(子思) 대접하는 것에 미치지 못하다고 하고 있다.(『孟子』, 「公孫丑下」: 孟子去齊, 宿於晝. 有欲爲王留行者, 坐而言. 不應, 隱几而臥. 客不悅曰, "弟子齊宿而後敢言, 夫子臥而不聽, 請勿復敢見矣." 曰, "坐! 我明語子. 昔者魯繆公無人乎子思之側, 則不能安子思, 泄柳·申詳無人乎繆公之側, 則不能安其身. 子爲長者慮, 而不及子思, 子絶長者乎? 長者絶子乎?")

114) 공자와 양화(陽貨) 사이의 일화를 두고 하는 말이다. 양화는 춘추시대 계씨(季氏)의 가신이었던 양호(陽虎)로서, 노(魯)나라의 국정을 농락했던 인물이다. 이러한 그가 사람을 보내 공자를 보자고 하였다. 자신이 하는 일을 공자에게 맡기려는 심산이었다. 그러나 공자는 그의 됨됨이와 현재 하는 짓이 마음에 들지 않아 이에 응하지 않고 있었다. 그러자 양호는 암퇘지 1마리를 잘 삶아서 공자에게 보냈다. 이렇게 되면 예(禮)에 따라 공자가 자신에게 고맙다는 인사를

그러니 물은 것에 대해 응하지 않았다 하여 또한 어찌 그에 대해 의심하리오! 그리고 혹시 우연히 응했다 하더라도 이는 우연히 맞아떨어진 것이지 결코 신(神)이 나타난 것은 아니다.

그런데 자신의 어리석음과 못남에 의지하는 이들은 목강(穆姜)만도 못하다. 그래도 목강은 자신과 같은 사람이 『주역』으로 점을 침에 모독을 받은 『주역』이 자신이 점친 일에 대해 제대로 알려주지 않았다고 여겨 스스로 지난 삶을 반성하며 후회했던 것이다.[115] 그런데 이 목강보다

하러 와야 하기 때문이다. 그러나 공자는 그가 집에 없는 틈을 타 그의 집을 방문하여 고맙다는 표시를 하는 것으로 가름하였다. 그러다가 우연히 길에서 둘이 마주치게 되었다. 그러자 양호는, "가슴에 보배를 품고서도 그 나라가 혼란에 빠짐을 보고만 있는 것을 어질다고 할 수 있는가!", "좋은 일을 이루고자 한다면서도 자주 시기를 놓친다면 지혜롭다고 할 수 있는가!", "지금 이 순간에도 세월은 가며 결코 이 세월이 우리를 위해 기다려주지 않는다!"라고 에둘러 말하면서 공자에게 일을 맡아 달라고 청하였고, 공자는 이를 수락하였다고 한다.(『論語』, 「陽貨」: 陽貨欲見孔子, 孔子不見, 歸孔子豚, 孔子時其亡也, 而往拜之, 遇諸塗, 謂孔子曰, "來, 予與爾言." 曰, "懷其寶而迷其邦, 可謂仁乎!" 曰, "不可." "好從事而亟失時, 可謂知乎!" 曰, "不可." "日月逝矣, 歲不我與!" 孔子曰, "諾, 吾將仕矣.")

115) 목강(穆姜)이 점친 일에 대해서는 『주역내전』의 주1386)을 참고하기 바란다. 목강은 점을 쳐서 수괘(需卦)䷄의 육이효를 얻었지만, 이것이 자신에게는 해당되지 않는다고 보았다. 자신에게는 그 덕이 없기 때문이다. 왕부지는 이에 대해, 이러한 목강이 점을 치는 것은 『주역』을 모독하는 것이니 『주역』이 고해주지 않은 것으로 풀이하고 있다. 그래서 목강은 『주역』으로부터 자신에게 상응하는 점괘를 받지 못하게 된 원인 제공자로서 자신의 부덕을 뉘우쳤다는 것이다. 결국 목강은 점을 쳐서 자신에 응하는 괘를 얻지 못하고 불응하는 괘를 얻은 나머지 『주역』 점으로부터 행동의 지침을 받지 못하고 동궁에 유폐된 채 생을 마친 것이다. 그런데 유악(劉牏)과 같은 사람들이 괘·효사에 자신이 점친 일과 상응하는 것이 없다고 하여 다른 방식으로 상응하는 것을

못한 어리석은 이들은, 시초점 결과가 자신이 점친 일과 서로 응하지 않을 경우, 그저 잘못을 문왕·주공의 괘·효사에 한계가 있어서 모든 상을 다 드러내지는 못함으로 돌린다. 이렇게 사납고 어리석은 사람들에 대해서는 그 무엇으로도 치료할 수가 없다. 그런데 이들의 의도를 짐작해 보면, 강절(康節; 邵雍)이 주창한 관매(觀梅)의 점술과 경방이 만든 세응(世應) 및 '화주림'의 녹마(祿馬)[116]·귀합(貴合)[117]·형살(刑殺)[118] 등과 같은 사악하고 망령된 것들을 세상에 퍼뜨림으로써 성인들을 폄훼하고자 하는 데 지나지 않을 따름이다.

공자는 "(군자가) 즐겁게 완미하는 것은 『주역』의 사(辭)들이다."[119]라고 하였다. 그래서 『주역내전』에서 나는 괘·효사들의 정심한 의미들을 부연하고 넓혀서 널리 통하게 하였다. 진실로 군자가 의리로써 점을 친다면, 마치 우리들 부모가 곁에서 지켜주고 있는 것과 같고, 태사(太師)

구하는 것은 이 목강에도 못 미친다는 것이다.

116) '녹명(祿命)'과 같은 의미로서 명리학의 용어다. 사람의 녹봉과 먹을 복에는 정해진 명운(命運)이 있는데, 그것이 천마(天馬)의 운행(運行)을 탄다는 의미에서 이렇게 부른다.

117) 명리학의 용어다. 사주에서 천을귀인(天乙貴人)이 있고 이것이 지지(地支)에 합을 이루는 것을 말한다.

118) 역시 명리학의 용어다. 원래는 사형에 처한다는 의미지만, 명리학에서는 이 형살을 만나게 되면, 사고, 관재, 형벌, 송사, 재앙, 감금, 중독, 수술 등을 당한다는 의미로 쓰인다. 또 사주 속에 이 형살이 있으면, 의학이나 사법기관에 종사할 운명이라고 본다.

119) 「계사상전」 제1장에 나오는 말이다. 그런데 거기에서는 '易(역)' 자 대신에 '爻(효)' 자로 되어 있다. 그래서 "즐겁게 완미하는 것은 효(爻)들의 사(辭)다."라고 해야 한다. 다만 왕부지는 일부러 이렇게 『주역』 전체로 확대하여 말한 것으로 보인다.

·태보(太保)가 곁에서 우리들의 자문에 응해주는 것과 같을 것이다.[120] 그러니 어찌 괘·효사가 응하지 않는다는 의심을 갖겠는가?

●●●

二十四
24

揲蓍之法, 當視過揲七·八·九·六四數之實以定陰陽老少, 而不當論歸奇, 『外傳』已詳辨之矣. 其著明者, 莫如夫子之言. 『繫傳』曰: "'乾'之策二百一十六, '坤'之策百四十四", 過揲之數也. 若'乾'之歸奇七十八, '坤'之歸奇百五十, 聖人之所弗道也. 又曰: "'乾'·'坤'之策三百六十, 當期之日." 若合'乾'·'坤'之歸奇, 則二百二十八, 於天之象數一無所準. 聖人之言炳如日星, 而崇後世苟簡之術, 取歸奇之『易』於數記, 謂但論歸奇之五·四·九·八, 亂奇偶之成象, 誣過揲爲贅旒, 非愚所知也. 後儒談『易』之敝, 大抵論爻則不恤象, 論象·爻則不恤「繫傳」, 不知三聖之精蘊非「繫傳」二篇不足以章著. 此乃孔子昭示萬世學『易』·占『易』之至仁大義, 昭回於天者. 而往往以日者苟簡邪淫之說爲

師. 朱子師孔子以表章六藝, 徒於『易』顯背孔子之至教. 故善宗朱子者, 舍其注『易』可也. 邵康節亂之於前, 王介甫廢之於後, 蔡西山以術破道, 而星命葬術·爲「王制」殺而勿赦者, 復弄『易』以神其說, 則朱子之於『易』, 舍周·孔以從術士, 有自來矣. 故歸奇者, 術士苟簡之術也, 於此可以知朱子之過矣.

시초(蓍草)를 헤아려 괘를 뽑아내는 법에서는 마땅히 헤아린 시초[過揲之策]의 7·8·9·6이라는 네 가지 수를 살펴서 음·양의 노(老)·소(少)를 확정해야 한다. 결코 '귀기(歸奇)'[121]를 논해서는 안 된다. 이에 대해서 나는 『주역외전』에서 이미 상세하게 밝혔다. 이와 관련하여 무엇보다 가장 분명한 것은 공자의 말이다. 「계사전」에서는 "건괘의 시책은 216개이고, 곤괘의 시책은 144개다."라 하고 있다.[122] 이는 헤아린 시초[過揲之策]의 수를 말하는 것이다. 그런데 건괘(乾卦)의 귀기의 수 78이나 곤괘(坤卦)의 귀기의 수 150에 대해서는 성인들께서 어디에서도 말하지 않고 있다. 또 "건괘·곤괘의 시책을 합한 수 360은 1년의 날수에 해당한다."고

---

121) 귀기(歸奇)는 『역학계몽』의 설시법(揲蓍法)에서 구체적으로 언급하고 있는 것으로서, 왼손·오른손의 시초(蓍草; 蓍策)들을 넷씩 헤아리고 남은 시초들을 말한다. 그 합이 제1변에서는 5나 9 둘 중의 하나로 나온다. 여기서 5는 홀수를, 9는 짝수를 의미한다. 제2·제3변에서는 4나 8 둘 중의 하나로 나온다. 여기서 4는 홀수를, 8은 짝수를 의미한다. 그런데 『역학계몽』에서는 이들 귀기(歸奇)의 수를 가지고 한 효의 음·양의 노·소를 확정한다. 즉 제1·제2·제3변의 귀기의 수들이 셋 다 홀수면 노양(老陽), 2홀1짝이면 소음(少陰), 1홀2짝이면 소양(少陽), 셋 다 짝수면 노음(老陰)으로 확정하는 것이다. 그래서 한 괘가 6효이므로 모두 18변을 거쳐 한 괘의 여섯 효들이 모두 확정된다.
122) 왕부지는 「계사전」을 공자의 저작으로 보기 때문에 이렇게 말하고 있는 것이다.

하고 있다. 그러나 건괘·곤괘의 귀기의 시책을 합한 수 228에 대해서는 하늘의 상과 수 그 어떤 것에도 준거가 되는 것이 없다. 이처럼 성인의 말은 하늘의 해와 별처럼 빛나건만, 사람들은 후세에 출현한 구차하고 간략한 방법을 숭상한 나머지 수를 기록하는 데서 귀기(歸奇)의 방법으로 『주역』의 괘들을 뽑아내고 있다. 그래서 단지 귀기의 수인 5·4·9·8만을 논함으로써 홀수·짝수의 상이룸[成象]을 어지럽히고, 과설지책은 군더더기라도 되는 양 속이고 있으니, 이는 내 알 바 아니다.

후대의 유학자들이 『주역』을 논하는 데서 범하는 폐단은 대체로 효(爻)를 논하면 괘에는 관심을 갖지 않고, 괘·효를 논하면 「계사전」에는 관심을 갖지 않는다는 것이다. 그래서 이들은 복희씨, 문왕, 주공 등 세 성인들이 정성을 기울인 깊은 이치가 「계사전」의 상·하 두 편이 아니면 환히 드러날 수 없다는 사실을 모른다. 그러나 「계사전」의 이들 두 편은 『주역』으로 배움을 삼음(學『易』)'·『주역』으로 점을 침(占『易』)'의 지극하고 위대한 어짊·의로움을 만세에 환히 제시하고 있는 것이며, 하늘에서 밝게 빙글빙글 돌고 있는 것이다. 그런데도 후세의 유학자들은 점쟁이들이 만들어낸 구차하고 간략한 사설(邪說)들을 자주 스승으로 삼고는 한다. 주자(朱子)는 공자를 스승으로 모시면서 그 육예(六藝)를 널리 드러냈지만, 단지 『주역』과 관련해서만큼은 공자의 지극한 가르침을 현저하게 등지고 있다. 그러므로 주자를 종사(宗師)로 잘 모시는 사람이라면 그가 풀이한 『주역』을 버리는 것이 옳다. 강절(康節; 邵雍)이 앞에서 어지럽히고, 왕개보(王介甫)[123]가 뒤에서 폐기하였으며, 채서산(蔡西山)[124]은

---

123) 왕안석(王安石; 1021~1086)을 가리킨다. '개보(介甫)'는 그의 자(字)다.
124) 채원정(蔡元定; 1135~1198)을 가리킨다. '서산(西山)'은 그의 호(號)다.

술(術)로써 도(道)를 부숴버렸다. 그러나 별점과 풍수 및 『예기』, 「왕제 (王制)」 편에 의해 죽임을 당하고 용서를 받지 못하였던 것들이 되살아나 서『주역』을 희롱하며 그 설을 신성화하고 있다. 그래서 주자가『주역』과 관련하여 주공(周公)·공자를 버린 채 술사들을 좇는 것도 그 유래가 있는 것이다. 그러므로 '귀기(歸奇)'라는 것은 술사들이 내세우는 구차하 고 간략한 방식이니, 바로 여기서 우리는 주자의 잘못됨을 알 수가 있다.

●●●
二十五
25

夫之自隆武丙戌, 始有志於讀『易』. 戊子, 避戎於蓮花峰, 益講求之. 初得'觀'卦之義, 服膺其理, 以出入於險阻而自靖; 乃深有感於聖人畫 象繫辭, 爲精義安身之至道, 告於易簡以知險阻, 非異端竊盈虛消長 之機, 爲翕張雌黑之術, 所得與於學『易』之旨者也. 乙未, 於晉寧山寺, 始爲『外傳』, 丙辰始爲『大象傳』. 亡國孤臣, 寄身於穢上, 志無可酬, 業無可廣, 唯『易』之爲道則未嘗旦夕敢忘於心, 而擬議之難, 又未敢 輕言也. 歲在乙丑, 從游諸生求爲解說. 形枯氣索, 暢論爲難, 於是乃於 病中勉爲作『傳』, 大略以'乾'坤'竝建爲宗; 錯綜合一爲象; 象爻一致, 四聖一揆爲釋; 占學一理, 得失吉凶一道爲義; 占義不占利, 勸戒君子, 不瀆告小人爲用; 畏文·周·孔子之正訓, 闢京房·陳摶日者黃冠之

圖說爲防. 誠知得罪於先儒, 而畏聖人之言, 不敢以小道俗學異端相
亂; 則亦患其硏之未精, 執之未固, 辨之未嚴, 敢辭罪乎! 『易』之精蘊,
非『繫傳』不闡. 觀於『繫傳』, 而王安石屛『易』於三經之外, 朱子等『易』
於「火珠林」之列, 其異於孔子甚矣. 衰困之餘, 力疾草創, 未能簡繁以
歸簡, 飾辭以達意. 汰之鍊之, 以俟哲人. 來者悠悠, 誰且爲吾定之者?
若此篇之說, 間有與『外傳』不同者:『外傳』以推廣於象數之變通, 極
酬酢之大用, 而此篇守象·爻立誠之辭, 以體天人之理, 固不容有毫
釐之踰越. 至『於大象傳』, 則有引伸而無判合, 正可以互通之. 『傳曰』:
"黙而成之, 不言而信, 存乎德行", 豈徒以其言哉! 躬行不逮, 道不足以
明, 則夫之所疚媿於終身者也.

나 왕부지는 융무(隆武)[125] 병술년(1646)에 비로소 『주역』을 공부하는
데 뜻을 두었다. 무자년(1648)에 오랑캐[126]의 군대를 피해 연화봉(蓮花
峰)으로 가 있으면서는 그 뜻을 더욱 굳혔다. 처음 『주역』으로 점을
쳐서 관괘(觀卦)䷓의 의미를 얻고서는, 그 이치를 가슴속에 깊이 새긴
채 험난하고 꽉 막힌 당시 상황을 개선해보고자 몸부림치면서 내 스스로
의 뜻함을 올바르게 하였다. 이러는 사이에 나는 성인들께서 획을 그리고
사(辭)를 붙임으로써 의로움에 정성을 다하며 편안하게 처신할 수 있는

---

125) 융무(隆武)는 남명(南明)의 연호다. 이 정권에서 예부상서(禮部尚書)를 지낸
    황도주(黃道周) 등이 복주(福州)에서 당왕(唐王) 주율건(朱聿鍵)을 옹립하여
    즉위하게 하고 개원하였다. 청(淸)의 순치(順治) 3년(1646)에 해당한다. 이때
    왕부지의 나이는 28세였다. 이듬해 청의 군대가 민(閩) 땅에 쳐들어와 이
    남명 정권을 멸망시켰다.
126) 청(淸)을 가리킴.

지극한 도(道)를 세웠다는 것, 아울러 평이·간단하게 알려주어서 우리들로 하여금 험난함과 꽉 막힘을 알게 해주었다는 것에 깊이 감명을 받았다. 이『주역』은, 이단들이 우주의 찼다 비웠다 하고 사라졌다 자라났다 하는 '작용 체제[機]'를 엿보고서 만든, 암컷과 검은 것을 오므렸다 폈다 하는 술(術)127)과는 다르다. 이러함으로서는 결코『주역』으로 배움

---

127) 이와 관련한 내용이 앞의 겸괘(謙卦) 풀이에 드러나 있다. 잠깐 인용하면, "예컨대 노담(老聃)의 가르침이 그러하니, 이들은 사사로운 지혜를 가지고 천지와 귀신의 '작용 체제[機]'를 엿보고서 사람들의 일반적인 정서 속에 있는 호(好)·오(惡)에 기대어서 장차 확장하고 싶거든 진실로 움츠리며, 그 지극한 부드러움으로써 천하의 가장 굳셈으로 재빠르게 달려간다. 그래서 자기가 물러나면 날수록 물(物)들은 그만큼 다가오니, 그들의 다가옴이 완전히 가득차기를 기다렸다가 상황이 이제 더 이상 수용할 수 없게 된 뒤에 일어나서 이들을 후려치면 아무도 그물망으로부터 벗어날 수가 없다고 한다. 그들은 이를 오묘한 도(道)의 귀결이라 여긴다. 겸손함에서 시작한 것이 이처럼 사나움으로 끝마치는 것이다. 그러므로 그것이 흘러가서는 병가의 음모술과 신불해(申不害)·한비자(韓非子)의 흉악하고 잔인한 학설이 된다."라는 것이다. 여기서 왕부지가 전거(典據)로 삼고 있는 것은『노자』제36장의 구절이다.『노자』의 관련된 구절을 보면, "장차 오그라들게 하고 싶거든 반드시 진실로 확장시켜 주고, 장차 약하게 하고 싶거든 반드시 진실로 강하게 해주며, 장차 폐하고 싶거든 반드시 진실로 흥하게 하고, 장차 빼앗고 싶으면 반드시 진실로 주어라. 이를 '미명(微明)'이라 한다. 부드럽고 약한 것이 굳세고 강한 것을 이긴다.(將欲翕之, 必固張之; 將欲弱之, 必固强之; 將欲廢之, 必固興之; 將欲奪之, 必固與之, 是謂微明. 柔弱勝剛强)"라 하고 있다. 사실 미국이 제2차 세계대전 이후에 자국의 잉여농산물을 제3세계로 뿌리던 것에도 이러한 측면이 있다. 세속의 말로 하면 "키워서 잡아먹는다."는 것이 이에 해당한다. 그리고 왕부지는 여기서『노자』의 제28장의 구절을 함께 거론하고 있다. 그 구절의 일부를 보면, "수컷을 알고서 암컷을 지켜 천하의 골짜기가 된다. 천하의 골짜기가 되면 항상된 덕이 떠나지를 않아 영아의 상태로 복귀한다.

을 삼는 것과 어깨를 나란히 하지 못한다.

을미년(1655)에 나는 진녕(晉寧)의 산사(山寺)에서 『주역외전』의 저술에 착수하였다. 그리고 병진년(1676)에는 『대상전』 연구에 몰두하기 시작하였다. 나라를 잃어버린 외로운 신하로서 오랑캐에 의해 더럽혀진 땅에 이 한 몸을 붙이고 있으니, 뜻함이 있더라도 함께 도모할 이가 없었고, 어떤 보람을 갖고 넓힐 수 있는 사업조차 없었다. 그래서 자나 깨나 오로지 『주역』의 도(道)만을 가슴에 끌어안고 잊지 않았으며, 그 무엇에도 견주기 어려운 험난함을 감히 가벼이 입에 올리지 않았다.

을축년(1685)에는 나에게 와서 공부를 하던 제자들이 『주역』을 풀이해 달라고 청하였다. 그러나 나는 몸은 비쩍 마르고 기력은 다해 입으로는 자세하게 설명해 주기가 너무나도 힘들었다. 그래서 아픈 몸을 달래며 이 『주역내전』을 썼다.

이 『주역내전』에서 내가 한 『주역』 풀이 원리는 대략 이러하다. 우선

하양(白)을 알고서 까망(黑)을 지키면 천하의 표준이 된다. 천하의 표준이 되면 항상된 덕이 어기지를 않아 무극으로 복귀한다. 영예(榮譽)를 알고서 욕됨을 지키면 천하의 골짜기가 된다. 천하의 골짜기가 되면 항상된 덕이 충족되어 소박함으로 복귀한다.(知其雄, 守其雌, 爲天下谿. 爲天下谿, 常德不離, 復歸於嬰兒. 知其白, 守其黑, 爲天下式. 爲天下式, 常德不忒, 復歸於無極. 知其榮, 守其辱, 爲天下谷. 爲天下谷, 常德乃足, 復歸於樸.)"라 하고 있다. 사실 노자는 사람들이 일반적으로 추구하는 수컷, 하양, 영화 등에 반(反)생명 요소가 담겨 있다고 보았다. 그래서 이에 대한 추구를 멈추고, 그 반면에 해당하는 암컷, 까망, 욕됨을 지키라고 한 것이다. 그러면 이것들이 인간을 영아, 무극, 소박함의 상태로 복귀시켜 줄 것이라 하고 있다. 이는 욕구 충족 일방으로 치닫는 인류 문명에 대한 경고임과 동시에 그 해결의 혜안을 제시한 것이라 할 수 있다. 그런데 왕부지는 이것이 사람들에 의해 나쁜 측면으로 이용되는 것을 본 것이다. 그래서 이렇게 말하고 있는 것이다.

『주역』은 건괘·곤괘 두 괘를 아울러 세운 것이라는 '건곤병건(乾'坤竝建)'을 마루(宗)로 삼았다. 그리고 짝을 이루며 이웃하고 있는 두 괘들 사이에는 착(錯)과 종(綜)의 원리가 작용하고 있다는 '착종합일(錯綜合一)'을 상(象)의 원리로 보았다. 아울러 '괘와 효는 일치함[象爻一致]'·'네 성인들이 일관된 원리를 따랐음[四聖一揆]'을 풀이의 원리로 삼았고, '『주역』으로 점을 침과 『주역』으로 배움을 삼음은 동일한 이치 속에 있음[占學一理]'·'득·실, 길·흉이 같은 원리를 이룸[得失吉凶一道]'을 의미의 바탕으로 여겼다. 또 『주역』이 '의로움을 점치는 것이지 이로움을 점치는 것이 아님[占義不占利]'·'군자에게 권하여 경계하도록 하는 것이지 자신을 모독해가면서까지 소인에게 고해주지 않음[勸戒君子, 不瀆告小人]'을 『주역』 활용의 원칙으로 삼았다. 여기서 나는 문왕·주공·공자의 올바른 가르침을 두려워해야 할 것으로 여기고, 경방(京房)·진단(陳搏)·점쟁이·도사(道士)들의 도설(圖說)들을 물리침을 방어의 목표로 삼았다.

그런데 나는 이 『주역내전』에서 진실로 이전 시대의 유학자들에게 죄를 지었음을 알고 있다.[128] 그러나 이는 성인들의 말씀을 두려워하였기 때문이니, 감히 나까지 이들과 합세하여 꾀죄죄한 학문, 속된 학문, 이단으로써 성인들의 말씀을 어지럽히지 않고자 함에서였다. 이러한 측면에서는 또한 나의 연구가 찬찬하지 못하고, 전거로 내세우는 것들이 굳건하지 못하며, 변별함이 엄밀하지 못하지나 않았을까 염려되니, 내 어찌 감히 죄를 받지 않겠다고 할 수 있으랴!

---

128) 소옹(邵雍), 왕안석(王安石), 주희(朱熹), 채원정(蔡元定) 등은 물론 주희를 추종하는 학자들을 비판한 것을 두고 하는 말이다.

『주역』의 정심(精深)하고 깊은 이치는 「계사전」이 아니면 드러나지 않는다. 나는 「계사전」을 보고서, 왕안석이 『주역』을 삼경(三經)의 밖으로 내친 것이라든지, 주자가 「화주림」과 같은 반열에 놓고 본 것 등이, 공자의 관점과는 달라도 너무 다르다는 것을 알았다.

나는 병들고 피곤한 속에서 애써 몸을 지탱하며 간신히 초고를 완성하였다. 그래서 표현의 번잡한 것들을 줄여 간략하게 한다든지 말을 가다듬어 뜻을 더 정확하게 전달하는 일을 해야 할 텐데 그러지 못하고 내놓는다. 쭉정이를 골라내고 더욱 가다듬는 것은 나중에 올 철인의 손에 맡긴다. 그러나 오는 사람들로서는 이것이 자신의 문제가 아니어서 다급하거나 답답하기는커녕 한가하리니, 그 누가 또한 나를 위해 이러한 일을 해줄까? 이 『주역내전』의 풀이 가운데는 간혹 『주역외전』과 다른 것들이 있을 것이다. 『주역외전』에서는 상과 수의 변함(變)·통함(通)에 대해 미루어 넓힘으로써 천지의 왔다 갔다 하는 거대한 작용을 극대화하여 드러내었다. 이에 비해 이 『주역내전』에서는 성인들께서 정성스러움으로 만들어낸 괘·효사들을 그대로 따르며 하늘과 사람의 이치를 체현하되, 진실로 털끝만큼도 이것들로부터 벗어나려 하지 않았다. 『주역대상해』에서는 그 자체의 의미를 부연하여 논의한 것은 있지만, 「대상전」과 괘·효사들이 서로 부합하지 않는 것들을 억지로 꿰 맞추려하지는 않았다. 그래서 서로 참조해보아야 통할 수 있을 것이다.

「계사전」에서는 "묵묵히 무엇인가를 이루어내고, 말하지 않으면서 믿음을 주는 것은, 덕행에 달려 있다."[129]고 하는데, 어찌 내가 단지 이 말만 가지고서 하리오! 나는 『주역』을 몸소 실천하지도 못하였고, 지닌

---

129) 「계사상전」 제12장에 나오는 말이다.

도(道)도『주역』을 밝히기에는 부족하다. 그래서 나 왕부지는 죽을 때까
지라도 이것이 고질로서 부끄러움이라 여긴다.

병인년 중추월 계축일 초하루에 마치다.[130]

---

130) 이해는 1686년에 해당한다. 착수한 이듬해에 완성한 것이다. 왕부지의 나이
    68세 때이며, 이 6년 뒤 정월에 그는 서거한다.

지은이

왕부지(王夫之)

　　1619년 9월(음): 중국 호남성(湖南省) 형주부(衡州府; 오늘날의 衡陽市) 왕아평(王衙坪)의 몰락해가는 선비 집안에서 아버지 왕조빙(王朝聘; 1568~1647)과 어머니 담씨(譚氏) 부인 사이에 3남으로 태어났다. 어려서의 자(字)는 '삼삼(三三)'이었고, 성장한 뒤의 자(字)는 '이농(而農)'이었다. '부지(夫之)'는 그 이름이다. 왕부지의 호는 대단히 많다. 대표적인 것만을 소개하면, 강재(薑齋), 매강옹(賣薑翁), 쌍길외사(雙吉外史), 도올외사(檮杌外史), 호자(壺子), 일호도인(一瓠道人), 선산노인(船山老人), 선산병수(船山病叟), 석당선생(夕堂先生), 대명전객(大明典客), 관아생(觀我生) 등이다. 호는 20개가 넘는데, 스스로는 '선산유로(船山遺老)'라 불렀다. 왕부지와 함께 명조(明朝)의 세 유로(遺老)로 불리는 황종희(黃宗羲; 1610~1695)보다는 9살 아래고, 고염무(顧炎武; 1613~1682)보다는 6살 아래다. 동시대에 활약한 대학자 방이지(方以智; 1611~1671)보다는 8살 아래다.

　　1622년(4세): 자신보다 14살 연상의 큰형 왕개지(王介之; 1605~1687)에게서 글을 배우기 시작하다. 왕개지는 그의 자(字)를 좇아 '석애(石崖)선생'으로 불렸는데, 경학(經學)에 조예가 깊은 학자로서 『주역본의질(周易本義質)』과 『춘추사전질(春秋四傳質)』 등의 저술을 남겼다. 왕부지는 9살 때까지 이 왕개지로부터 배우면서 많은 영향을 받았다. 그런데 왕부지는 7살에 13경을 다 읽을 정도여서 '신동(神童)'으로 불렸다.

　　1628년(10세): 아버지에게서 경전을 배우기 시작하다.

　　1637년(19세): 형양(衡陽)의 재야 지주인 도씨(陶氏)의 딸에게 장가들다. 이해부터 숙부 왕정빙(王廷聘)에게서 중국의 역사를 배우기 시작하였다.

　　1638년(20세): 장사(長沙)의 악록서원(嶽麓書院)에 입학하다. 동학인 광붕승(鄺鵬升) 등과 함께 '행사(行社)'라는 독서 동아리를 만들어 경전의 의미와 시사(時事)에 대해 토론하였다.

　　1639년(21세): 관사구(管嗣裘)·곽봉선(郭鳳躚)·문지용(文之勇) 등 뜻이 맞는 벗들과 함께 '광사(匡社)'라는 동아리를 꾸려 정권의 잘잘못과 예측 불가능할 정도로 급변해가는 시사에 대해 토론하며 대안을 세웠다.

　　1644년(26세): 청나라 세조(世祖)가 북경에 천도하여 황제로 즉위하고 청나라 왕조를 세웠다. 왕부지는 명나라 멸망에 비분강개하며 『비분시(悲憤詩)』100운(韻)을 짓고 통곡하였다. 그리고 형산(衡山)의 쌍길봉(雙吉峰)에 있는 흑사담(黑沙潭) 가에 초가집을 짓고 거처하며 '속몽암(續夢庵)'이라 불렀다.

1646년(28세): 비로소『주역』을 공부할 뜻을 세우고『주역패소(周易稗疏)』4권을 지었다. 아버지로부터『춘추』를 연구하여 저술을 내라는 명을 받았다. 도씨(陶氏) 부인과 사별하였다.

1647년(29세): 청나라 군대가 형주(衡州)를 함락시키자 왕부지 일가는 흩어져 피난길에 올랐다. 이 도피 생활 중 그의 아버지가 서거하였다.

1648년(30세): 왕부지는 형산(衡山) 연화봉(蓮花峰)에 몸을 숨긴 채『주역』공부에 더욱 매진하였다. 그러다가 기회를 타서 벗 관사구(管嗣裘)・하여필(夏汝弼)・성한(性翰; 승려) 등과 함께 형산 방광사(方廣寺)에서 거병하였다. 그러나 이 의병활동이 실패로 돌아가자 밤낮으로 험한 산길을 걸어가 당시 조경(肇京)에 자리 잡고 있던 남명정부 영력(永曆) 정권에 몸을 맡겼다. 병부상서 도윤석(堵允錫)의 추천으로 한림원 서길사(庶吉士)에 제수되었으나 부친상이 끝나지 않은 이유로 사양하였다.

1649년(31세): 왕부지는 조경(肇京)을 떠나 구식사(瞿式耜)가 방어하고 있던 계림(桂林)으로 갔다. 그리고는 다시 계림을 떠나 청나라 군대의 수중에 있던 형양(衡陽)으로 돌아와 어머니를 모시고 살게 되었다.

1650년(32세): 부친상을 마친 왕부지는 당시 오주(梧州)에 자리 잡고 있던 남명 정부를 다시 찾아가 행인사행인(行人司行人)의 직책을 맡게 되었다. 그런데 조정의 실세인 왕화징(王化澄)의 비행을 탄핵하다 그의 역공을 받아 투옥되었다. 농민군 수령 고일공(高一功; 일명 必正)의 도움으로 간신히 죽음을 면한 왕부지는 계림으로 가서 구식사(瞿式耜)의 진영에 합류하게 되었다. 그러나 청나라 군대가 계림을 핍박하는 바람에 다시 피난길에 올라 산간 오지에서 나흘을 굶는 등 갖은 고초를 겪었다. 이해에 정씨(鄭氏)부인과 재혼하였다.

1654년(36세): 상녕(常寧)의 오지 서장원(西莊源)에서 이름을 바꾸고 복식을 바꾼 채 요족(瑤族)에 뒤섞여 살았다. 이때의 경험으로 왕부지는 중국 소수민족들의 생활상을 알게 되었고, 이들에 대한 인식을 바꾸게 되었다. 그리고 명나라 멸망으로부터 얻은 교훈을 정리하는 저술활동에 몰두할 결심을 굳힌다.

1655년(37세): 진녕(晉寧)의 산사(山寺)에서『주역외전』을 저술하였고,『노자연(老子衍)』 초고를 완성하였다.

1657년(39세): 4년 가까이 지속된 도피생활을 마치고 서장원에서 돌아와 형산 쌍길봉(雙吉峰)의 옛 거처 속몽암(續夢庵)에서 기거하게 되었다. 그리고 유근로(劉近魯)의 집을 방문하여 6천 권이 넘는 장서를 발견하고는 그 독파에 시간가는 줄을 몰랐다.

1660년(42세): 속몽암으로부터 형양(衡陽)의 금란향(金蘭鄕; 지금의 曲蘭鄕) 고절리(高節里)로 거처를 옮겼다. 수유당(茱萸塘) 가에 초가집을 짓고 '패엽려(敗葉廬)'라 부르며 기거하였다.

1661년(43세): 정씨부인과 사별하였다. 정씨부인의 이해 나이는 겨우 29세였다. 아내의 죽음에 깊은 상처를 받은 왕부지는 그 쓰라린 감정을 애도(哀悼) 시로 남긴다.

1662년(44세): 남명(南明)의 영력제(永曆帝)가 곤명(崑明)에서 오삼계(吳三桂)에게 살해 당했다는 소식을 듣고 『삼속비분시(三續悲憤詩)』 100운(韻)을 지었다.

1665년(47세): 여전히 패엽려에 기거하며 『독사서대전설(讀四書大全說)』 전 10권을 중정(重訂)하였다.

1669년(51세): 장씨(張氏)부인을 세 번째 부인으로 맞이하였다. 이해에 30세부터 써오던 근고체 시집 『오십자정고(五十自定稿)』를 펴냈다. 그리고 『속춘추좌씨전박의(續春秋左氏傳博議)』 상·하권을 지어서 부친의 유명(遺命)에 부응하였다. 수유당(茱萸塘) 가에 새로이 초가집 '관생거(觀生居)'를 짓고 겨울에 이사하였다. 그 남쪽 창가에 유명한 "六經責我開生面(육경책아개생면), 七尺從天乞活埋(칠척종천걸활매)"라는 대련(對聯)을 붙였다. 뜻은 "육경이 나를 다그치며 새로운 면모를 열어 보이라 하니, 이 한 몸 하늘의 뜻을 좇으며 산채로 묻어 달라 애걸하네!" 이제부터는 육경 공부가 하늘의 뜻인 줄 알고 거기에 온 생애를 걸겠다는 다짐으로 보인다. 중국 산천을 이민족에게 내준 것, 자신이 그것을 만회하기 위해 애썼지만 결국 부질없음으로 돌아간 것 등이 모두 하늘의 뜻이라 여기며, 이제 자신의 갈 길을 육경 공부로 정하였다는 것이다. 이것이 스스로 자부하는 문화민족으로서 한족(漢族) 지식인에게 허락된 길이라는 깨달음을 반영한 것으로 보인다.

1672년(54세): 『노자연(老子衍)』을 중정(重訂)하였다. 그러나 불행히도 그의 제자 당단홀(唐端笏)이 이것을 빌려갔다가 그 집이 불타는 바람에 그만 소실(燒失)되고 말았다. 지금 전해지는 것은 그가 37세 때 지은 초고본이다.

1676년(58세): 상서초당(湘西草堂)에 거처하기 시작하다. 『주역대상해(周易大象解)』를 지었다.

1679년(61세): 『장자통(莊子通)』을 짓다.

1681년(63세): 『상종락색(相宗絡索)』을 지었다. 그리고 제자들의 요청에 의해 『장자(莊子)』 강의용 『장자해(莊子解)』를 지었다.

1685년(67세): 병중임에도 제자들의 『주역』 공부를 독려하기 위해 『주역내전』 12권과 『주역내전발례』를 지었다.

1686년(68세): 『주역내전』과 『주역내전발례』를 중정(重訂)하였고, 『사문록(思問錄)』 내·외편을 완성하였다.

1687년(69세): 『독통감론(讀通鑑論)』을 짓기 시작하다. 9월에 병든 몸을 이끌고 나가 큰형 왕개지(王介之)를 안장(安葬)한 뒤로 다시는 바깥출입을 하지 않았다.

1689년(71세): 병중에도 『상서인의(尙書引義)』를 중정(重訂)하였다. 이해 가을에 「자제묘석(自題墓石)」을 지어 큰아들 반(攽)에게 주었다. 여기에서 그는, "유월석(劉越石)의❶ 고독한 울분을 품었지만 좇아 이룰 '명'(命)조차 없었고❷, 장횡거(張橫渠)의 정학(正學)을 희구했지만 능력이 부족하였다. 다행히 이곳에 온전히 묻히나❸ 가슴 가득 근심을 안고 세상을 하직하노라!"❹라고 술회하고 있다.

1690년(72세): 『장자정몽주(張子正蒙注)』를 중정(重訂)하였다.

---

❶ 유곤(劉琨: 271~318)을 가리킨다. '월석(越石)'은 그의 자(字)다. 유곤은 서진(西晉) 시기에 활약했던 인물이다. 그는 건무(建武) 원년(304년) 단필제(段匹磾)와 함께 석륵(石勒)을 토벌하게 되었는데, 단필제에 농간에 의해 투옥되었다가 죽임을 당하였다. 나중에 신원되어 '민(愍)'이라는 시호를 추서 받았다. 이처럼 자기도 모르는 사이에 진행된 일 때문에 정작 이적(夷狄)을 토벌하려던 입지(立志)는 펴보지도 못하고 비명에 간 유곤의 고분(孤憤)을 왕부지는 자신의 일생에 빗대고 있다.

❷ 이해는 명나라가 청나라에 망한 지 벌써 48년의 세월이 흐른 뒤이다. 왕부지는 명조(明朝)의 멸망을 통탄해 마지않았고, 끝까지 명조에 대한 대의명분을 지키며 살았다. 이처럼 한평생을 유로(遺老)로 살았던 비탄(悲嘆)이 이 말 속에 담겨 있다.

❸ 이 말은 그와 더불어 청조(淸朝)에 저항하였던 황종희(黃宗羲), 고염무(顧炎武), 부산(傅山), 이옹(李顒) 등이 비록 끝까지 벼슬을 하지 않으면서도 치발령(薙髮令)에는 굴복하여 변발을 하였음에 비해, 왕부지 자신만은 이에 굴하지 않고 죽을 때까지 머리털을 온존하며 복색(服色)을 바꾸지 않았음을 술회하는 것처럼 보인다.

❹ 王之春, 『船山公年譜』(光緒19年板), 「後篇」, 湖南省 衡陽市博物館, 1974: 抱劉越石之孤憤, 而命無從致; 希張橫渠之正學, 而力不能企. 幸全歸于玆邱, 固銜恤以永世."

1691년(73세): 『독통감론(讀通鑑論)』 30권과 『송론(宋論)』 15권을 완성하였다.

1692년(74세): 정월 초이튿날(음) 지병인 천식으로 극심한 고통 속에 서거하다.

[저서]

왕부지는 중국철학사에서 가장 방대한 양의 저술을 남긴 인물 중의 한 사람으로 꼽힌다. 대표적인 것만 꼽아도 다음과 같다.

『주역내전(周易內傳)』, 『주역외전(周易外傳)』, 『주역대상해(周易大象解)』, 『주역고이(周易考異)』, 『주역패소(周易稗疏)』, 『상서인의(尙書引義)』, 『서경패소(書經稗疏)』, 『시경패소(詩經稗疏)』, 『시광전(詩廣傳)』, 『예기장구(禮記章句)』, 『춘추가설(春秋家說)』, 『춘추세론(春秋世論)』, 『춘추패소(春秋稗疏)』, 『속춘추좌씨전박의(續春秋左氏傳博議)』, 『사서훈의(四書訓義)』, 『독사서대전설(讀四書大全說)』, 『설문광의(說文廣義)』, 『독통감론(讀通鑑論)』, 『송론(宋論)』, 『영력실록(永曆實錄)』, 『장자정몽주(張子正蒙注)』, 『사문록(思問錄)』, 『사해(俟解)』, 『악몽(噩夢)』, 『황서(『黃書)』, 『노자연(老子衍)』, 『장자해(莊子解)』, 『장자통(莊子通)』, 『상종락색(相宗絡索)』, 『초사통석(楚辭通釋)』, 『강재문집(薑齋文集)』, 『강재시고(薑齋詩稿)』, 『곡고(曲稿)』, 『석당영일서론(夕堂永日緖論)』, 『고시평론(古詩評選)』, 『당시평선(唐詩評選)』, 『명시평선(明詩評選)』

김진근

연세대학교 철학과에서 학부, 대학원을 마침(문학사, 문학석사, 철학박사. 지도교수: 裵宗鎬・李康洙)
북경대학 고급진수반(高級進修班) 과정 수료(지도교수: 朱伯崑)

● 연세대학교, 덕성여대 등에서 강의
● 한국교원대학교 교수(현재)
● 국제역학연구원(國際易學硏究院) 상임이사
● 한국동양철학회(韓國東洋哲學會) 감사(전)
● 한국교원대학교 도서관장(전)

[대표 논문]
・'강남스타일'과 극기복례
・왕부지의 『장자』 풀이에 드러난 '무대' 개념 고찰
・왕부지의 겸괘 「대상전」 풀이에 담긴 의미 고찰
・'互藏其宅'의 논리와 그 철학적 의의
・船山哲學的世界完整性硏究(中文) 외 30여 편

[저서]
・왕부지의 주역철학
・주역의 근본 원리(공저)

[역서]
・완역 역학계몽
・역학철학사(전8권, 공역) 외

한국연구재단
학술명저번역총서
[동양편]   613

주역내전 ❻

초판 인쇄   2014년   12월 01일
초판 발행   2014년   12월 15일

지 은 이 | 왕부지(王夫之)
옮 긴 이 | 김진근(金珍根)
펴 낸 이 | 하운근
펴 낸 곳 | 學古房

주   소 | 서울시 은평구 대조동 213-5 우편번호 122-843
전   화 | (02)353-9907   편집부(02)353-9908
팩   스 | (02)386-8308
홈페이지 | http://hakgobang.co.kr/
전자우편 | hakgobang@naver.com,   hakgobang@chol.com
등록번호 | 제311-1994-000001호

ISBN   978-89-6071-457-1   94140
          978-89-6071-287-4   (세트)

값 : 20,000원

■ 이 저서는 2011년 정부(교육과학기술부)의 재원으로 한국연구재단의 지원을 받아 수행된
  연구임 (NRF-2010-421-A00022).
  This work was supported by National Research Foundation of Korea Grant funded
  by the Korean Government (NRF-2010-421-A00022).

  이 도서의 국립중앙도서관 출판시도서목록(CIP)은 서지정보유통지원시스템 홈페이지
  (http://seoji.nl.go.kr)와 국가자료공동목록시스템(http://www.nl.go.kr/kolisnet)에서 이용하실
  수 있습니다.(CIP제어번호: CIP2014034847)

■ 파본은 교환해 드립니다.